高职高专金融专业系列教材

银行会计实务

◎ 主　编：林发东
副主编：周江银

厦门大学出版社

前　言

　　长期以来,我国银行业会计制度实行"统一领导,分级管理"的原则,由财政部和中国人民银行统一制定了《金融企业会计制度》,各商业银行又根据各自系统内的业务特点分别制定了各行会计制度和办法。而这些系统内的会计制度存在较大差异,不同类型机构的相同业务、同一类型的不同机构采用不同的会计处理方法损害了会计信息的可比性、有用性,不利于分析和评价风险状况、财务成果。

　　2006年财政部颁布了新的《企业会计准则》,该准则反映了我国市场经济发展的要求,更加全面、系统地规范了企业会计确认、计量和报告行为,并与国际会计准则趋同。同时财政部明确,《企业会计准则》自2007年1月1日起在上市公司范围内施行,鼓励其他企业执行。执行《企业会计准则——应用指南》的企业,不再执行现行准则、《企业会计制度》、《金融企业会计制度》、各项专业核算办法和问题解答。

　　中国银监会为此专门下文,为提高会计信息质量和可比性,完善风险管理,提高经营水平,加强银行业监管,促进我国银行业快速、健康发展,决定银行业金融机构全面执行新会计准则,并制定了最迟不得晚于2009年的时间表。

　　为适应这影响巨大、意义深远的变化,满足金融保险、证券、会计和投资理财等专业教学的需要,同时也为金融从业人员提供业务培训及自学用书,我们组织部分长期从事金融会计教学的教师、具有丰富金融会计实务的专业人员,共同编写了本书。本书实务性和可操作性强,注重理论知识和业务实践的结合,力求做到内容新颖完整、通俗易懂。

　　本书由林发东任主编,周江银任副主编。参加编写的人员有周江银(第一、七、八章)、林玫(第二、五章)、王龙辉(第三章)、林发东(第四、六、九章)。本书编写前期,周江银老师做了大量的工作,提出了编写本教材的设想和思路,具体参与了与出版社的联系,为本书的顺利完成起了重要的作用。

　　本书在编写中参考、借鉴了有关著作、教材和文献,在此向这些作者表示衷心的感谢。由于作者水平有限,加之时间仓促,书中错、漏在所难免,敬请专家和广大读者批评指正。

编者

2010 年 1 月

目　录

第一章

总　论

学习目的

　　通过本章的学习,要掌握银行会计的基本概念、特点,银行会计的对象,了解银行会计机构的设置、银行的会计制度和银行会计人员的职责和权限。

第一节　银行会计的对象与特点

一、银行会计概述

　　目前我国已形成了以中国人民银行为核心,以中国银行业监督管理委员会(银监会)为监督机构,国有商业银行和政策性银行为主体,多种产权形式的银行机构同时并存的银行体系。我国现行的银行体系包括中央银行、政策性银行、国有商业银行、股份制商业银行、地方商业银行、城市和农村信用社等。本书着重介绍的是商业银行会计。

　　商业银行是依照《中华人民共和国商业银行法》和《中华人民共和国公司法》设立的吸收公众存款、发放贷款、办理结算业务的企业法人。它以效益性、安全性、流动性为经营原则,自主经营、自担风险、自负盈亏、自我约束。商业银行依法开展业务,它以其全部法人财产独立承担民事责任。

　　商业银行根据《中华人民共和国商业银行法》的规定,可以全部或者部分经营的业务包括:吸收公众存款;发放短期、中期和长期贷款;办理国内外结算;办理票据贴现；发行金融债券；代理发行、兑付、承销政府债券；买卖政府债券；从事同业拆借；买卖、代理买卖外汇；提供信用证服务及担保；代理收付款项及代理保险业务；提供保管箱服务等。

会计作为一门科学是伴随着社会生产的发展和经济核算与经济管理的客观需要而产生、发展并不断完善起来的。商业银行会计是我国会计体系中的一个重要组成部分，概括地说，商业银行会计是以货币为主要计量单位，以凭证为依据，采用确认、计量、记录和报告等会计专门方法和程序，对商业银行的经营活动内容、过程和结果进行连续、系统、全面的核算与监督，为银行管理当局和外部有利害关系的财务信息使用者提供财务状况、经营成果和现金流量等决策所需信息的专业会计。它不仅是商业银行经营管理活动的重要组成部分，也是商业银行其他工作的基础。

二、银行会计的对象

会计对象是指会计所要核算、反映和监督的内容。由于银行经营的各项经济活动均表现为货币资金收付，因此，银行会计的对象就是银行资金及其运动的过程和结果。

银行会计对象按照其经济特征作进一步的分类称为会计要素，它可以分为资产、负债、所有者权益、收入、费用和利润六个方面。

（一）资产

银行的资产是指过去的交易或事项形成并由银行拥有或控制的、预期会给银行带来经济利益的资源。商业银行的资产按其流动性可分为流动资产、长期资产等。其中流动资产主要有现金、存放中央银行款项、短期贷款等；长期资产主要有中长期贷款、长期投资、固定资产和无形资产等。

（二）负债

银行的负债是指过去的交易或事项形成的、预期会导致经济利益流出银行的现实义务。商业银行的负债按其流动性，可分为流动负债、应付债券和其他长期负债等。其中流动负债主要有短期存款、财政性存款、向中央银行借款、汇出汇款、应付款、应交税金等；其他长期负债主要有长期存款、长期借款、长期应付款等。

（三）所有者权益

银行的所有者权益是指银行所有者在银行资产中享有的经济利益。其金额为资产减去负债后的余额。它是银行资产中扣除债权人权益后应由所有者享有的部分，既可反映所有者投入资本的保值增值情况，又体现了保护债权人权益的理念。

商业银行的所有者权益的来源包括所有者投入的资本、直接计入所有者权益的利得和损失、留存收益等,通常由实收资本(或股本)、资本公积(含股本溢价或其他资本公积)、盈余公积和未分配利润构成,税后利润中提取的一般风险准备,也构成所有者权益。

(四)收入

银行的收入是银行在日常活动中形成的、会导致所有者权益增加的、与所有者投入资本无关的经济利益的总流入。商业银行的收入有在一定经营期间提供金融产品服务而实现的各种收入,以及对外投资实现的投资收益和获取的与业务经营无直接关系的营业外收入等。商业银行提供金融商品服务所取得的收入主要包括利息收入、金融企业往来收入、手续费收入、贴现利息收入、证券发行差价收入、买入返售证券收入、汇兑收益和其他业务收入等。投资收益是指银行对外投资所获取的投资报酬,主要有:债券投资的利息收入、股票投资的股利收入。收入不包括为第三方或者客户代收的款项,如为企业代垫的工本费、代邮电部门收取的邮电费。

(五)费用

银行的费用是指银行在日常活动中发生的、会导致所有者权益减少的、与向所有者分配利润无关的经济利益的总流出。银行费用主要包括利息支出、金融企业往来支出、卖出回购证券支出、汇兑损失、固定资产折旧、业务宣传费、业务招待费等。

(六)利润

银行的利润是指银行在一定会计期间的经营成果,包括营业利润、利润总额和净利润。营业利润是指营业收入减去营业成本和营业费用加上投资净收益后的金额。利润总额是指营业利润减去营业税金及附加,加上营业外收入,减去营业外支出后的金额。净利润是指扣除资产损失后利润总额减去所得税后的金额。

三、银行会计的特点

商业银行会计除具有会计的共性之外,在与其他部门会计相比较时,在会计核算的形式、方法和程序方面,还独具自己的特点,主要表现在以下方面:

(一)反映资金活动情况的综合性和全面性

在宏观上,银行会计核算面向国民经济各部门、各企业,面向广大人民群众,具有很强的社会性;在微观上,银行通过会计核算,既实现了银行的业务活动,同时也记载和反映了银行的业务和财务活动情况。银行的各项业务都是随着国民经济各部门活动的发生而发生的,国民经济各部门的经济活动,都会在银行会计账表上以货币形式得到反映,因而银行会计不仅反映银行的业务活动和财务活动情况,而且体现了整个社会资金的流向和国民经济各部门间的经济联系,从而使银行会计反映的资金活动情况具有综合性和全面性。

（二）会计核算与业务处理的融合性

银行会计部门处于银行业务活动的第一线，其会计核算过程就是直接办理和实现银行业务的过程，特别是银行柜面的业务处理与会计核算是融合在一起的。例如，客户的存款业务，从客户提交存款凭单，银行接柜审核、传递处理凭证到登记账簿完成结算，这一系列程序，既是业务活动过程，又是会计核算过程。

（三）会计账务处理的及时性

虽然所有企业、事业单位都要求账务处理必须遵循及时性原则，但其他行业会计处理的及时程度与严格性，远不能与银行会计相比。银行作为信用中介、社会的现金收支和转账结算的枢纽，每天都要处理数量众多与有关开户单位、个人的资金清算密切相关的业务，银行柜面必须及时地把各项业务纳入核算程序进行处理。如果银行会计处理不及时，就会影响客户的用款，从而影响银行的信誉。因此，客观上要求银行会计必须在每日营业终了时及时把当天全部账务试算核对平衡。

（四）会计核算方法的特殊性

银行是经营货币的特殊企业，因此会计核算在采用一般核算方法的基础上，又形成了一套自己的特殊方法。例如，银行的会计凭证主要采用单式凭证的形式，为了简化核算手续，大量采用以原始凭证代替记账凭证。正是银行会计的这种特殊性，使其既能适应银行会计业务处理的要求，又符合国家的有关财务制度。

（五）分支机构电子网络的普及性

为了适应业务开拓和核算及时的需要，银行各分支机构纷纷采用计算机联网的方式。通过电子网络的普及，各分支行可以在同城和异地间联动核算处理。随着信用卡的发展、自动取款机的设置，通过联网还可以在异地支取现金或购物消费。银行分支机构通过电子网络处理会计信息是银行会计所特有的。

第二节　银行会计的工作组织

一、银行会计机构的设置

银行会计机构是银行职能机构体系的组成部分，也是具体组织和直接从事会计核算以及管理会计工作的部门。因此，商业银行都应按照《会计法》的统一规定，结合银行业务活动和财务收支的特点，设置会计机构，配备必要的会计人员,并建立和健全各项会计规章制度。

就我国目前的情况来看,县级、城市区级以上的银行,均应设置会计机构。总行设会计司(部),省(市)分行设会计处,地(市)行设会计科,县支行和城市区级银行设会计股。支行以下单位,因为业务量较小,一般不设独立的会计机构,但仍应设专职会计人员,负责处理日常会计工作。

银行会计机构分为独立会计核算单位和附属会计核算单位。凡单独编制会计报表和办理年度决算的单位为独立会计核算单位;凡其业务收付由管辖行采用并账或并表进行汇总反映的单位为附属会计核算单位。

二、银行的会计制度

会计制度是组织会计核算和加强会计工作管理的基本依据。各商业银行系统内的制度、办法,由各总行根据统一会计制度制定,并报中国人民银行总行备案,分行可作必要的补充,并抄报同级中国人民银行。

下级行对上级行制定的各项制度、办法,必须严肃认真地贯彻执行,不得任意修改或废除,如有不同意见应及时反映,由上级行研究解决,在未修改前,仍应按原规定执行,以维护制度的严肃性。

三、银行会计人员

银行会计人员身处银行业务活动的第一线,因此,会计人员必须具备较高的职业道德修养和业务水平,熟悉国家颁布的财经纪律、会计法规和各项会计准则、制度等。银行会计人员包括:会计主管人员、复核人员、记账员、出纳员、稽核、检查、辅导人员和其他从事账务工作的人员。

(一)会计人员的职责

1.认真组织、推动会计工作的各项规章制度、办法的贯彻执行。按照岗位分工和职责认真履行职责,不越权、不越位,在授权范围内处理各项业务。

2.根据操作规程认真进行会计核算与监督,在监督中发现可疑点应及时报告,尤其在柜台监督中发现"洗黑钱"的线索,应及时与公安部门取得联系,制止各种违规、违法行为,严格执行相互制约的规定,努力完成各项工作任务。

3.遵守国家法律、法规,贯彻执行《中华人民共和国会计法》,维护财经纪律,同违法乱纪行为作斗争。

4.讲究职业道德,履行岗位职责,文明服务,廉洁奉公,不断提高工作效率和质量。

(二)会计人员的权限

为保障会计人员履行职责,赋予会计人员的权限是:

1.有权要求各开户单位及本企业其他业务部门,认真执行财经纪律和有关的规章制度、办法。如有违反,会计人员有权拒绝办理。对违法乱纪的,会计人员有权拒绝受理,并向本行(公司)行长(经理)或上级行(公司)报告。

2.有权越级反映情况。会计人员在行使职权过程中,对违反国家政策、财经纪律和财务制度的事项,同行长(经理)意见不一致时,领导又坚持办理的,会计人员可以执行,但必须向上级行(公司)提出书面报告,请求处理。

3.有权对本行(公司)各职能部门在资金使用、财产管理、财务收支等方面实行会计监督。

【本章小结】

1.商业银行会计是以货币为主要计量单位,以凭证为依据,采用确认、计量、记录和报告等会计专门方法和程序,对商业银行的经营活动内容、过程和结果进行连续、系统、全面地核算与监督,为银行管理当局和外部有利害关系的财务信息使用者提供财务状况、经营成果和现金流量等决策所需信息的专业会计。它不仅是商业银行经营管理活动的重要组成部分,也是商业银行其他工作的基础。

2.银行会计的对象就是银行资金及其运动的过程和结果。具体包括资产、负债、所有者权益、收入、费用和利润。

3.商业银行会计除具有会计的共性之外,在会计核算的形式、方法和程序方面,还独具自己的特点,即反映银行资金活动情况的综合性和全面性,会计核算与业务处理的融合性,会计账务处理的及时性,会计核算方法的特殊性以及银行分支机构电子网络的普及性。

4.银行会计机构是银行职能机构体系的组成部分,也是具体组织和直接从事会计核算以及管理会计工作的部门。因此,商业银行都应按照《会计法》的统一规定,结合银行业务活动和财务收支的特点,设置会计机构,配备必要的会计人员,并建立和健全各项会计规章制度。银行会计人员必须具备较高的职业道德修养和业务水平,熟悉国家颁布的财经纪律、会计法规和各项会计准则、制度等,银行会计人员必须在职权范围内认真履行自己的职责。

【本章练习题】

(一)填空题

1.目前我国已形成了以_____为核心,以_____为监督机构,以_____为主体,多种产权形式的银行机构同时并存的银行体系。

2.商业银行是依照_____和_____设立的吸收公众

存款、发放贷款、办理结算业务的企业法人。商业银行以其（　　）独立承担民事责任。

3.银行会计的对象就是＿＿＿＿＿＿＿＿＿。

4.商业银行利润是指商业银行在一定会计期间的经营成果，包括＿＿＿＿＿＿＿＿＿、＿＿＿＿＿＿＿＿＿和＿＿＿＿＿＿＿＿＿。

5.银行会计机构分为＿＿＿＿＿＿＿＿＿和＿＿＿＿＿＿＿＿＿。凡单独编制会计报表和办理年度决算的单位为＿＿＿＿＿＿＿＿＿；凡其业务收付由管辖行采用并账或并表进行汇总反映的单位为＿＿＿＿＿＿＿＿＿。

（二）判断题

1.商业银行会计不仅是商业银行经营管理活动的重要组成部分，也是商业银行其他工作的基础。（　　）

2.资产是指未来的交易或事项形成并由银行拥有或控制的、预期会给银行带来经济利益的资源。（　　）

3.商业银行收入包括为第三方或者客户代收的款项。（　　）

4.商业银行费用包括为第三方或客户垫付的款项。（　　）

5.银行是经营货币的特殊企业，因此会计核算在采用一般核算方法的基础上，又形成了一套自己的特殊方法。（　　）

6.商业银行以其部分法人财产独立承担民事责任。（　　）

7.收入是银行在日常活动中形成的、会导致所有者权益增加的、与所有者投入资本有关的经济利益的总流入。（　　）

8.银行会计部门处于银行业务活动的第一线，其会计核算过程就是直接办理和实现银行业务的过程。（　　）

9.银行的会计凭证主要采用复式凭证的形式，大量采用原始凭证代替记账凭证。（　　）

10.商业银行可以以原始凭证代替记账凭证。（　　）

（三）单项选择题

1.某商业银行存放在中央银行的存款属于（　　）。

A.资产　　　　　B.负债　　　　　C.所有者权益　　D.收入

2.银行经营的商品具有（　　）形态。

A.储备资金　　　B.生产资金　　　C.成品资金　　　D.货币资金

3.吸收客户的存款，导致商业银行的（　　）增加。

A.资产　　　　　B.负债　　　　　C.所有者权益　　D.收入

4.开户单位提交转账支票，用于归还短期贷款的利息，这项业务增加了银行的（　　）。

A. 资产　　　　　B. 负债　　　　　C. 所有者权益　　D. 收入

5.应交未交的营业税属于银行的（　　）。

A. 流动资产　　　B. 流动负债　　　C. 长期负债　　　D. 长期资产

（四）多项选择题

1.商业银行可以全部或者部分经营的业务包括（　　）。

A. 吸收公众存款　　　　　　　　B. 发放短期、中期和长期贷款

C. 办理国内外结算　　　　　　　D. 办理票据贴现

E. 从事同业拆借

2.商业银行流动资产主要有（　　）。

A. 现金　　　　　B. 短期贷款　　　C. 中长期贷款　　D. 固定资产

E. 存放中央银行款项

3.商业银行长期资产主要有（　　）。

A. 中长期贷款　　　　　　　　　B. 长期投资

C. 存放中央银行款项　　　　　　D. 固定资产和无形资产

E. 拆放同业

4.商业银行流动负债主要有（　　）。

A. 短期存款　　　B. 财政性存款　　C. 汇出汇款　　　D. 应交税金

E. 长期借款

5.商业银行的收入主要包括（　　）。

A. 债券投资的利息收入　　　　　B. 利息收入

C. 金融企业往来收入　　　　　　D. 代邮电部门收取的邮电费

E. 手续费收入、汇兑收益

6.商业银行费用主要包括（　　）。

A. 利息支出　　　　　　　　　　B. 金融企业往来支出

C. 汇兑损失　　　　　　　　　　D. 为第三方或客户垫付的款项

E. 业务宣传费

7.利润是指商业银行在一定会计期间的经营成果，包括（　　）。

A. 营业利润　　　B. 其他业务利润　C. 利润总额　　　D. 净利润

E. 损益

8.商业银行会计除具有会计的共性之外，在会计核算的形式、方法和程序方面，还独具（　　）特点。

A. 反映资金活动情况的综合性和全面性

B. 会计核算与业务处理的融合性

C. 会计账务处理的及时性

D. 会计核算方法的特殊性

E. 分支机构电子网络的普及性

（五）名词解释

1. 商业银行会计

2. 资产

3. 负债

4. 所有者权益

5. 收入

6. 费用

7. 利润

（六）简答题

1. 什么是商业银行会计？它有何特点？

2. 银行会计的核算对象是什么？

3. 银行会计人员有哪些职责？

4. 银行会计人员有哪些权限？

第二章

基本核算方法

学习目的

通过本章的学习,要明确银行会计科目的分类及使用,掌握借贷记账法在银行会计中的具体运用,了解银行会计凭证的基本要素,掌握银行会计凭证的种类、特点以及会计凭证的处理过程,了解银行账簿的种类、账簿的登记规则,掌握错账冲正的方法,掌握银行账务组织的构成、账务处理与核算程序。

银行会计的核算方法分为基本核算方法和具体业务处理方法两大部分。基本核算方法是具体业务处理方法的一般概括,而具体业务处理方法是基本核算方法的具体运用。本章介绍基本核算方法,主要包括:设置会计科目,确定记账方法,审核和填制凭证,登记账簿,以及相应的账务组织和账务处理程序。

第一节　会计科目

银行会计科目是按照一定的要求,对银行的各项会计要素进行分类汇总的类别名称。银行会计科目贯穿于会计核算的始终,也是设置账户和确定报表项目的依据。

一、银行会计科目的设置依据与要求

银行会计科目必须以《中华人民共和国会计法》、《金融企业会计制度》、新企业会计准则等法律法规为依据,以依法合规开展业务、全面成本管理的经营思想

为导向,以现实的业务和技术水平为基础,以满足各方面需要、向国际惯例靠拢为目标,依据资金性质、业务特点、经营管理和会计核算管理的要求来设置。

二、银行会计科目的分类

(一)按资金性质,可以分为资产类、负债类、资产负债共同类、所有者权益类和损益类科目

1. 资产类科目

用来核算银行各项资产要素项目的会计科目。如:"现金"、"存放中央银行准备金"、"短期贷款"、"中长期贷款"、"贴现及买入票据"、"应收利息"、"固定资产"、"无形资产"等科目。

2. 负债类科目

用来核算银行各项负债要素项目的会计科目。如:"单位活期存款"、"活期储蓄存款"、"中央银行借款"、"应解汇款"、"应付利息"、"发行债券"等科目。

3. 资产负债共同类科目

用来核算银行的资金往来的会计科目,具有余额方向不确定的性质。如:"待清算辖内往来"、"银行财务往来"、"外汇买卖"等科目。

4. 所有者权益类科目

用来反映银行投资者对银行净资产的所有权的会计科目。如:"实收资本"、"资本公积"、"盈余公积"、"本年利润"和"利润分配"等科目。

5. 损益类科目

用来核算银行各项收入、成本和费用的会计科目。如:"利息收入(支出)"、"中间业务收入"、"金融企业往来收入(支出)"、"营业外收入(支出)"、"投资收益"、"营业税金及附加"等科目。

(二)按与资产负债表的关系,可以分为表内科目和表外科目

1. 表内科目

指列入资产负债表内,反映银行资金实际增减变动的会计科目。

2. 表外科目

指不列入资产负债表内,反映银行重要业务事项及数字资料的会计科目,它不涉及或尚未涉及银行资金的实际增减变动。

(三)按科目使用范围,可以分为银行业统一会计科目和商业银行系统内会计科目

1. 银行业统一会计科目

即金融企业会计制度中规定的会计科目。

2. 商业银行系统内会计科目

即各商业银行根据金融企业会计制度的规定,结合自身经营特点和管理需要而设置的会计科目。

在《企业会计准则——应用指南》附录中,财政部依据企业会计准则中确认和计量的规定制定了会计科目,它涵盖了各类企业的交易或者事项。银行在不违反会计准则中确认、计量和报告规定的前提下,可以根据银行的实际情况自行增设、分拆、合并会计科目。银行不存在的交易或事项,可不设置相关会计科目。对于明细科目,银行可以比照附录中的规定自行设置。

会计科目表参见本书附录二、三。

在银行会计科目表中,会计科目依据资金的流动性大小进行排列,流动性大的排列在前,流动性小的排列在后。如资产类科目中,"现金"、"存放中央银行准备金"等排列在前,而各种贷款、投资等排列在后,最后是"固定资产"、"无形资产"等科目。

在具体会计核算中,会计科目还通过编号用科目代号表示。使用科目代号可以简化核算手续,方便计算机的识别、记账以及有关信息的传递。科目代号的编排是有一定规律的。财政部和中国人民银行制定的银行业会计科目统一编号,一级科目的代号由3位数字组成,其中第一位代表该科目所属的大类,如:1代表资产类科目,2代表负债类科目,3代表所有者权益类科目,4代表资产负债共同类科目,5代表损益类科目。一级科目的第二、三位代表该科目的顺序号。二级科目由4位数字组成,前三位数表示其归属的一级科目,第四位表示在该一级科目下的顺序号。

三、银行会计账户

银行会计科目只是对银行的各项会计要素进行分类汇总,而要序时、连续、系统地记录由于银行经济业务的发生所引起的会计要素的增减变动,核算时还必须在账簿中开设账户。因此,账户是根据会计科目开设的,用来分类、连续地记录银行经济业务,反映会计要素增减变动及其结果的一种工具。银行根据具体要求对账户进行的编号称之为账号。账号一般由地区号、网点号、经办行交换行号、科目代号、开户的顺序号以及计算机校验位号等因素组成。

银行的账户按其开户的对象,可以分为对内账户和对外账户两大类。对内账户是根据银行自身的业务经营管理需要而开立的银行内部专用账户,如:固定资产账户、利息收入账户等。对外账户是银行在业务经营中对经营客户或往来户开立的账户,按资金性质和管理要求分,有银行结算账户和储蓄账户;按核算内容分,有存款类账户、贷款类账户和往来类账户。

第二节　记账方法

一、记账方法的种类

记账方法是指按照一定的记账原理和规则,使用一定的记账符号,对日常发生的各种经济业务进行整理、分类并登记会计账簿的一种专门方法。

记账方法按其登记一项经济业务时,是涉及一个账户还是涉及两个或两个以上的账户,可分为单式记账法和复式记账法两种。

(一)单式记账法

单式记账法是对发生的每一项经济业务只在一个账户中进行登记的记账方法。这种方法比较简单,由于对经济业务只在一个会计科目中进行登记,各账户之间没有联系,也不要求相互平衡,因而不能反映经济业务的全貌及其内在联系,故只适用于简单经济活动的核算。

目前我国银行系统中,一般对表外科目所涉及的重要会计事项采用单式记账法进行核算,当业务发生或增加时记收入,减少或销账时记付出,余额表示尚未结清的业务事项。如:增加重要空白凭证;票据承兑等。

(二)复式记账法

复式记账法是对每一项经济业务,按照资金内在的对应关系,以相等的金额同时在相关联的两个或两个以上账户中进行登记的记账方法。这种方法不仅可以反映每一笔业务的来龙去脉,反映资金的变动情况,还方便了用试算平衡来检查账簿记录的正确性,是一种比较科学的记账方法。

目前我国银行系统中,对表内业务采用借贷记账法进行核算。

二、借贷记账法及其具体运用

借贷记账法是以会计科目为主体,以"借"和"贷"为记账符号,按照"有借必有贷,借贷必相等"的记账规则,记录和反映资金增减变化情况的一种复式记账法。

(一)记账符号

借贷记账法是以"借"、"贷"作为记账符号,将每个会计科目所属账户的账页划分为借方、贷方、余额三栏,所有账户的左方为借方,右方为贷方,余额可以为借方余额,也可以为贷方余额。究竟借贷两方,哪一方记增加数,哪一方记减少数,要依据账户的性质来确定,具体为:资产、费用类账户,增加记借方,减少记贷方,余额反映在借方;负债、所有者权益、收入、利润类账户,增加记贷方,减少记借方,余额反映在贷方。资产负债共同类账户的余额在借方,属资产类账户;余额在贷方,则属负债类账户。

(二)记账规则

借贷记账法以"有借必有贷,借贷必相等"作为记账规则。即每一笔经济业务的处理,都必须以相等的金额同时记入有关账户的借方和贷方,可以是一借一贷,也可以是一借多贷或一贷多借,但借贷双方的金额必须相等。现举例说明如下:

【例2-1】某商业银行签发现金支票一张,向其开户的人民银行发行库提取现金900 000元。其会计分录为:

借:现金　　　　　　　　　　　　　　　　　900 000

　　贷:存放中央银行准备金　　　　　　　　　　　　　　900 000

【例2-2】某商业银行从开户单位家具厂账户支付360 000元货款给另一开户单位木材公司。其会计分录为:

借:单位活期存款——家具厂存款户　　　　　360 000

　　贷:单位活期存款——木材公司存款户　　　　　　　360 000

【例2-3】某商业银行向开户单位家具厂发放短期贷款500 000元,转入其存款账户。其会计分录为:

借:短期贷款——家具厂贷款户　　　　　　　500 000

　　贷:单位活期存款——家具厂存款户　　　　　　　　500 000

【例2-4】开户单位木材公司从银行提取现金4 000元。其会计分录为:

借:单位活期存款——木材公司存款户　　　　4 000

　　贷:现金　　　　　　　　　　　　　　　　　　　　4 000

银行经济业务的发生所引起的资产、负债、所有者权益、损益等的增减变动,可以概括为以下四种类型:

1.一项资产增加,另一项资产减少,增减金额相等;

2.一项负债或所有者权益增加,另一项负债或所有者权益减少,增减金额相等;

3.一项资产增加,一项负债或所有者权益同时增加,增加金额相等;

4.一项资产减少,一项负债或所有者权益同时减少,减少金额相等。

(三)试算平衡

借贷记账法是根据复式记账原理,按照"资产＝负债＋所有者权益"这一恒等式来检查和平衡账务的,由于始终坚持"有借必有贷,借贷必相等"的记账规则,因此一定时期内全部账户的借方发生额合计数和贷方发生额合计数必然相

等,而反映各个账户资金增减变动结果的余额,其借、贷方合计数也必然相等。因此形成两个账务平衡公式:

$$各科目借方发生额合计 = 各科目贷方发生额合计$$
$$各科目借方余额合计 = 各科目贷方余额合计$$

根据上述四项经济业务的会计分录,编制试算平衡表(见表2-1)。

表2-1 试算平衡表

20××年×月×日   单位:元

会计科目	期初余额		本期发生额		期末余额	
	借方	贷方	借方	贷方	借方	贷方
现金	800 000		900 000	4 000	1 696 000	
存放中央银行准备金	1 200 000			900 000	300 000	
单位活期存款		2 560 000	364 000	860 000		3 056 000
短期贷款	560 000		500 000		1 060 000	
合计	2 560 000	2 560 000	1 764 000	1 764 000	3 056 000	3 056 000

第三节 会计凭证

银行会计凭证是记录经济业务,明确经济责任、具有法律效力的书面证明,是办理现金收付和登记账簿的依据,也是核对账务和进行事后查考的重要凭据。由于会计凭证需要在银行内部和银行之间组织传递,才能完成账务记载,因此银行的会计凭证又称为"传票"。

一、会计凭证的种类与特点

(一)银行会计凭证的种类

银行使用的会计凭证多种多样,可以从不同角度进行划分。

1.按凭证的编制程序不同,分为原始凭证与记账凭证

原始凭证是经济业务发生时直接取得的凭证,是用来证明经济业务实际发生及完成情况的原始依据。记账凭证是由电子信息输出后打印或根据原始凭证信息编制生成的凭证,是登记账簿的直接依据。

2.按凭证的填制方法不同,分为单式凭证与复式凭证

单式凭证是指只填记一个会计科目或账户的会计凭证,那么一笔经济业务按其转账的对应关系,需要编制两张或两张以上的会计凭证。复式凭证是指一笔经济业务所涉及的几个科目或账户都反映在一张凭证上。

3.按凭证的格式和用途不同,分为基本凭证与特定凭证

基本凭证是银行根据有关原始凭证及业务事实自行编制凭以记账的凭证。按其性质主要有以下8种:

(1)现金收入传票(见表2-2);

表2-2

××银行　现金收入传票

(贷)..................

(借)　现金　　　　　　　年　　月　　日

| 总　字第　　号 |
| 字第　　号 |

户名或账号	摘　要	金　额											附 单 据 张
		亿	千	百	十	万	千	百	十	元	角	分	
合　计													

会计　　　　　　出纳　　　　　　复核　　　　　记账

(2)现金付出传票(见表2-3);

表2-3

××银行　现金付出传票

(借)..................

(贷)　现金　　　　　　　年　　月　　日

| 总　字第　　号 |
| 字第　　号 |

户名或账号	摘　要	金　额											附 单 据 张
		亿	千	百	十	万	千	百	十	元	角	分	
合　计													

会计　　　　　　出纳　　　　　　复核　　　　　记账

(3)转账借方传票(见表2-4);

表 2-4

××银行 转账借方传票

| 总 字第 号 |
| 共 张第 张 |

(借)………………   年   月   日

户名或 账号	摘　要	对方科目 (贷)代号	金　额										
			亿	千	百	十	万	千	百	十	元	角	分
合　计													

附件　张

会计　　　　复核　　　　记账　　　　制单

(4)转账贷方传票(见表2-5);

表 2-5

××银行 转账贷方传票

| 总 字第 号 |
| 共 张第 张 |

(贷)………………   年   月   日

户名或 账号	摘　要	对方科目 (借)代号	金　额										
			亿	千	百	十	万	千	百	十	元	角	分
合　计													

附件　张

会计　　　　复核　　　　记账　　　　制单

(5)特种转账借方传票(见表2-6);

17

表 2-6

××银行 特种转账借方传票

年 月 日

总 字 第	号
字 第	号

付款人	全 称					收款人	全 称							
	账号或地址						账号或地址							
	开户银行		行号				开户银行			行号				

金额	人民币（大写）				十	亿	千	百	十	万	千	百	十	元	角	分

原凭证金额		赔偿金	
原凭证名称		号 码	

科目（借）_____
对方科目（贷）_____

会计　　复核　　记账

转账原因	银行盖章

代借方凭证或支款通知 附件 张

(6)特种转账贷方传票（见表 2-7）；

表 2-7

××银行 特种转账贷方传票

年 月 日

总 字 第	号
字 第	号

付款人	全 称					收款人	全 称							
	账号或地址						账号或地址							
	开户银行		行号				开户银行			行号				

金额	人民币（大写）				十	亿	千	百	十	万	千	百	十	元	角	分

原凭证金额		赔偿金	
原凭证名称		号 码	

科目（贷）_____
对方科目（借）_____

会计　　复核　　记账

转账原因	银行盖章

代贷方凭证或收款通知 附件 张

（7）表外科目收入传票（见表2-8）；

表 2-8
××银行　表外科目收入传票

表外
科目（收入）_____　　年　月　日

| 总 | 字第 | 号 |
| 字第 | | 号 |

户　名	摘　要	金　额											
		亿	千	百	十	万	千	百	十	元	角	分

附件　　张

会计　　　　　复核　　　　　记账　　　　　制票

（8）表外科目付出传票（见表2-9）；

表 2-9
××银行　表外科目付出传票

表外
科目（付出）_____　　年　月　日

| 总 | 字第 | 号 |
| 字第 | | 号 |

户　名	摘　要	金　额											
		亿	千	百	十	万	千	百	十	元	角	分

附件　　张

会计　　　　　复核　　　　　记账　　　　　制票

特定凭证是根据某项业务的特殊需要而制定的专用凭证。特定凭证种类较多，一般是由银行统一印制，客户购买使用和填写，并提交银行凭以办理业务，银行审核无误后凭以记账，如支票、各种结算凭证等。也有某些特定凭证由银行填制并凭以办理业务，如定期储蓄存单等。各种特定凭证的名称、格式及用途在以后各种业务核算中进行介绍。

(二)银行会计凭证的特点

1.大量采用以原始凭证代替记账凭证作为记账依据

银行由于业务量大,在实际业务核算中会收到大量的原始凭证,而这些原始凭证又是由银行统一印制的,已经具备了记账凭证的内容。为了避免重复劳动,提高工作效率,银行大量采用以原始凭证代替记账凭证作为记账依据,这样既节省人力物力,又有利于银行和客户双方的账务保持一致。

2.除个别业务外,大多采用单式凭证

采用单式凭证既有利于加快凭证传递和分工记账,又方便了按科目清分传票、日终轧账。

二、银行会计凭证的基本要素

银行使用的会计凭证种类较多,虽然各种凭证的格式、内容不同,但一般都应具备下列基本要素:

(1)年、月、日(以特定凭证代替记账凭证时,必须注明记账日期);

(2)有关收、付款人的户名和账号;

(3)有关收、付款人的开户行名称与行号;

(4)人民币或外币符号和大小写金额;

(5)款项来源、用途或摘要及附件的张数;

(6)会计分录和凭证编号;

(7)客户按照有关规定的签章;

(8)银行及有关人员的签章。

三、银行会计凭证的处理

会计凭证的处理是指从受理或填制会计凭证开始,经过对凭证的审查、传递、记账,到整理装订保管为止的全过程。

(一)银行会计凭证的填制

1.正确填写票据和结算凭证的基本规定

银行、单位和个人填写的各种票据和结算凭证是办理支付结算和现金收付的重要依据,直接关系到支付结算的准确、及时和安全。票据和结算凭证是银行、单位和个人凭以记载账务的会计凭证,是记载经济业务和明确经济责任的一种书面证明。因此,填写票据和结算凭证,必须做到标准化、规范化,要要素齐全、数字正确、字迹清晰、不错漏、不潦草,防止涂改。

(1)中文大写金额数字应用正楷或行书填写,如壹(壹)、贰(贰)、叁(叁)、肆(肆)、伍(伍)、陆(陆)、柒、捌、玖、拾、佰、仟、万(万)、亿、元、角、分、零、整(正)等字样。不得用一、二(两)、三、四、五、六、七、八、九、十、念、毛、另(或0)填写,不得自造简化字。如果金额数字书写中使用繁体字,如贰、陆、億、萬、圆的,也应受理。

(2)中文大写金额数字到"元"为止的,在"元"之后应写"整"(或"正")字,在"角"之后可以不写"整"(或"正")字。大写金额数字有"分"的,"分"后面不写"整"(或"正")字。

(3)中文大写金额数字前应标明"人民币"字样,大写金额数字应紧接"人民币"字样填写,不得留有空白。大写金额数字前未印"人民币"字样的,应加填"人民币"三字。在票据和结算凭证大写金额栏内不得预印固定的"仟、佰、拾、万、仟、佰、拾、元、角、分"字样。

(4)阿拉伯小写金额数字中有"0"时,中文大写应按照汉语语言规律、金额数字构成和防止涂改的要求进行书写。举例如下:

①阿拉伯数字中间有"0"时,中文大写金额要写"零"字。如¥1 409.50,应写成人民币壹仟肆佰零玖元伍角。

②阿拉伯数字中间连续有几个"0",中文大写金额中间可以只写一个"零"字,如¥6 007.14,应写成人民币陆仟零柒元壹角肆分。

③阿拉伯金额数字万位或元位是"0",或者数字中间连续有几个"0",万位、元位也是"0",但千位、角位不是"0"时,中文大写金额中可以只写一个零字,也可以不写"零"字,如¥1 680.32,应写成人民币壹仟陆佰捌拾元零叁角贰分,或者写成人民币壹仟陆佰捌拾元叁角贰分;又如¥107 000.53,应写成人民币壹拾万柒仟元零伍角叁分,或者写成人民币壹拾万零柒仟元伍角叁分。

④阿拉伯金额数字角位是"0",而分位不是"0"时,中文大写金额"元"后面应写"零"字。如¥16 409.02,应写成人民币壹万陆仟肆佰零玖元零贰分;又如¥325.04,应写成人民币叁佰贰拾伍元零肆分。

(5)阿拉伯小写金额数字前面,均应填写人民币符号"¥"(或草写:¥)。阿拉伯小写金额数字要认真填写,不得连写分辨不清。

(6)票据的出票日期必须使用中文大写。为防止变造票据的出票日期,在填写月、日时,月为壹、贰和壹拾的,日为壹至玖和壹拾、贰拾和叁拾的,应在其前加"零";日为拾壹至拾玖的,应在其前加"壹"。如1月15日,应写成零壹月壹拾伍日。再如10月20日,应写成零壹拾月零贰拾日。

(7)票据出票日期使用小写填写的,银行不予受理。大写日期未按要求规范填写的,银行可予受理,但由此造成损失的,由出票人自行承担。

2.银行会计凭证的具体填制

银行每发生一笔经济业务都必须填制会计凭证,而银行的业务按支付方式不同,有现金业务和转账业务,因此在填制会计凭证时方法就有所不同。

(1)现金凭证的填制

现金业务使用的凭证有现金收入凭证和现金付出凭证。

发生现金业务时,记载的一方是有关业务使用的科目,另一方必然是现金科目。为了简化核算手续,对现金业务都只填制一张凭证,即现金科目对方科目凭证,而现金科目不再另行填制凭证。

银行内部发生现金收付业务,由银行自行填制现金收入传票或现金付出传票;对外的现金收付业务,则以客户提交的凭证如现金缴款单、现金支票等代替现金收入凭证和现金付出凭证。

(2)转账凭证的填制

转账业务使用的凭证是转账借方凭证和转账贷方凭证。

发生转账业务时,根据"有借必有贷,借贷必相等"的记账规则,至少要填制两张或两张以上的转账借方凭证和转账贷方凭证,凭证双方的金额应相等。

为了明确对转关系,方便日后查考和核对账务,对于每一笔业务的转账传票,应相互填写对方科目代号,并在全套转账传票上编列同一传票号数及分号,如第3笔转账业务有两张传票,则其编号分别为3-1、3-2。

银行内部的转账业务,由银行自行填制转账凭证;对外的转账业务,以客户提交的特定凭证代替转账借方凭证和转账贷方凭证。

(二)银行会计凭证的审查

无论是银行自行填制的基本凭证,还是客户提交的特定凭证,在记账前都必须根据有关业务的具体要求进行审查,以保证凭证的真实性、完整性、合法性和正确性。审核时一般应注意以下几点:

1.是否应为本行受理的凭证;

2.使用的凭证种类是否正确,凭证内容、联数与附件是否完整齐全,是否超过有效期限;

3.账号与户名是否相符;

4.大、小写金额是否一致,字迹有无涂改;

5.密押、印鉴是否真实、齐全;

6.款项来源、用途是否符合政策和有关资金管理的规定以及信贷、结算的管理原则;

7.款项使用是否超过存款余额、贷款额度或拨款限额;

8.计息、收费、赔偿金等的计算是否正确;

9.内部科目账户名称使用是否正确。

凡是经过银行办理的凭证,必须加盖有关人员名章及公章,以明确责任。对不符合要求的凭证应拒绝受理;对凭证内容记载不完整、不明确的,应退回补充或重新填制;如发现伪造、变造会计凭证的违法行为,要认真追究责任严肃处理。

(三)银行会计签章

会计签章是指在会计凭证、账簿、报表等会计资料上表明并确认真实身份及业务合法性的特定标识,包括印章、签名等,以及法律、行政法规和部门规章规定的电子签名。银行对已经处理或打印输出的会计凭证、账表,必须按规定加盖印章或签名。

目前,银行主要会计印章的使用范围及配置有:

1. 业务公章:用于对外出具存款证明、资信证明书、委托调查报告,签发单位定期存款存单、协议存款证明、余额对账单、借款人欠息通知单、业务电报、挂失回单、止付通知、证实书、假币收缴凭证及其他需要加盖业务公章的重要单证或报表。该印章按营业机构配备,由网点总会计或业务主管保管。

2. 受理凭证专用章:用于银行受理客户提交(含本行和他行)而尚未进行转账处理的各种凭证的回单及上门服务凭证等。印章上必须刻有"收妥抵用"字样。该印章按办理相关业务的柜员进行配备,通过编号进行区分。

3. 现金收、付讫章:用于现金凭证及现金进账回单、现金缴款单、现金支票以及发行基金出入库凭证。该印章可根据业务需要按柜员进行配置。

4. 转讫章:用于办理本、外币涉及系统外的转账票据、凭证及回单等支付结算业务。该印章可根据业务需要按柜员进行配置。

5. 结算专用章:用于办理票据贴现、转贴现、再贴现业务;发出、收到和办理托收承付、委托收款结算凭证;发出汇兑结算凭证及结算业务的查询查复等。该印章按办理对公结算业务的网点配备,由业务主办或业务主管保管。

6. 汇票专用章:用于签发全国银行汇票、银行承兑汇票及承兑商业汇票;办理承兑汇票转贴现和再贴现时的背书等。该印章及印模卡片按办理银行汇票的营业网点配备,由业务主办或业务主管保管。

7. 辖内往来专用章:用于辖内往来凭证、划转清单、查询查复及辖内现金调拨等业务。该印章按网点配置。

8. 个人名章:用于会计人员经办和记载的凭证、账簿、报表等。

以上印章,除个人名章外,均应冠以行名,并带有年、月、日。其他业务专用章按照相关业务管理规定使用。

(四)银行会计凭证的传递

银行会计凭证无论是在银行内部进行传递,还是在两个或两个以上银行之间进行传递,都必须做到准确及时、手续严密、先外后内、先急后缓。除有关业务核算手续另有规定者外,各种凭证一律由银行内部传递,以免发生舞弊,造成账务混乱或资金损失。

银行各类业务凭证的传递,具体应遵守以下规定:

1.现金收入业务,必须"先收款,后记账",以防止漏收或错收款项。

2.现金付出业务,必须"先记账,后付款",以防止透支款项。

3.转账业务,必须先记付款人账户,后记收款人账户;代收他行票据,收妥抵用,以贯彻银行不垫款原则。

(五)银行会计凭证的装订与保管

会计凭证必须每日按固定顺序装订。装订前应先检查科目日结单张数、凭证张数、附件张数及有关戳记是否完整、齐全,发现不符和手续不全的,必须由有关人员更正补齐。装订的顺序,以科目排列先后次序为准,每个科目下再按现收、现付、转借、转贷顺序排列,科目日结单装订在各该科目传票的前面。装订时要将凭证、附件整理整齐,并加具封面、封底,用线绳装订牢固,在绳结处用纸条加封,由装订人员和会计主管在加封处盖章。

已装订成册的凭证,应在封面上编列号码;当日凭证过多可分若干册装订,分册装订的凭证封面上应注明共几册、第几册,并及时登记"已用传票账表登记簿"后入库保管。

会计凭证每日经缩微扫描存储于光盘等介质后,能满足保管、查阅需要的,可不经装订,直接装入专用袋塑封保管,在袋上注明日期、凭证和附件张数等。

超过规定保管期限的会计凭证,经过批准手续方可销毁。

第四节 账务组织与账务处理

一、银行的账务组织

账务组织是指账簿的设置、记账程序以及账务核对方法相互配合所形成的核算体系。银行的账务组织包括明细核算和综合核算两个系统。前者是按账户进行的核算,明细反映各账户资金增减变化情况;后者是按科目进行的核算,综合反映各类资金增减变化情况。两者都是反映业务活动、考核计划执行情况和财务活动的主要依据,也是维护各项资金和财产安全的重要工具。两个系统的账簿,都必须根据同一会计凭证分别进行登记、核算。它们互相联系、相互制约,明细核算与综合核算的数字必须相符。

(一)账簿的设置

银行的账簿是账务组织的主体,它是由一定格式的账页组成,用来分类、连续、系统地记录经济业务的各种簿册。银行账簿按其用途不同,一般设置有序时账、明细账、总账和登记簿四种。

1. 序时账

序时账是每日按经济业务发生时间的先后顺序,逐笔连续登记的账簿。银行的序时账主要有现金收入日记簿(见表 2-10)和现金付出日记簿,是逐笔、序时记载现金收入、付出及结存情况的明细记录。

表 2-10

现金收入日记簿

柜组名称：　　　　　　　　　年　　月　　日　　　　　　　　第　　页共　　页

凭证号数	科目代号	户名或账号	金额(位数)	凭证号数	科目代号	户名或账号	金额(位数)
合　计				合　计			

2. 明细账

(1)分户账。分户账是按照开户单位和银行各种资金分账户连续、明细记录的账簿,是银行与开户单位对账的依据。分户账的格式,除根据业务所规定的专用格式外,一般有以下四种:

①甲种账(见表 2-11)。设有借、贷方发生额和余额三栏,适用于不计息科目账户、余额表计息科目账户、银行内部科目账户。

表 2-11

××银行

(　　　　)账

本账总页数	
本户页数	

户名：　　　　　　账号：　　　　　　领用凭证记录　　　　　　

年		摘要	凭证号码	对方科目代号	借方(位数)	贷方(位数)	借或贷	余额(位数)	复核员
月	日								

会计　　　　　　　　　　　　　记账

②乙种账(见表2-12)。设有借、贷方发生额、余额、积数四栏,适用于在账页上计息的账户。

表2-12

××银行

	本账总页数	
	本户页数	

( ) 账

户名: 账号: 领用凭证记录_____ 利率:

年		摘要	凭证号码	对方科目代号	借方（位数）	贷方（位数）	借或贷	余额（位数）	日数	积数（位数）	复核员
月	日										

会计 记账

③丙种账(见表2-13)。设有借、贷方发生额和借、贷方余额四栏,适用于借、贷双方反映余额的账户。

表2-13

××银行

	本账总页数	
	本户页数	

( ) 账

户名: 账号: 领用凭证记录_____

年		摘 要	凭证号码	对方科目代号	发生额		余 额		复核员
月	日				借方	贷方	借方	贷方	

会计 记账

④丁种账(见表2-14)。设有借、贷方发生额、余额和销账四栏,适用于逐笔记账、逐笔销账的一次性账务,它兼有分户明细的作用。

表 2-14

××银行

（　　　　　）账

本账总页数	
本户页数	

户名：

年		账号	户名	摘要	凭证号码	对方科目代号	借方（位数）	销账			贷方（位数）	借或贷	余额（位数）	复核员
月	日							年	月	日				

会计　　　　　　　　　　　　　　　记账

（2）余额表。余额表是反映每日营业终了各账户最后余额的账簿,分为计息余额表和一般余额表两种。

①计息余额表(见表 2-15),适用于计息科目。

表 2-15

××银行　（　　　）

计息余额表

年　　月　　日

科目名称：单位活期存款　　　　　利率：　　　　　　　共　页第　页

金额　　　　　账号 　　　　户名 日期			
至上期累计应计息积数			
1			
……			
10 天小计			
11			
……			
20 天小计			
……			
本月计息积数			
应加减积数			
至本期累计应计息积数			
结息日利息			

②一般余额表(见表 2-16),适用于抄制各科目及户名余额时使用。

表 2-16

××银行（　　）

一般余额表

年　月　日　　　　　　　　　　共　页第　页

科目代号	户名及摘要	余　额 （位数）	科目代号	户名及摘要	余　额 （位数）

会计　　　　　　　复核　　　　　　　　制表

3.总账

总账（见表 2-17）是各科目的总括记录，也是编制会计报表的依据。总账按科目设置，设有借、贷方发生额和借、贷方余额四栏。每日营业终了，根据各科目下各账户的发生额合计数记载，并结出余额。

表 2-17

××银行（　　）

总账

科目代号：_____

科目名称：_____　　　　　　　　　　第　号

年　　月	借方 （位数）		贷方 （位数）		
上年底余额					
本年累计发生额					
上月底余额					
上月底累计未计息积数					
日期	发生额		余额		核对盖章
	借方 （位数）	贷方 （位数）	借方 （位数）	贷方 （位数）	复核员
1					
……					
10 天小计					
11					
……					
月　计					
自年初累计					
本期累计计息积数					
本月累计未计息积数					

会计　　　　　　　复核　　　　　　　记账

4.登记簿

登记簿是为了适应某些业务需要设置的,起备忘、控制和管理作用的辅助性账簿。如:重要空白凭证登记簿、印章保管使用登记簿、开销户登记簿、凭证(资料)交接登记簿、挂失登记簿、有价单证登记簿等等。

(二)记账程序

记账程序又称会计核算程序,包括明细核算程序和综合核算程序两个部分。

1.明细核算程序

明细核算是按账户进行的核算,由分户账、登记簿、现金收入(付出)日记簿、余额表组成。其核算程序是:根据会计凭证登记分户账或登记簿,现金业务需要登记现金收入(付出)日记簿,营业终了根据分户账编制余额表。

(1)分户账。分户账是明细核算的主要形式,必须按户立账,连续记载,并在摘要栏注明简明事由,不得以凭证代替分户账。

分户账的记账方法,除按照有关业务核算手续的规定办理外,应注意下列规定:

①记账前,必须切实核对户名、账号、印鉴、金额或额度、限额等,防止串户、透支等事故的发生。

②账页上首规定填记的主要事项(如账号、户名、贷款额度、拨款限额和页数等)均应详细填写。记账时,要写明记账日期,摘要栏扼要填写款项来源、用途或简明事由;现金支票、转账支款凭证应填列凭证号码。

③业务发生后,必须根据凭证当时逐笔记载分户账,并结出余额。

④换新账页时,应将前页的最后余额过入新页的第一行余额栏内,并在摘要栏填写"承前页"字样。

⑤损益类各账户应具体记载发生收支的事由。

(2)登记簿。登记簿是适应某些业务需要而设置的账簿,也是用以控制重要空白凭证、有价单证和实物的重要账簿,以及统驭卡片账的辅助账簿。凡在分户账上不能记载而又需要进行登记查证的业务,都可通过登记簿予以登记反映。

(3)现金收入日记簿及现金付出日记簿。现金收入日记簿及现金付出日记簿是记载和控制现金收入和现金付出数字的序时账簿,是现金收入和现金付出的明细记录。其记载方法是:在业务发生后,按照现金收入凭证、现金付出凭证分别序时、逐笔记载。除记载记账日期、凭证号码外,还要在摘要栏内简要记载交款或取款单位名称、款项来源或用途等,尽量配合现金项目分类要求。对外营业终了后,各自结出合计数,编制收付结数表,登记现金库存簿,并与实际现金库存数核对相符。

(4)余额表。余额表是核对总账与分户余额以及计算利息的重要工具。余额表分计息的和一般的两种。

计息余额表,适用于计息科目,每日营业终了,根据分户账各户金额填列,当日未发生收付的账户(法定假日同),根据上一日的最后余额填列。

一般余额表,适用于不计息的各科目,是为了抄制各科目的余额,以便进行总账和分户账余额核对使用。

2.综合核算程序

综合核算是按科目进行的核算,由科目日结单、总账、日计表组成。其核算程序是:根据会计凭证编制科目日结单,根据科目日结单登记总账,根据总账编制日计表。

(1)科目日结单(见表 2-18)。科目日结单是监督明细账户发生额,轧平当日账务的重要工具。每日营业终了,每个科目编制一张科目日结单,编制方法是:根据同一科目的现金收入、现金付出、转账借方、转账贷方凭证,各自加计传票张数和金额,填列在科目日结单的有关栏内,并结出借、贷方合计数。当日全部科目日结单相加的借方、贷方合计数必须相等,表明当日账务的发生额登记平衡。

表 2-18

××银行( )科目日结单
年　月　日

凭证种类	借　方		贷　方	
	传票张数	金　额 亿千百十万千百十元角分	传票张数	金　额 亿千百十万千百十元角分
现金				
转账				
合计				

复核　　　　　记账　　　　　　制单

"现金"科目日结单的编制比较特别。由于现金收入、付出业务只有一张凭证,所以现金科目日结单下没有凭证。因此,现金科目日结单应根据其他科目日结单中现金部分,分别借方、贷方汇总合计数,反方填列,只填金额,不填凭证张数。即:其他科目日结单中现金部分的借方合计数,填列现金科目日结单现金部分的贷方;其他科目日结单中现金部分的贷方合计数,填列现金科目日结单现金部分的借方。

(2)总账。总账是综合核算的主要形式,是综合核算同明细核算相互核对和统驭明细分户账的主要工具。其记载方法是:每日营业终了,根据各科目日结单的借、贷方发生额合计数填记,并结出余额。借、贷双方反映余额的科目,其总账上的本日余额,应根据余额表或分户账各户的借方、贷方余额分别加总填记,不得轧差记载。当日未发生账务的科目(法定假日同),也应根据上一日的余额填入当日余额栏内,以便与余额表核对。

(3)日计表(见表2-19)。日计表是反映当日业务活动的报表,是轧平当日全部账务的主要工具。日计表按日编制,每日营业终了,日计表的各科目当日发生额和余额,根据总账各科目当日发生额和余额填记,表内各科目的借、贷方发生额合计数和借、贷方余额的合计数,必须各自平衡。

表 2-19

×× 银行(　　　)
<u>日　计　表</u>
年　　月　　日

科目代号	科目名称	本日发生额		余额		科目代号
		借方	贷方	借方	贷方	
合　计						

行长(主任)　　　　　会计　　　　　复核　　　　　制表

(三)账务核对

账务核对是会计核算的重要环节,是防止账务差错、保证核算正确的重要措施。通过账务核对,达到账账、账款、账实、账据、账表和内外账相符的目的。银行账务核对分为每日核对和定期核对两种,核对内容各有侧重。

1.每日核对

即每日营业终了进行的核对。

(1)业务处理量核对。电脑打印的当日凭证总张数与实际凭证数核对相符。

(2)账款核对。现金日记簿的收入、付出各自合计数,应与"现金"科目总账借、贷方发生额核对相符;现金库存登记簿的库存数,应与"现金"科目总账余额核对相符,同时与钱箱的实际现金数核对相符。

(3)总分核对。每日营业终了,总账各科目余额应与分户账或余额表对应各账户余额合计数核对相符。借、贷双方反映余额的总账,应就账页本身的有关数字轧差核对。即:

本日借、贷方余额的轧差数＝上日借、贷方余额轧差±本日借、贷方发生额

(4)余额表各账户余额合计与日计表对应各科目余额核对相符。

2.定期核对

即对未能纳入每日核对的账务,按规定定期进行核对。

(1)使用销账式账页记载的账户,应按旬加计未销账的账户余额,与该科目总账的余额核对相符。

(2)贷款卡片必须按月与各贷款科目分户账核对相符。

(3)贴现卡片票面金额按月与表外科目核对相符。

(4)其他各种卡片账按月与该科目总账或有关登记簿核对相符。

(5)余额表上的计息积数,应按旬、按月、按结息期与同科目总账的十天、二十天小计、月计和本结息期累计积数核对相符。如遇有应加、应减积数,应审查发生的原因和数字是否合理正确。

(6)金银占款分户账每月与发行部门的金银保管登记簿核对相符。

(7)各种有价单证、重要空白凭证等,应每月账实、账簿核对相符。

(8)固定资产在年终决算前账、卡、簿、实核对相符;固定资产卡片上的折旧额合计与"固定资产折旧"科目余额核对相符。

(9)内外账务核对。按月或规定时间向开户单位发送余额对账单,由开户单位填列余额和未达账项,并加盖预留印鉴后返回,对账回单中如有未达账项,应及时查明原因。开户单位的对账回单,经核对无误后,应按科目、账号顺序排列装订保管,以备查考。必要时,可与开户单位进行面对面对账。

银行经办人员在核对相符后,应在有关账、簿、卡上盖章证明,会计主管人员应加强检查督促。

记账程序与每日账务核对流程见图 2-1。

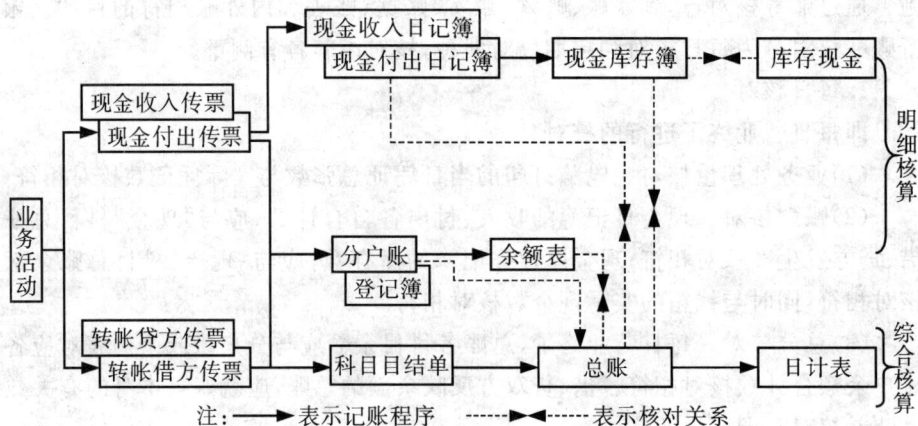

注:——→ 表示记账程序 ------▷◁------ 表示核对关系

图 2-1 记账程序与每日账务核对流程图

二、记账规则和错账冲正

(一)记账规则

记账必须做到真实、准确、完整、及时,严格遵守制度规定,以保证核算质量。

1.账簿的各项内容,必须根据凭证的有关事项逐笔记载,结出余额,做到内容完整、数字准确、摘要简明、字迹清晰,严禁弄虚作假。如果凭证内容有错误或遗漏不全,应更正或补充后再行记账。

2.记账应使用蓝黑墨水钢笔书写,复写账页可用蓝、黑圆珠笔垫双面复写纸书写。红色墨水只用于划线和冲账,以及按规定用红字批注的有关文字说明。

3.账、表、凭证上所书写的文字及金额,一般应占全格的1/2。摘要栏文字如一格不足用时,可在下一格接续填写,但其金额应填写于末一行文字的金额栏内。账簿余额结清时,应在元位以"—0—"表示结平。

4.记账时,应按账页行次顺序连续登记,不得隔页跳行。因漏记使账簿发生空页时,用红色对角线划掉,注明作废;发生空行或空格时,应在空行、空格的摘要栏内用红字注明"空行"、"空格"字样。

5.凭证、账簿盖错印章,应在所错盖印章上用红笔划"×"以示注销,再补盖正确印章。

6.账簿上的一切记载,不许涂改、挖补、刀刮、皮擦和用药水销蚀。

7.填写凭证的各种代用符号规定为:第号为"♯";每个为"@";人民币"元"符号为"￥",外币符号从国际惯例;年、月、日简写顺序应自左而右"年/月/日";年利率简写为"年％";月利率简写为"月‰";日利率简写为"日‱"。

(二)错账冲正

银行的账务处理要严肃认真,正确无误。如果发生账务差错,应经部门会计主管审批后,分别按下列规定办理更正,并对错账的原因、日期、金额以及冲正的日期等进行登记,以便考核、分析,改进工作。

1.当日发生的差错,采用划线更正法

(1)账簿上日期或金额写错时,应以一道红线把全行数字划销,将正确数字写在划销数字的上边,并由记账员在红线左端盖章证明。如划错红线,可在红线两端用红色墨水划"×"销去,并由记账员在右端盖章证明。文字写错,只需将错字用一道红线划销,将正确的文字写在划销文字的上边。

(2)凭证填错科目或账户,应先改正凭证,再参照(1)项办法更正账簿。

(3)已使用的账页记载错误无法更正时,不得撕毁,须经会计主管人员同意,可另换新账页记载,但必须经过全页复核,并在原账页上划交叉红线注销,由记账员及会计主管人员盖章证明,注销的账页另行保管,俟装订账页时,附在后面备查。

计算机记账时,若凭证填制正确,录入时发生差错,按计算机账务处理系统规定的更正方法更正;若凭证填制错误,录入时相应发生差错,则先按计算机账务处理系统规定的更正方法更正后,再依据正确的凭证录入账务数据。现金业务冲账须同时清点钱箱,个人现金及转账业务冲正须经客户确认。

2.隔日发现的本年度内的差错,采用红、蓝字更正法

(1)记账串户,应填制同一方向红、蓝字凭证办理更正。用红字凭证记入原错误的账户,在摘要栏内批注"更正×年×月×日错账"字样;同时,在原记错账的摘要栏内批注"已于×年×月×日更正"字样;用蓝字凭证记入正确的账户,在摘要栏内注明"补记×年×月×日账"字样及简明事项。

【例2-5】12月30日大洋百货商店的一笔存款3 400元,误记入东百商场存款户,12月31日发现并办理更正。

原来的会计分录为:

借:有关科目　　　　　　　　　　　　　　　3 400
　　贷:单位活期存款——东百商场存款户　　　　　　　3 400

更正的会计分录为:

贷:单位活期存款——东百商场存款户　　3 400(红字)
贷:单位活期存款——大洋百货商店存款户　　3 400(蓝字)

(2)凭证的金额、科目或账户填错,账簿随之记错,应填制借、贷方红字凭证将错误金额全数冲销,再按正确的金额、科目或账户重新填制借、贷方蓝字凭证补记入账,并在摘要栏内注明情况。同时在原错误凭证上批注"已于×年×月×日更正"字样。

【例2-6】1月20日计收甲企业短期贷款利息7 530元,误将传票金额填为7 350元并据以记账,于1月25日发现并办理更正。

原来的会计分录为:

借:单位活期存款——甲企业存款户　　　　　　7 350
　　贷:利息收入　　　　　　　　　　　　　　　　7 350

更正的会计分录为:

借:单位活期存款——甲企业存款户　　　7 350(红字)
　　贷:利息收入　　　　　　　　　　　　　7 350(红字)
借:单位活期存款——甲企业存款户　　　7 530(蓝字)
　　贷:利息收入　　　　　　　　　　　　　7 530(蓝字)

3.隔年发现的差错,采用蓝字反方向更正法

本年度发现上年度的错账,应填制蓝字反方向凭证更正,不得更改决算报表。凭证的摘要栏应注明情况,原错账凭证上应批注"已于×年×月×日更正"字样。

【例2-7】12月30日大洋百货商店的一笔存款3 400元,误记入东百商场存款户,次年1月2日发现并办理更正。

原来的会计分录为:

借:有关科目 3 400

　　贷:单位活期存款——东百商场存款户 3 400

更正的会计分录为:

借:单位活期存款——东百商场存款户 3 400

　　贷:单位活期存款——大洋百货商店存款户 3 400

注意:凡更正错账影响利息计算时,应计算应加、应减积数进行调整。

【本章小结】

1.银行会计科目是按照一定的要求,对银行的各项会计要素进行分类汇总的类别名称。银行会计科目按资金性质、与资产负债表的关系、科目的适用范围不同进行划分,分别有不同的分类。

2.银行会计凭证按凭证的编制程序不同,分为原始凭证与记账凭证。按凭证的填制方法不同,分为单式凭证与复式凭证。按凭证的格式和用途不同,分为基本凭证与特定凭证。

3.银行会计凭证的特点是大量采用以原始凭证代替记账凭证作为记账依据和除个别业务外,大多采用单式凭证。

4.银行的账务组织是指账簿的设置、记账程序以及账务核对方法相互配合所形成的核算体系。银行的账务组织包括明细核算和综合核算两个系统。前者是按账户进行的核算,明细反映各账户资金增减变化情况;后者是按科目进行的核算,综合反映各类资金增减变化情况。两者都是反映业务活动、考核计划执行情况和财务活动的主要依据,也是维护各项资金和财产安全的重要工具。两个系统的账簿,都必须根据同一会计凭证分别进行登记、核算。它们互相联系、相互制约,明细核算与综合核算的数字必须相符。

【本章练习题】

(一)填空题

1.银行会计科目按资金性质可以分为_____、负债类、_____、所有者权益类和_____科目;按与资产负债表的关系可以分为_____和_____两类。

2.对每一项经济业务,按照资金内在的对应关系,以相等的金额同时在相关联的两个或两个以上账户中进行登记的记账方法是_____。目前我国银行系统中,对表内业务采用借贷记账法进行核算。

3.借贷记账法是以_____、_____作为记账符号,以_____
作为记账规则。

4.基本凭证是_____根据有关原始凭证及业务事实自行编制凭以记账
的凭证,按其性质主要有 8 种,其中用于现金业务的凭证是_____和
_____。

5.银行的账务组织包括明细核算和_____两个系统。前者是按
_____进行的核算,由_____、_____、现金收入(付出)日记簿和
_____组成;后者是按_____进行的核算,由科目日结单、_____、
_____组成。

6.银行账簿是账务组织的主体,按其用途不同,一般设置有序时账、
_____、总账和_____四种。

7.账务核对是防止账务差错、保证核算正确的重要措施,通过账务核对,达
到_____、账款、账实、账据、_____和_____相符。

8.银行如果发生账务差错,应分别情况办理更正:当日发生的差错,采用
_____;隔日发现的本年度内的差错,采用_____;隔年
发现的差错,采用_____。

(二)判断题

1.根据借贷记账法的记账原理,一定时期内全部账户的借方发生额合计数
和贷方发生额合计数必然相等。   ( )

2.特种转账传票是特定凭证之一。   ( )

3.会计凭证的处理是指从受理或填制会计凭证开始,经过对凭证的审查、传
递、记账,到整理装订保管为止的全过程。   ( )

4.票据的出票日期必须使用中文大写,若使用小写填写的,银行不予受理。
                                                                    ( )

5.银行办理转账业务,必须先记付款人账户,后记收款人账户,以贯彻银行
不垫款原则。   ( )

6.现金科目日结单应根据其他科目日结单中现金部分,分别借方、贷方汇总
合计数,反方填列,只填金额,不填凭证张数。   ( )

7.无论是银行自行填制的基本凭证,还是客户提交的特定凭证,在记账前都
必须根据有关业务的具体要求进行审查,以保证凭证的真实性、完整性、合法性
和正确性。   ( )

8.综合核算是按科目进行的核算,其核算程序是:根据会计凭证编制科目日
结单,根据科目日结单登记总账,根据总账编制日计表。   ( )

9. 日计表是反映当日业务活动的报表,是轧平当日全部账务的主要工具。

（　　）

10. 发现上年度错账时,应填制红字冲正传票予以冲正。　　　　　（　　）

（三）单项选择题

1. 下列凭证属于基本凭证的是（　　）。

A. 现金支票　　　　B. 转账支票　　　　C. 银行汇票　　　　D. 转账借方传票

2. 银行办理现金收入业务时,必须先收款,后记账;办理现金付出业务,必须（　　）。

A. 先收款,后记账　　　　　　　B. 先记账,后收款

C. 先付款,后记账　　　　　　　D. 先记账,后付款

3. 根据某项业务的特殊需要而制定的专用凭证是（　　）。

A. 特定凭证　　　　B. 基本凭证　　　　C. 单式凭证　　　　D. 复式凭证

4. 本月 26 日发现本月 24 日的一笔错账,应采用的错账冲正方法是（　　）。

A. 划线更正法　　　　　　　　B. 红、蓝字更正法

C. 蓝字反方更正法　　　　　　D. 撕毁,另换账页记载

5. 资产账户的借方、贷方、余额分别表示为资产的（　　）。

A. 减少、增加、借方　　　　　B. 增加、减少、借方

C. 减少、增加、贷方　　　　　C. 增加、减少、贷方

（四）多项选择题

1. 下列属于负债类科目的是（　　）。、

A. 存放中央银行款项　　　　　B. 向中央银行借款

C. 贴现　　　　　　　　　　　D. 应解汇款

E. 活期存款

2. 下列属于明细核算构成的是（　　）。

A. 分户账　　　　　　　　　　B. 登记簿

C. 现金收(付)日记簿　　　　　D. 科目日结单

E. 余额表

3. 银行的账簿按其用途不同,一般设置有（　　）。

A. 序时账　　　　B. 总账　　　　C. 明细账　　　　D. 登记簿

E. 日计表

4. 下列属于综合核算构成的是（　　）。

A. 分户账　　　　　　　　　　B. 日计表

C. 现金收(付)日记簿　　　　　D. 科目日结单

E. 总账

5.银行会计凭证的特点有(　　)。

A.大量采用以特定凭证代替记账凭证作为记账依据

B.多数业务采用复式凭证

C.除个别业务外采用单式凭证

D.记账凭证均由客户填制

E.记账凭证均由银行填制

6.银行每日账务核对的主要内容有(　　)。

A.电脑打印的当日凭证总张数与实际凭证数核对相符

B.现金日记簿的收入、付出各自合计数,与现金总账借、贷方发生额核对相符

C.现金库存登记簿的库存数与现金总账余额和钱箱的实际现金数核对相符

D.总账各科目余额与分户账或余额表对应各账户余额合计数核对相符

E.余额表各账户余额合计与日计表对应各科目余额核对相符

(五)名词解释

1.表内科目

2.基本凭证

3.特定凭证

4.账务组织

5.分户账

6.日计表

(六)简答题

1.银行会计科目有哪些分类?

2.银行会计凭证的种类有哪些?

3.银行会计凭证有哪些特点?

4.银行现金凭证是如何填制的?

5.银行的账务组织包括哪些系统?它们之间的关系是怎样的?

(七)业务题

要求:编制下列经济业务的会计分录,并按发生额编制试算平衡表,进行试算平衡。

资料:某商业银行支行当日发生下列业务:

1.开户单位东方商厦提交现金缴款单一份,交存现金120 000元。

2.本行向开户的人民银行提取现金800 000元。

3.开户单位宏达机器厂签发现金支票,提取现金230 000元,用于支付职工工资。

4.开户单位顺意贸易公司签发转账支票一张,金额95 000元,支付开户单位

东方商厦购货款。

5.开户单位宏达机器厂到期归还银行短期贷款 640 000 元,并支付利息 5 200元。

6.开户单位温泉酒店送交转账支票及进账单一份,金额 31 000 元,系开户单位顺意贸易公司支付会议餐宿费。

试算平衡表
年　月　日

科目代号	科目名称	上日余额		本日发生额		本日余额	
		借方	贷方	借方	贷方	借方	贷方
1010	现金	330 000					
1040	存放中央银行准备金	909 000					
1210	短期贷款	760 000					
2010	单位活期存款		1 970 000				
5010	利息收入		29 000				
合　计		1 999 000	1 999 000				

第三章

存款业务的核算

通过本章的学习,要了解银行存款账户的种类与管理,掌握银行各项存款业务的会计核算,掌握存款利息的计算方法。

第一节　单位存款业务的核算

存款是银行以信用方式吸收社会闲散资金的一种信用活动。存款是银行负债的重要组成部分,也是银行信贷资金的最主要来源。银行吸收的存款,按照不同的标准可划分为不同的种类。存款按对象可分为单位存款和储蓄存款,按期限长短可分为活期存款和定期存款。

一、银行结算账户的种类、使用与管理

(一)银行结算账户的种类

根据《人民币银行结算账户管理办法》的规定,银行结算账户是指银行为存款人开立的办理资金收付结算的人民币活期存款账户。它按存款人分为单位银行结算账户和个人银行结算账户。而存款人则是指在中国境内开立银行结算账户的机关、团体、部队、企业、事业单位、其他组织(以下统称单位)、个体工商户和自然人。

(二)银行结算账户的使用

1.单位银行结算账户的使用

　　存款人以单位名称开立的银行结算账户为单位银行结算账户。单位银行结算账户按用途分为基本存款账户、一般存款账户、专用存款账户和临时存款账户。

　　(1)基本存款账户,是存款人办理日常转账结算和现金收付需要开立的银行结算账户。存款人日常经营活动的资金收付及其工资、奖金和现金的支取,应通过该账户办理。单位银行结算账户的存款人只能在银行开立一个基本存款账户。该账户是存款人的主办账户。

　　(2)一般存款账户,是存款人因借款或其他结算需要,在基本存款账户开户银行以外的银行营业机构开立的银行结算账户。一般存款账户用于办理存款人借款转存、借款归还和其他结算的资金收付。该账户可以办理现金缴存,但不得办理现金支取。

　　(3)专用存款账户。是存款人按照法律、行政法规和规章,对其特定用途资金进行专项管理和使用而开立的银行结算账户。该账户用于办理各项专用资金的收付。存款人拥有的基本建设资金、更新改造资金、特定用途需要专户管理的资金等均可在银行开立专用账户。

　　(4)临时存款账户,是存款人因临时需要并在规定期限内使用而开立的银行结算账户。存款人因设立临时机构、异地临时经营活动或注册验资等需要,可以申请开立临时存款账户,用于办理资金收付。临时存款账户有效期最长不得超过2年,在使用中需要延长期限的,应在有效期限内向开户银行提出申请,并由开户银行报中国人民银行当地分支行核准后办理展期。存款人可通过该账户办理转账结算和按照国家现金管理规定办理现金收付。

　　存款人申请开立银行结算账户时,应填制开户申请书,按照中国人民银行的规定记载有关的事项。同时应提供规定的证明文件:

　　(1)存款人申请开立基本存款账户,应向银行出具法人营业执照或营业执照正本,有关部门的批文或证件。

　　(2)存款人申请开立一般存款账户和专用存款账户,应向银行出具其开立基本存款账户规定的证明文件、基本存款账户开户登记证和其他相关证明文件。存款人申请开立临时存款账户,也应向银行提供相关证明文件。

　　银行为存款人开立银行结算账户,应与存款人签订银行结算账户管理协议,明确双方的权利与义务,还应建立存款人预留签章卡片,并将签章式样和有关证明文件的原件和复印件留存归档。经中国人民银行核准后,由开户银行对存款申请人核发开户登记证。

2.个人银行结算账户的使用

存款人凭个人身份证件以自然人名称开立的银行结算账户为个人银行结算账户。个人银行结算账户是自然人因投资、消费、结算等而开立的可办理支付结算业务的存款账户。自然人可根据需要申请开立个人银行结算账户,也可以在已开立的储蓄账户中选择并向开户银行申请确认为个人银行结算账户。

营业执照注册地与经营地不在同一行政区域(跨省、市、县)需要开立基本存款账户的、办理异地借款和其他结算需要开立一般存款账户的、存款人因附属的非独立核算单位或派出机构发生的收入汇缴或业务支出需要开立专用存款账户的、异地临时经营活动需要开立临时存款账户的、自然人根据需要在异地开立个人银行结算账户的,也可以在异地开立有关银行结算账户。

(三)银行结算账户的管理

1.开户实行双向选择。存款人可以自主选择银行,银行也可以自主选择存款人开立账户。除国家法律、行政法规和国务院规定外,任何单位和个人不得强令存款人到指定银行开立银行结算账户。

2.存款人开立基本存款账户、临时存款账户和预算单位开立专用存款账户实行核准制度,经中国人民银行核准后由开户银行核发开户登记证。但存款人因注册验资需要开立的临时存款账户除外。

3.银行应依法为存款人的银行结算账户信息保密。对单位银行结算账户的存款和有关资料,除国家法律、行政法规另有规定外,银行有权拒绝任何单位或个人查询。对个人银行结算账户的存款和有关资料,除国家法律另有规定外,银行有权拒绝任何单位或个人查询。

4.存款人的账户只能办理存款人本身的业务活动,不得出租、出借银行结算账户,不得利用银行结算账户套取银行信用。

5.银行开立银行结算账户时不得违规为存款人多头开立银行结算账户,不得明知或应知是单位资金,而允许以自然人名称开立账户存储。

二、单位活期存款业务的核算

单位活期存款业务方式主要有两种,即存取现金和转账存取。其中,转账存取是通过银行使用票据、信用卡和各种结算方式而实现的,具体方法按本书第四章所述内容办理。单位活期存款按照存取形式的不同,分为支票户和存折户,本节仅介绍单位活期存款现金存取业务中支票户的核算。

（一）存入现金的核算

单位存入现金时,应填制一式二联现金缴款单(见表 3-1),连同现金交开户银行出纳部门。出纳部门审查凭证和点收现金无误后,将第一联回单联盖章后退交存款人,第二联在登记现金收入日记簿后交会计部门,代现金收入传票凭以登记单位存款分户账。其会计分录为:

借:现金   1 800

 贷:单位活期存款——天虹百货户   1 800

表 3-1

中国××银行现金缴款单 （收入凭证）　②

20××年8月18日			总字第　　　　　号									
			现金日记账顺序　　　号									
缴款人	全称	天虹百货	款项来源	货款								
	账号	2010001	缴款部门	营业部								

人民币（大写）:	壹仟捌佰元整						千	百	十	万	千	百	十	元	角	分
										¥	1	8	0	0	0	0

券别	张数	十万	千	百	十	元	券别	张数	千	百	十	元	角	分	会计分录:
一百元	10		1	0	0	0	一元	50			5	0	0	0	科目(贷)2010
五十元	8			4	0	0	五角	20				1	0	0	对方科目:(借)1010
二十元	6			1	2	0	二角								会　复　记　出
十元	20			2	0	0	一角								计　核　账　纳
五元	4				2	0	分币								

（二）支取现金的核算

支票户向其开户银行支取现金时,应签发现金支票(见表 3-2),填明支取金额和款项用途,加盖预留银行印鉴,并由取款人背书后送银行会计部门。会计部门收到现金支票,应按规定进行审核,重点审核:支票要素是否填写齐全;支票是否挂失;是否背书;存款人账户是否有足够支付的存款余额;大小写金额是否相符;支票是否超过提示付款期;支票上加盖的印鉴与预留印鉴是否相符等。经审核无误后,以现金支票代现金付出传票登记分户账后,凭以付款。其会计分录为:

借:单位活期存款——东方百货户   6 000

 贷:现金   6 000

表 3-2

××银行现金支票存根	××银行**现金支票**	(闽)支票号码:00038412

本支票付款期限十天

××银行现金支票存根
支票号码＿＿＿＿＿
科目＿＿＿＿＿＿＿
对方科目＿＿＿＿＿
出票日期　年　月　日

收款人:＿＿＿＿＿

金　额:＿＿＿＿＿

用　途:＿＿＿＿＿

单位主管　　会　计

××银行**现金支票**

出票日期(大写)
贰零××年零捌月零陆日
收款人:×××

人民币(大写)	千	百	十	万	千	百	十	元	角	分
陆仟元整				￥	6	0	0	0	0	0

用途货款
上列款项请从
我账户内支付
出票人签章

地名

付款行名称:
工行鼓楼支行
出票人账号:2010002

科目(借)2010
对方科目(贷)1010
付讫日期20××年 8 月 16 日
复核　　　记账

贴对号单处	出　纳对号单

(三)单位活期存款户的对账

对账是指银行的单位存款账户与单位的银行存款账户进行核对,以保证双方存款账户一致的办法。由于双方记账时间有先有后及技术性差错,导致双方账务不相符或产生未达账项。为了保证内外账务相符,银行与开户单位之间必须定期或不定期地进行账务核对。

银行与单位的对账,可分为定期对账和随时对账两种形式。存折户的对账采用随时对账的形式,即存款户来银行办理存取款业务时,必须坚持账折见面,随时核对账折,以保证账折数的一致。支票户的对账采用定期对账和随时对账两种形式,具体如下:

1. 随时对账

一般使用套写账页,正联为存款分户账,副联为单位对账单,平时记满账页后即将对账单撕下,交开户单位对账;采用电子计算机记账的,每月将对账单打印出交单位对账。

2. 定期对账

银行按照规定,每季度末及每年 11 月末向所有开户单位填发"余额对账通知单"两联,同单位对账。单位核对时,应按要求在对账单上填入相应数字,并分别加计合计数进行核对。核对相符,单位应将对账单第二联加盖预留印鉴退还银行。核对不符时,单位应在对账单第二联勾勒或注明未达账项及金额,以便查明更正。对长期与银行账务不符的单位,应采取必要的措施,限期查清。银行对单位退还的对账单回单,应妥善保管,以备查考。

三、单位定期存款业务的核算

单位定期存款是指存款单位约定期限,到期支取本息的一种存款。单位按有关规定提留单位所有的短期不用的资金,均可在当地开户银行办理整存整取定期存款。财政拨款、预算内资金及银行贷款不得作为单位定期存款。目前,单位定期存款的存期有 3 个月、半年、1 年、2 年、3 年、5 年六个档次,起存金额为 1 万元,多存不限。单位定期存款可以全部或部分提前支取,但只能提前支取一次。单位支取定期存款本息只能以转账方式转入基本存款账户,定期存款账户不得作为结算户使用,不得支取现金。

(一)存入定期存款的核算

单位申请办理定期存款时,应签发转账支票交开户银行,银行按规定审查无误后,以转账支票代转账借方传票登记活期存款分户账,另填制一式三联"单位定期存款开户证实书",经复核后,证实书第一联代定期存款转账贷方传票,第二联加盖业务公章和经办人员名章后交存款单位作存款凭据,第三联作定期存款卡片账。其会计分录为:

借:单位活期存款——××单位活期存款户

　　贷:单位定期存款——××单位定期存款户

(二)支取定期存款的核算

单位持到期或过期的证实书支取定期存款时,银行应抽出该户卡片与原证实书进行核对。无误后,计算出利息,填制利息清单,并在证实书上加盖"结清"戳记,以证实书代定期存款转账借方传票,卡片账作附件,另编一联特种转账借方传票和二联特种转账贷方传票,办理转账。其会计分录为:

借:单位定期存款——××单位定期存款户

　　应付利息——单位定期存款利息支出户

　　贷:单位活期存款——××单位活期存款户

单位定期存款到期又在本行转存的,单位应重新办理支取和开户手续,存入多笔定期存款的,应分笔设户核算。

四、单位存款利息的核算

单位存款除活期财政性存款和应解汇款等有特殊规定的存款不计付利息外,其他存款一般均应计付利息。单位活期存款的利息一般采取定期结息的办法。单位定期存款的利息采取利随本清的方法。

利息计算的基本公式为:

利息＝本金×存期×利率

其中:存款本金是以元为单位,元以下不计息。存期是存款人的存款时间,从款项存入之日起,算至支付的前一日止,即"算头不算尾"。存款利率一般用年利率(%)、月利率(‰)、日利率(‱)表示。在计算存期时,应注意与利率在计算单位上的一致,存期以日计算时,用日利率;存期以月计算时,用月利率;存期以年计算时,用年利率。它们之间的换算是年利率除以12为月利率,月利率除以30为日利率,以此类推。计算的利息保留至分位,分位以下四舍五入。

(一)单位活期存款利息的计算

单位活期存款一般按季结息,每季末月20日为结息日,利息于次日列账。未到结息日清户的,于清户日按挂牌公布的活期存款利率计付利息。按季结息计息期按实际天数计算,从上季末月21日至本季末月20日。计息采用按日累加存款余额,累加的存款余额为计息积数,用计息积数乘以结息日挂牌公布的活期存款利率,计算出存款利息。计息的具体方法有余额表计息和账页计息两种。

1.余额表计息法

此方法适用于存款余额变动频繁的存款账户。采用这种方法计息是每日营业终了,将各计息分户账的最后余额按户抄列在余额表内。当日未发生收付业务,根据上一日的最后余额填列。按季结息时,在结息日当天,将余额表上的各户余额,从上季度结息日后第一天(21日)起,加总至本季度结息日(20日)止,得出累计计息积数,再乘以日利率,即可得出各户本季应付利息数。如遇记账日期与起息日期不同,或错账冲正涉及利息时,应根据其发生额和天数,算出应加或应减积数,填入余额表相关栏内进行调整。

2.账页计息法

此方法适用于存款余额变动不多的存款户。采用这种方法,一般使用乙种账页(见表3-3)。当发生资金收付时,按上次最后余额乘以该余额的实存日数即为积数,并直接填入账页上的"日数"和"积数"栏内,日数的计算是从上一次记账日期算至本次记账日期的前一日为止。如更换账页,应将累计积数过入新账页第一行的上半栏内,待结息日营业终了,再计算出本季的累计天数和累计积数,乘以日利率即得出应付利息。

表 3-3
存款分户账

户名:东方百货　　　　　　账号:2010002　　　　　　利率:月 0.3‰

××年		摘 要	借 方	贷 方	借或贷	余 额	日数	积 数	记账	复核
月	日									
6	1	承前页			贷	6 000 00	72 1	280 000 00 6 000 00		
6	2	转贷		2 000 00	贷	8 000 00	10	80 000 00		
6	12	转借	1 000 00		贷	7 000 00	3	21 000 00		
6	15	转借	2 000 00		贷	5 000 00	1	5 000 00		
6	16	转贷		4 000 00	贷	9 000 00	4	36 000 00		
6	20	转贷		500 00	贷	9 500 00	1	9 500 00		
6	21	转息		4 38	贷	9 504 38	92	437 500 00		

利息＝437 500×0.3‰÷30＝4.38(元),其会计分录为:

借:利息支出——活期存款利息支出户　　　　　　4.38

　　贷:单位活期存款——东方百货存款户　　　　　　4.38

(二)单位定期存款利息的计算

单位定期存款的利息计算采取利随本清的办法,即在支取本金时计付利息。存期按对年、对月、对日计算,对年按 360 天计算,对月按 30 天计算,零头天数按实际天数计算。不论期内是否有利率调整,到期支取时单位定期存款按存入日挂牌公告的利率计息,不分段计息。单位定期存款可以提前支取,全部提前支取的,则应按支取日挂牌公告的活期存款利率计付利息;部分提前支取的,若剩余部分不低于起存金额,则支取部分按支取日挂牌公告的活期存款利率计付利息,对剩余部分则开具新的"单位定期存款开户证实书",新的"单位定期存款开户证实书"按原存款日挂牌公告的利率和原定存期计付利息;单位定期存款部分提前支取时,若剩余部分不足起存金额,则应对该笔定期存款予以全部支取,按支取日挂牌公告的活期存款利率计付利息。单位定期存款逾期支取,逾期部分按支取日挂牌公告的活期存款利率计付利息。

【例 3-1】某开户单位存入银行一笔定期存款,金额为 10 万元,期限 1 年,月利率 1.875‰,5 月 27 日到期,该单位于 6 月 11 日来行支取,支取日活期存款利率为 0.3‰,其利息计算为:

到期利息＝100 000×12×1.875‰＝2250(元)

逾期利息＝100 000×15×(0.3‰÷30)＝15(元)

该笔存款应付利息为 2 265 元,其会计分录为:

借:单位定期存款——××单位定期存款户　　　　100 000

　　应付利息——定期存款利息支出户　　　　　　　2 265

　　贷:单位活期存款——××单位活期存款户　　　　　　102 265

第二节　储蓄存款业务的核算

储蓄存款是银行通过信用方式吸收社会公民暂时闲置或节余的货币资金的一项负债业务。它是银行资金来源的重要组成部分。银行对储蓄存款实行"存款自愿,取款自由,存款有息,为储户保密"的原则。现行的储蓄存款种类有:活期储蓄存款、定期储蓄存款、定活两便储蓄存款、个人通知储蓄存款等。

一、活期储蓄存款的核算

活期储蓄存款是不固定期限,随时可以存取的一种储蓄存款。活期储蓄存款按存取方式的不同分为支票户和存折户两种。活期储蓄存款存折户是凭存折存取款项的一种活期储蓄存款形式。1 元起存,多存不限,凭折存取,也可预留印鉴或密码,凭印鉴或密码支取。本节仅介绍活期储蓄存款存折户的核算。

(一)开户与续存的核算

储户第一次存入活期储蓄存款亦即开户,应由储户填写"储蓄存款凭条"(见表 3-4),连同现金、身份证件一并交经办人员。经办人员审查凭条和点收现金无误后,根据凭条登记"开销户登记簿",开立活期储蓄存款分户账,登记活期储蓄存折,以存款凭条代现金收入传票。其会计分录为:

借:现金

　　贷:活期储蓄存款——××户

凭印鉴(密码)支取的,应在分户账上加盖预留印鉴,在凭条、存折上加盖"凭印(密码)支取"戳记。经复核账款无误后,存款凭条加盖"现金收讫"戳记和名章后留存,分户账加盖复核名章按规定保管,存折加盖业务公章和名章后交储户收执。

储户以后续存时,仍应填写存款凭条,连同存折和现金一并交经办人员,经办人员经审核无误并点收现金后,登记存折和分户账,其余处理手续同开户的处理。

(二)支取和销户的核算

活期储蓄存款支取时,储户应填写"储蓄取款凭条"(见表 3-5),凭印鉴、密码支取时应在取款凭条上加盖预留银行印鉴,输入密码,连同存折交给银行,经办人员根据取款凭条、账折核对相符后,先登记存折后记分户账,以取款凭条代现金付出传票。其会计分录为:

借:活期储蓄存款——××户

贷:现金

表 3-4

储蓄存款凭条

科目(贷)   年   月   日   存

机器确认	
储户填写	账号_____ 户名_____ 币种_____ 存期_____ 千 百 十 万 千 百 十 元 角 分 **存入金额:(大写)** _____ 种类:定期□ 活期□ 零整□ 定活□ 大额□ 通知□ 存本□ 一折通□其他
新时开填户写	是否留密码:是□ 否□ 电话号码:_____ 证件种类:_____ 号码:_____地址:_____ 是否约定转存:是□ 否□ 代理人:_____ 证件种类:_____ 号码:_____

表 3-5

储蓄取款凭条

科目(借)   年   月   日   取

储户填写	账号_____ 户名_____ 币种_____ 存折序号_____ 有□ 笔次_____ 密码:无□ 千 百 十 万 千 百 十 元 角 分 **支取金额:(大写)** _____ 种类:活期□ 零整□ 定活□ 存本□ 一折通□其他_____
提前支取时填写	存款人____ 证件号码:____ 地址:____ 代取人____ 证件号码:____ 地址:____
机器确认	

49

经复核无误后,配好款项并在取款凭条上加盖"现金付讫"戳记和名章后,将现金和存折交储户。

储户取清全部款项,不再续存称为销户。销户时,储户应根据存折上的最后存款余额填写取款凭条,连同存折交银行经办人员。经办人员除按支取手续办理外,还应计算出利息,填制一式两联利息清单,一联连同本息交储户,另一联在营业终了时,凭以汇总编制利息支出科目传票。同时,应在存折和分户账上加盖"结清"或"销户"戳记,销记"开销户登记簿",存折作为取款凭条附件,账页另行保管。其会计分录为:

借:活期储蓄存款——××户

　　应付利息——储蓄利息支出户

　贷:现金

二、定期储蓄存款的核算

定期储蓄存款是存款时约定存款期限,一次或分次存入本金,到期一次或分次支付本金和利息的储蓄存款。定期储蓄存款按存取方式的不同分为整存整取、零存整取、整存零取、存本取息等。

(一)整存整取定期储蓄存款的核算

整存整取定期储蓄存款是指一次存入本金,约定存期,到期一次支取本息的一种定期储蓄存款。一般 50 元起存,多存不限,存期分三个月、半年、一年、二年、三年和五年等档次。

1.存入的处理

由储户填写"整存整取定期储蓄存款开户书",连同现金交银行经办人员,经办人员审核凭证并点收款项后,填制一式三联"整存整取定期储蓄存单",第一联代现金收入传票,其会计分录为:

借:现金

　贷:定期储蓄存款——整存整取户

第二联为存单,加盖业务公章交储户执存;第三联卡片账,登记开销户登记簿后,专夹保管。凭印鉴、密码支取的,应在各联上加盖"凭印(密码)支取"戳记,并在第三联卡片账上预留印鉴。采用计算机操作的,存单用计算机打印。

2.到期支取与过期支取的处理

储户持到期存单来行取款时,在存单背面背书,经办人员应将留存的第三联卡片账与存单核对,凭印鉴、密码支取的还须核对储户加盖的预留印鉴和密码。经核对无误后,按规定计算应付利息,填写两联利息清单,在存单和卡片账有关栏中分别填写利息金额,加盖支付日期和"结清"戳记,销记开销户登记簿,以存单代现金付出传票。其会计分录为:

借:定期储蓄存款——整存整取户
　应付利息
　贷:现金

配款后,将本息及一联利息清单交给储户,另一联利息清单作利息支出科目汇总传票的附件,结清的卡片账另行保管,定期装订。

储户持过期存单来行取款时,除按规定计付过期利息外,其余处理手续与到期支取相同。

3. 提前支取的处理

储户要求提前支取的,应交验本人身份证件,经办人员应认真审查并在存单背面摘录储户的姓名和身份证件号码,然后在存单和卡片账上加盖"提前支取"戳记,按规定计付利息。如储户要求全部提前支取,其余手续与到期支取相同;如储户要求部分提前支取的,先按原存单本金全部付出,并按规定计付提前支取部分的利息,然后将未取部分的本金,按原存入日期、期限、利率和到期日另开新存单,重编新账号,并在开销户登记簿上注明原存单账号,以备查考。部分提前支取,每张存单仅限一次。

(二)零存整取定期储蓄存款的核算

零存整取定期储蓄存款是约定存期,在存期内分次存入固定本金,到期一次支取本息的一种定期储蓄存款。一般5元起存,存期分为一年、三年、五年三档。每月存入一次本金,中途如有漏存,可在次月补齐;未补存者,到期支取时按实存金额和实际存期计算利息。

1. 开户与续存的处理

储户开户时,应填写储蓄存款凭条,连同现金一并交经办人员,经办人员审查存款凭条和点收现金无误后,登记开销户登记簿,开立账户和存折,凭印鉴、密码支取的,应在分户账上预留印鉴和密码,并在存折分户账上和加盖"凭印(密码)支取"戳记。存折加盖业务公章后交储户执存,分户账按账号顺序保管。存款凭条代现金收入传票,其会计分录为:

借:现金
　贷:定期储蓄存款——零存整取户

储户按月续存时,经办人员应账折核对相符,并登记账折,其余处理手续与开户时相同。

2. 支取的处理

到期支取时,储户应将存折交经办人员,经账折核对无误后,按规定计算应付利息,填写利息清单,在存折和分户账上加盖支付日期和"结清"戳记及名章,销记开销户登记簿,以存折代现金付出传票。其会计分录为:

借:定期储蓄存款——整存整取户

 应付利息

  贷:现金

配款后,将本息交给储户,其余处理手续与整存整取定期储蓄存款到期支取相同。

储户若逾期支取的,除按规定计付过期利息外,其余处理手续与到期支取相同。如储户要求提前支取的,只能全部提前支取,不能部分提前支取,按支取日挂牌公布的活期储蓄利率计付利息,其余手续与到期支取相同。

(三)整存零取定期储蓄存款的核算

整存零取定期储蓄存款是本金一次存入,约定存期,分次支取本金,到期一次支取利息的一种定期储蓄存款。一般 1 000 元起存,存期分一年、三年、五年三档,本金支取期分一个月、三个月、半年一次,由储户与储蓄机构协商确定。

1.开户的处理

开户时,储户应填写开户书,经办人员审核并清点现金后,根据储户姓名、存入金额、期限以及支取的次数和时间,填写"整存零取定期储蓄存单"一式三联,第一联代现金收入传票,第二联存单,第三联卡片账,在卡片账上注明每次支取的时间和金额,凭印鉴、密码支取的,应在第一、三联上加盖预留印鉴,并在各联上加盖"凭印(密码)支取"戳记。其余手续同整存整取。

2.支取的处理

储户按约定时间来行支取存款,应填写储蓄取款凭条,连同存单一并交经办人员,经办人员核对无误后,在存单和卡片账上填写取款记录,以取款凭条代现金付出传票进行账务处理,其会计分录为:

借:定期储蓄存款——整存零取户

  贷:现金

存单和取款凭条经复核无误后,将存单退储户收执并付给现金。待最后一次取款时,以存单作取款凭条附件一并支付本金和利息。若储户要求提前支取的,可提前支取一至二次,但须在以后月份内停取一至二次,其余手续不变。如果提前支全部余额,则根据实存金额和存期按规定利率计息。过期支取的,在存单和卡片账上注明支取的日期,并按规定计付过期利息。

(四)存本取息定期储蓄存款的核算

存本取息定期储蓄存款是一次存入本金,约定存款期限,分次支取利息,到期一次支取本金的一种定期储蓄存款。一般 5 000 元起存,存期分一年、三年、五年,利息支取可以一个月或几个月一次,由储户与储蓄机构协商确定。

1.开户与取息的处理

开户时,由储户填写"存本取息定期储蓄开户书",注明姓名、金额、存期、取息期次,连同现金交经办人员,经办人员审核无误后,填写一式三联的"存本取息定期储蓄存单",第一联代现金收入传票,第二联存单,第三联卡片账。同时计算每次取息的金额填入存单和卡片账的"取息金额"栏内。其会计分录为:

借:现金

贷:定期储蓄存款——存本取息户

储户按约定时间来行取息时,应持存单,并按每次取息金额填写储蓄取息凭条,经办人员审核无误后,凭以登记存单、卡片账并付款,以取息凭条代现金付出传票,其会计分录为:

借:应付利息

贷:现金

2.支取本金的处理

存款到期,储户支取最后一次利息的手续同前。支取本金,银行以存单代现金付出传票记账,在存单和分户账上加盖支付日期和"结清"戳记及名章,销记开销户登记簿,并凭以付款。

储户要求提前支取本金时,可凭存单和本人身份证件办理,只能全部提前支取,对已支取的利息金额填列红字传票冲回,同时,按提前支取的有关规定计付利息,如冲回的利息数大于储户应得的利息数则应从本金中扣除。

过期支取本金,除按到期办理手续外,还须按过期天数计付利息。

(五)定活两便储蓄存款的核算

定活两便储蓄存款是不约定存期,可以随时支取,按实际存期确定利率的一种储蓄存款,具有定期和活期双重性质。一般 50 元起存。存单分记名、不记名两种,记名的可以挂失,不记名的不能挂失。

储户来行办理定活两便存款及支取时的有关手续,基本与整存整取定期储蓄存款相同。

(六)个人通知存款的核算

个人通知存款是由储户一次存入本金,银行发给存折,储户凭存折可不限次数支取款项,取款时需提前一天或七天通知银行的储蓄存款。一般五万元起存,不约定存期,其利率按实际存期分档(目前有一天和七天两档)计息。该储种适合于有随时支取较大金额需要的储户。

个人通知存款的处理手续,除了取款要按规定提前通知银行外,其余基本上与整存整取定期储蓄存款相同。

三、储蓄存款利息的计算

(一)利息计算的一般规定

1.利息计算的基本公式为:

$$利息＝本金×存期×利率$$

2.储蓄存款中规定,银行可采用积数计息法和逐笔计息法计算利息。

积数计息法按实际天数每日累计账户余额,以累计积数乘以日利率计算利息。计息公式为:

利息＝累计计息积数×日利率

其中

累计计息积数＝每日余额合计数

逐笔计息法按预先确定的计息公式逐笔计算利息。计息期为整年(月)的,计息公式为:利息＝本金×年(月)数×年(月)利率。计息期有整年(月)又有零头天数的,计息公式为:利息＝本金×年(月)数×年(月)利率＋本金×零头天数×日利率。其中存期一律按"对年、对月、对日"计算,不论平年、闰年、大月、小月,年均为 360 天,月均为 30 天计,凡大月的 31 日视同 30 日;不足一个月的零头天数,按实际天数计算,如到期日为该月所没有的,以月底日为到期日;闰年 2 月 29日存入,次年 2 月 28 日支取,视同存满一年;2 月 28 日存入,次年(闰年)2 月 29日支取,存期为一年零一天。2 月 28 日存款到期,3 月 1 日支取,逾期天数为 3 天。

同时,银行也可选择将计息期全部化为实际天数计算利息,即每年为 365 天(闰年 366 天),每月为当月公历实际天数,计息公式为:

利息＝本金×实际天数×日利率

3.结息后的利息并入本金起息,元以下尾数不计息。计算的利息保留至分位,分位以下四舍五入。

4.储蓄存款的利率由中国人民银行制定、经国务院批准后公布,或由国务院授权中国人民银行制定、公布。储蓄存款的利率根据"定期高于活期,长期高于短期"的原则,实行差别利率。

5.国家规定自 1999 年 11 月 1 日起对个人在中华人民共和国境内储蓄人民币、外币取得的利息所得征收个人所得税,凡 1999 年 11 月 1 日以后至 2007 年 8月 14 日的利息,按利息所得的 20％征收个人所得税;2007 年 8 月 15 以后滋生的利息按 5％征收个人所得税,由银行向储户结付利息时代扣代缴。于 2008 年 10月 9 日起,对储蓄存款利息所得暂免征收个人所得税。结付利息包括向储户支付利息、在结息日和办理自动转存业务时进行的结息。代扣税款的计算公式如下:

代扣利息税＝结付的储蓄存款利息额×税率

(二)活期储蓄存款利息的计算

活期储蓄存款的利息计算,是以每季末月 20 日为结息日,按当日挂牌公布的活期存款利率计付利息。利息于次日列账。未到结息日清户的,于清户日按挂牌公布的活期存款利率计付利息。

为了简化结息手续,减少计息差错,活期储蓄的利息计算,普遍采用积数查算表的方法,按每次存取发生额,随时查算出计息积数,结出应付计息积数,结息日根据应付计息积数和规定的活期储蓄利率计算出应付利息。

【例 3-2】某银行 2008 年第二季度结息时,某储户的累计应计息积数为 7 200 000,当日挂牌公告的活期储蓄存款利率为 0.3‰,其利息计算如下:

$$应计付的利息 = 7\ 200\ 000 \times 0.3‰ \div 30 = 72(元)$$
$$代扣利息税 = 72 \times 5\% = 3.60(元)$$
$$税后利息 = 72 - 3.6 = 68.40(元)$$

其会计分录为:

借:应付利息——活期储蓄利息支出户　　　　　　72
　贷:活期储蓄存款——某储户　　　　　　　　　　　　68.40
　　应交税费——应付利息税户　　　　　　　　　　　　3.60

(三)定期储蓄存款利息的计算

1.整存整取定期储蓄存款的利息计算

根据储蓄存款的有关规定,本章存期采纳第一种方法,即不论平年闰年、大月小月,年均按 360 天,月均按 30 天计。

(1)到期支取。整存整取定期储蓄存款的利息计算在原定存期内,一律按存单开户日所定整存整取定期储蓄利率计息,存期内遇利率调整,不论调高或调低,亦不分段计息。

【例 3-3】某储户 2008 年 2 月 24 日存入半年期整存整取定期储蓄存款 20 000元,于 2008 年 8 月 24 日到期支取。存入时半年期整存整取定期储蓄存款利率为 1.65‰,其利息计算如下:

$$应计付的利息 = 20\ 000 \times 6 \times 1.65‰ = 198(元)$$
$$代扣利息税 = 198 \times 5\% = 9.90(元)$$
$$税后利息 = 198 - 9.9 = 188.10(元)$$

其会计分录为:

借:定期储蓄存款——整存整取某储户　　　　　20 000
　贷:现金　　　　　　　　　　　　　　　　　　　　　　　20 000
借:应付利息——定期储蓄利息支出户　　　　　198
　贷:应交税费——应付利息税户　　　　　　　　　　　　9.90
　　现金　　　　　　　　　　　　　　　　　　　　　　　188.10

(2)逾期支取。存期内利息计算同前,过期部分利息一律按支取日挂牌公布的活期储蓄利率计息。

【例3-4】某储户2008年2月24日存入半年期整存整取定期储蓄存款20 000元,于2008年8月30日来行支取。存入时半年期整存整取定期储蓄存款利率为1.65‰,支取日挂牌公告的活期储蓄存款利率为0.3‰,其利息计算如下:

应计付的到期利息＝20 000×6×1.65‰＝198(元)

应计付的过期利息＝20 000×6×0.3‰÷30＝1.20(元)

代扣利息税＝199.20×5％＝9.96(元)

税后利息＝199.20－9.96＝189.24(元)

(3)提前支取。提前支取部分均按支取日挂牌公布的活期储蓄利率计息;其余部分到期时,按原存入日所定整存整取定期储蓄利率计息。

【例3-5】某储户2008年2月24日存入半年期整存整取定期储蓄存款20 000元,于2008年5月24日来行提前支取10 000元。存入时半年期整存整取定期储蓄存款利率为1.65‰,支取日挂牌公告的活期储蓄存款利率为0.3‰,余款于2008年8月24日到期支取,其利息计算如下:

①2008年5月24日计息

应计付的利息＝10 000×3×0.3‰＝9(元)

代扣利息税＝9×5％＝0.45(元)

税后利息＝9－0.45＝8.55(元)

②2008年8月24日计息

应计付的利息＝10 000×6×1.65‰＝99(元)

代扣利息税＝99×5％＝4.95(元)

税后利息＝99－4.95＝94.05(元)

2.零存整取定期储蓄存款利息的计算

零存整取定期储蓄存款是逐月存入,余额逐月增加,利息计算主要有以下两种方法,即月积数计息法和固定基数计息法。

(1)月积数计息法。这种方法根据存款账每月余额计算出月积数,再将累计月积数乘以月利率,即为应计付利息。适用于存期内有漏存的零存整取储蓄利息计算,也可用于逐月全存无漏存的零存整取储蓄利息计算,其计算公式如下:

利息＝累计存款月积数×月利率

累计存款月积数＝每月存储额×[存储月数×(存储月数＋1)÷2－漏存存期]

漏存存期＝预定存次＋1－漏存期次

漏存期次是指第几次漏存,可在分户账上查到,如中间无漏存,则漏存存期为零。

【例 3-6】某储户 2007 年 8 月 23 日存入零存整取定期储蓄存款,每月固定存入 100 元,存期一年,存入日利率为 1.65‰,于 2008 年 8 月 23 日到期支取,其利息计算如下:

$$应计付的利息＝100×12×(12＋1)÷2×1.65‰＝12.87(元)$$
$$代扣利息税＝12.87×5\%＝0.64(元)$$
$$税后利息＝12.87－0.64＝12.23(元)$$

(2)固定基数计息法。该方法是以每元存满所定期限,到期按规定利率计算出应计付的利息作为基数,再乘以存款余额,即为应付利息数。适用于每月存入固定金额,中途无漏存的零存整取储蓄利息计算,其计算公式如下:

$$每元固定利息基数＝1元×平均存期×月利率$$
$$应计付的利息＝每元固定利息基数×存款金额$$

其中平均存期应根据等差数列求平均值的方法计算,公式为:

$$平均存期＝(首月＋末月)÷2$$

【例 3-7】同上例,其利息计算如下:

$$每元固定利息基数＝1×(12＋1)÷2×1.65‰＝0.010725(元)$$
$$应计付的利息＝0.010725×1\ 200＝12.87(元)$$
$$代扣利息税＝12.87×5\%＝0.64(元)$$
$$税后利息＝12.87－0.64＝12.23(元)$$

3.整存零取定期储蓄存款利息的计算。整存零取定期储蓄存款的本金因分次支取而逐月递减,利息计算采用本金存期等差级数求平均值的方法。其计算公式为:

$$应计付的利息＝(全部本金＋每次支取本金)÷2×存期×月利率$$

【例 3-8】某储户 2007 年 8 月 15 日存入整存零取定期储蓄存款 6 000 元,存期一年,存入日利率为 1.65‰,每次支取 500 元,到期结清,其利息计算如下:

$$应计付的利息＝(6\ 000＋500)÷2×12×1.65‰＝64.35(元)$$
$$代扣利息税＝64.35×5\%＝3.22(元)$$
$$税后利息＝64.35－3.22＝61.13(元)$$

4.存本取息的利息计算

存本取息的利息计算应先按存入本金和约定利率计算出应付利息总额,然

后再根据取息次数计算出每次支取的利息数,其计算公式为:

$$每次支取利息数＝(本金×存期×利率)÷支取利息的次数$$

【例 3-9】某储户 2008 年 7 月 20 日存入整存零取定期储蓄存款 100 000 元,存期一年,存入日利率为 1.65‰,要求每 3 个月支取利息一次,其利息计算如下:

$$每次支取利息数＝100 000×12×1.65‰÷4＝495(元)$$

5.定活两便储蓄利息的计算

定活两便储蓄利息的计算,应根据不同存期来确定利率加以计算。存期不足 3 个月的,按支取日挂牌公布的活期储蓄利率计付利息;存期 3 个月以上(含 3 个月)不满半年的,整个存期按支取日定期整存整取 3 个月利率打六折计息;存期半年以上(含半年)不满 1 年的,按支取日定期整存整取半年期利率打六折计息;存期 1 年以上(含 1 年),无论存期多长,整个存期一律按支取日定期整存整取一年期利率打六折计息。

四、储蓄所的结账与管辖行事后监督

每日营业终了,储蓄所应及时办理结账,日结是储蓄所每天账务处理的最后环节,应认真做好并进行账务核对,以保证账务正确。同时,基层储蓄所账务是管辖行账务的一个组成部分,为保证储蓄所账务核算质量,管辖行应对辖属储蓄所进行事后监督。

(一)储蓄所的结账工作

1.编制储蓄利息汇总传票

根据已付款的各种储蓄存款利息清单,按定、活期分别加计总数,编制利息支出借方传票,利息清单作汇总传票附件。其会计分录为:

借:应付利息

　贷:现金

2.编制科目日结单

根据当日各类储蓄的存、取款凭证及其他科目的借贷方传票,编制各科目的科目日结单。

3.编制营业日报表

营业日报表(见表 3-6)是反映储蓄所当日全部业务活动情况的报表,也是轧平当日账务和核对账款的工具。其编制方法为:根据当日各科目日结单发生额,分别填入有关科目借贷发生额栏并结出本日各科目余额;根据各种储蓄当日开、销户数填入本日开、销户栏,并结出本日结存户数;根据当日实际传票张数和其他业务凭证数量,分别种类填入业务量笔数有关本日发生额栏,结出该科目余额;根据昨日结存现金,加减本日现金收付数,计算出本日现金库存数,填入表中相关栏中。根据重要空白凭证和有价单证的收、付数，按种类分别填入有关栏内，并结出本日结存数。

表3-6　（　　）储蓄所营业日报表

年　　月　　日

业务种类	本日发生额		本日余额	储蓄户数		
	借方	贷方		本日开户	本日销户	结存户数
整存整取						
零存整取						
整存零取						
存本取息						
活期储蓄						
定活两便						
各种储蓄小计						
利息支出				空白重要凭证		
				种类	本日收入	本日付出	本日结存
小　计				整存整取			
昨日库存现金				零存整取			
今日库存现金				整存零取			
合　计				存本取息			
传票张数			活期存折			
种类	本日数	本月累计数	活期支票			
整存整取			未发行有价单证		
零存整取					
整存零取			种类	本日收入	本日付出	本日结存
存本取息			定活两便			
活期储蓄			定额有奖			
定活两便						
合　计						

管辖单位：　　　　所负责人：　　　　复核：　　　出纳：　　　制表：

营业日报表一式两份,一份留存,一份连同有关科目日结单及传票送管辖行。

(二)账务核对

1.核对现金库存

根据营业日报表上"今日现金库存"与实际现金库存数核对相符。

2.核对储蓄分户账余额

各种储蓄存款户较多,收付频繁,不可能每天通打余额。为保证账务正确,通常采用计算变动户账户余额的方法轧对余额。其具体做法是:

$$变动户本日余额=变动户上日余额+变动户本日贷方发生额-$$
$$变动户本日借方发生额$$

$$\begin{matrix}本日活(定)期储蓄 \\ 科\ 目\ 总\ 余\ 额\end{matrix}=\begin{matrix}上日活(定)期储蓄 \\ 科\ 目\ 总\ 余\ 额\end{matrix}-\begin{matrix}变\ 动\ 户 \\ 昨日余额\end{matrix}+\begin{matrix}变\ 动\ 户 \\ 本日余额\end{matrix}$$

计算出的变动户本日余额合计数应与各变动户分户账本日余额的总数相等;各储蓄科目本日余额应与营业日报表有关数字核对相符。

3.核对开销户情况

新开户和结清销户的账卡应与营业日报表上的开销户核对相符。

4.核对有价单证及重要空白凭证

各种有价单证及重要空白凭证的实际收、付和结存数,应分别与营业日报表上的收付数和结存数核对相符。

(三)储蓄所账务组织与管辖行事后监督

1.储蓄账务组织

储蓄所账务一般采取并账和并表两种方式。并账所的账务不独立,需将每天办理业务的传票并入管辖行的账务内进行处理。并表所的账务独立,有一套完整的账务体系,管辖行只需将储蓄所当日的营业日报表并入本行当日的日计表中。

2.管辖行事后监督

(1)审核传票和营业日报表。审核收入、付出传票的内容是否完整、正确,处理手续是否符合规定;各种储蓄开户数与重要空白凭证支出数是否一致;根据销户的付出传票,核对注销的账页、卡片是否一致。

审核营业日报表的各栏合计数是否正确,与汇总传票及所附单证金额是否相符,各科目余额、凭证张数及附件与该科目日结单和各栏数字是否一致;库存轧算是否正确,与现金是否一致,并审查是否超过核定的库存限额。

（2）按储蓄种类逐笔进行事后监督。事后监督的主要内容有：对辖属储蓄所的账务进行汇总核算，对所有储蓄业务明细核算进行逐笔监督，整理、装订和保管凭证、账表，并进行检查和指导。由于储蓄种类较多，本节仅介绍对活期储蓄存款存折户和整存整取定期储蓄两大储种的事后监督方法，其他储种的事后监督比照该两种办法。

①对活期储蓄存款存折户的事后监督。将开户存款凭条按账号顺序放入卡片箱，以后根据续存或支取的凭条抽出该户的上一张凭条，核对有关内容无误后，将续存或支取的凭条放入卡片箱，抽出的凭条另行保管。销户时，上次凭条与销户凭条一起装订。卡片箱内凭条余额的合计与日报表该科目余额核对相符。

②对整存整取定期储蓄的事后监督。将开户的存款凭条按顺序保管，销户时，根据销户存单抽出账卡账进行核对，审核利息计算，然后另行保管。未销户存款凭条总余额，应与日报表该科目余额核对相符。

【本章小结】

1.存款是银行以信用方式吸收社会闲散资金的一种信用活动，是银行负债的重要组成部分，也是银行信贷资金的最主要来源。银行吸收的存款，按照不同的标准可划分为不同的种类。存款按对象可分为单位存款和储蓄存款，按期限长短可分为活期存款和定期存款。单位和个人办理存款、结算和资金往来等业务，必须在银行开立银行结算账户，银行结算账户按存款人分为单位银行结算账户和个人银行结算账户。单位银行结算账户按用途分为基本存款账户、一般存款账户、专用存款账户和临时存款账户。

2.单位存款按存取期限划分可分为活期存款和定期存款。单位活期存款按照存取方式的不同，分为支票户和存折户。单位定期存款起存金额为1万元，多存不限，可以全部或部分提前支取，但只能提前支取一次，存款本息只能以转账方式转入基本存款账户，不得支取现金。

3.储蓄存款是银行的一项负债业务，它也是银行资金来源的重要组成部分。银行对储蓄存款实行"存款自愿，取款自由，存款有息，为储户保密"的原则。现行的储蓄存款种类有：活期储蓄存款、定期储蓄存款、定活两便储蓄存款、个人通知储蓄存款等。定期储蓄存款主要有：整存整取、零存整取、整存零取和存本取息。

4.银行应正确及时地办理存取款业务，并按存款计息的有关规定准确地计算存款利息并办理账务核算，同时，定期或不定期地与开户单位进行账务核对，加强对储蓄存款的账务组织和事后监督。

【本章练习题】

(一)填空题

1.基本存款账户存款人日常经营活动的_____及其工资、奖金和_____的支取,应通过该账户办理。单位银行结算账户的存款人只能在银行开立_____基本存款账户。该账户是存款人的_____账户。

2.对账是指银行的单位存款账户与单位的银行存款账户进行核对,以保证双方存款账户一致的办法。由于双方_____及_____,导致双方账务不相符或产生未达账项。为了保证_____,银行与开户单位之间必须定期或不定期地进行账务核对。

3.单位定期存款的存期有_____、_____、_____、_____、_____、_____六个档次,起存金额为_____,多存不限。单位定期存款可以全部或部分提前支取,但只能_____。单位定期存款账户不得作为_____使用,不得_____。

4.单位活期存款的利息一般采取_____的办法,计息的具体方法有_____和账页计算两种。单位定期存款的利息采取_____的方法。

5.银行对储蓄存款实行"存款自愿,_____,存款有息,_____"的原则。

6.整存整取定期储蓄存款一般_____起存,多存不限,存期分三个月、_____、一年、二年、_____和五年等档次。

7.每日营业终了,储蓄所应及时办理结账,_____是储蓄所每天账务处理的最后环节,应认真做好并进行_____,以保证账务正确。同时,基层储蓄所账务是管辖行账务的一个组成部分,为保证储蓄所账务核算质量,管辖行应对辖属储蓄所进行_____。

(二)判断题

1.开立基本存款账户的单位,可以是独立核算的单位,也可以是与基本存款账户的存款人不在同一地点的附属非独立核算单位。 (　　)

2.存款人可以自主选择银行,但银行不可以自主选择存款人开立账户。(　　)

3.一般存款账户用于办理存款人借款转存、借款归还和其他结算的资金收付。该账户可以办理现金缴存,也可以办理现金支取。 (　　)

4.单位存款除活期财政性存款和应解汇款等有特殊规定的存款不计付利息外,其他存款一般均应计付利息。 (　　)

5.单位活期存款一般按季结息,每季末月21日为结息日,利息于当日列账。 (　　)

6.余额表计息法适用于存款余额变动不多的存款户。 (　　)

7. 整存整取定期储蓄存款是指一次存入本金,约定存期,到期一次支取本息的一种定期储蓄存款。一般 5 000 元起存,多存不限。　　　　　　　　(　　)

(三)单项选择题

1. 单位定期存款的利息支付给客户时(　　)。

A. 只能以转账方式转入基本存款账户,不得支取现金

B. 可以支付现金

C. 不能转账,只能支付现金

D. 可以转账,也可以支付现金

2. 某单位存入银行定期存款 10 万元,定期 1 年,月利率 1.875‰,7 日 23 日到期,该单位于 8 月 12 日来行支取,支取日活期存款利率为 0.3‰,其利息计算为(　　)。

A. 2 250 元　　　　　B. 2 269 元　　　　　C. 2 270 元　　　　　D. 2 271 元

3. 零存整取定期储蓄存款是约定存期,在存期内分次存入固定本金,到期一次支取本息的一种定期储蓄存款。一般(　　)起存。

A. 50 元　　　　　B. 5 元　　　　　C. 500 元　　　　　D. 5 000 元

4. 储蓄所账务一般采取并账和并表两种方式。并账所的账务(　　)。

A. 独立　　　　　　　　　　B. 不独立

C. 有完整的账务体系　　　　D. 独立登记总账

5. 单位活期存款的利息计算,一般采取(　　)。

A. 逐笔结息　　　B. 利随本清　　　C. 按年定期结息　　D. 按季定期结息

6. 单位定期存款如全额提前支取,则利息计算时利率按照(　　)。

A. 存入日挂牌公告的活期存款利率

B. 支取日挂牌公告的活期存款利率

C. 支取日挂牌公告的定期存款利率打六折

D. 支取日挂牌公告的定期存款利率

(四)多项选择题

1. 单位银行结算账户按用途分为(　　)。

A. 基本存款账户　　　　　　B. 一般存款账户

C. 辅助存款账户　　　　　　D. 临时存款账户

E. 专用存款账户

2. 零存整取定期储蓄存款是约定存期,在存期内分次存入固定本金,到期一次支取本息的一种定期储蓄存款。其支取方式可以为(　　)。

A. 全部提前支取　　　　　　B. 部分提前支取

C. 不能提前支取　　　　　　D. 到期支取

E.逾期支取

3.存款业务的种类按照期限长短可分为(　　　)。

A.单位存款　　　　B.活期存款　　　　C.个人储蓄存款　　D.定期存款

E.财政性存款

4.银行结算账户的管理规定有(　　　)。

A.开户实行双向选择

B.开户实行核准制度

C.银行应为存款人的银行结算账户信息保密

D.存款人的账户只能办理存款人本身的业务活动

E.银行不得违规为存款人多头开立银行结算账户

5.储蓄所的结账工作包括的内容有(　　　)。

A.编制储蓄利息汇总传票　　　　　　B.登记储蓄存款分户账

C.编制科目日结单　　　　　　　　　D.账务核对

E.编制营业汇总日报表

6.单位活期存款利息的计算具体的方法有(　　　)。

A.余额表计息法　　　　　　　　　　B.账页计息法

C.月积数计息法　　　　　　　　　　D.固定基数计息法

E.利随本清

(五)名词解释

1.银行结算账户

2.基本存款账户

3.一般存款账户

4.单位定期存款

5.活期储蓄存款

6.整存整取定期储蓄存款

(六)简答题

1.个人银行结算账户应如何开立与使用?

2.银行如何加强对存款账户的管理?

3.储蓄所的结账工作主要有哪些内容?

(七)业务题

1.天虹百货公司送存销售收入现金10万元,请作会计分录。

2.东方百货公司签发现金支票,提取现金26万元,请作会计分录。

3.东方百货公司2008年11月19日存入单位定期存款20万元,定期1年,月利率为1.875‰,请作会计分录。

4.2009 年 11 月 25 日东方百货公司支取上述定期存款,支取日活期存款利率为 0.3‰,请作会计分录。

5.根据市水表厂存款分户账计算本季度利息并作出会计分录。

存款分户账

户名:市水表厂　　　　　　　账号:2010003　　　　　　利率:月 0.3‰

09 年		摘　要	借　方	贷　方	借或贷	余　额	日数	积　数
月	日							
12	1	承前页			贷	200 000 00	71	2 100 000 00
12	6	转借	50 000 00					
12	9	转贷		10 000 00				
12	13	转借	5 000 00					
12	15	转贷		8 000 00				
12	16	转借	4 000 00					
12	19	转贷		5 000 00				
12	21	转息						

6.某银行 2008 年第二季度结息时,某储户的累计应计息积数为 6 800 000,当日挂牌公告的活期储蓄存款利率为 0.3‰。请计算利息并作会计分录。

7.某储户 2008 年 3 月 20 日存入半年期整存整取定期储蓄存款 50 000 元,于 2008 年 9 月 30 日来行支取。存入时半年期整存整取定期储蓄存款利率为 1.65‰,支取日挂牌公告的活期储蓄存款利率为 0.3‰。请计算利息并作会计分录。

第四章

贷款业务的核算

学习目的

通过本章的学习,要了解贷款的概念,贷款的分类,掌握信用贷款发放、收回的会计核算处理。了解抵债资产的概念,了解贷款损失准备的计提方法及核算手续,掌握票据贴现、贷款利息的计算方法,掌握贷款利息的核算。

第一节　贷款业务概述

贷款指经国务院银行业监督管理机构批准的商业银行,以社会公众为服务对象,以还本付息为条件出借的货币资金。票据贴现是指商业汇票的持票人在商业汇票到期前需要资金,将商业汇票经过背书后向银行贴付一定的利息,把商业汇票的债权转让给银行的一种信用活动。

一、贷款业务分类

(一)按贷款的期限划分

1.短期贷款

指贷款期限在1年以内(含1年)的贷款。

2.中期贷款

指贷款期限在1年以上(不含1年)5年以下(含5年)的贷款。

3.长期贷款

指贷款期限在5年(不含5年)以上的贷款。

(二)按贷款的对象划分

1.企业贷款

企业贷款是银行为了满足企业生产经营的需要而发放的贷款,主要包括:流动资金贷款、固定资产贷款、信用贷款、担保贷款等。

2.个人贷款

个人贷款是银行对个人发放的用于个人消费的担保贷款,主要包括:个人定期储蓄存单小额质押贷款、凭证式国债质押贷款、个人住房贷款、个人汽车消费贷款、个人耐用品消费贷款、个人住房装修贷款、个人助学贷款等。

(三)按贷款担保与否划分

1.信用贷款

指以借款人的信誉发放的贷款。

2.担保贷款

指保证贷款、抵押贷款、质押贷款。

保证贷款,指按《中华人民共和国担保法》规定的保证方式以第三人承诺在借款人不能偿还贷款时,按约定承担一般保证责任或者连带责任而发放的贷款。

抵押贷款,指按《中华人民共和国担保法》规定的抵押方式以借款人或第三人的财产作为抵押物发放的贷款。

质押贷款,指按《中华人民共和国担保法》规定的质押方式以借款人或第三人的动产或权利作为质物发放的贷款。

3.票据贴现,指商业银行以购买借款人未到期商业票据的方式发放的贷款。

(四)按贷款的风险程度划分

1.正常贷款

指借款人能够履行合同,有充分把握按时足额偿还本息的贷款。

2.关注贷款

指尽管借款人目前有能力偿还贷款本息,但存在一些可能对偿还产生不利影响因素的贷款。

3.次级贷款

指借款人的还款能力出现了明显的问题,依靠其正常经营收入已无法保证足额偿还本息的贷款。

4.可疑贷款

指借款人无法足额偿还本息,即使执行抵押和担保,也肯定要造成一部分损失的贷款。

5.损失贷款

指在采取所有可能的措施和一切必要的法律程序之后,本息仍然无法收回,或只能收回极小部分的贷款。

前两类属于正常贷款,后三类合称不良贷款。

二、贷款业务的基本规定

（一）贷款的发放和使用必须符合国家的法律法规、《贷款通则》及中国人民银行发布的有关规章制度,办理贷款业务应遵循效益性、安全性和流动性的原则

（二）对单位发放的贷款可申办展期,个人贷款不办理展期

（三）所有贷款应当由贷款人与借款人签订借款合同

借款合同应当约定借款种类、借款用途、金额、利率、借款期限、还款方式、借贷双方的权利和义务、违约责任和双方认为需要约定的其他事项。借款合同需要变更的,必须借贷双方协商同意,并依法签订变更协议。借款人死亡、宣告失踪或丧失民事行为能力,其财产合法继承人继续履行借款人所签订的借款合同。

（四）贷款人和借款人应当按照借款合同和中国人民银行有关计息规定按期计收和交付利息

（五）个人贷款的其他规定

1.发放个人贷款坚持的原则

除个人定期储蓄存单小额质押贷款坚持"先存后贷,存贷结合,存单质押,到期归还,逾期扣收"的原则外,其他各品种的个人贷款均坚持"有效担保,专款专用,按期偿还"的原则。

2.办理个人贷款所提供的有效身份证件必须是居民身份证、军人证或户口簿等

3.可用于办理个人贷款的抵押物是指借款人或第三人具有完全产权的房屋、汽车等（必要时需办理保险）

4.可用于办理个人贷款的质押物包括：

实物国库券及银行代理发行的凭证式国库券（国家特别规定不能质押贷款的除外）、金融债券、AAA级企业债券、银行出具的定期储蓄存单。

5.各贷款经办网点每季与借款人至少核对一次贷款账

第二节　单位贷款业务的核算

一、信用贷款的核算

信用贷款是指银行凭借款人的信誉而发放的贷款。信用贷款采用逐笔核贷

方式发放,即借款人需用贷款时应逐笔提出借款申请,逐笔签订借款合同,逐笔立据审核,一次发放,约定期限,到期一次或分次归还贷款。

（一）发放贷款的核算

借款人申请借款时,应向银行信贷部门提交借款申请书和一式五联借款凭证(见表 4-1),信贷部门审查签章后,第一联借据留存,其余四联送会计部门。会计部门收到借款凭证时,应认真审查。审查无误后,据以开立贷款明细账户。以第二、三联分别代转账借、贷方传票办理转账。其会计分录为:

借:短期贷款——××贷款户(本金)

贷:单位活期存款——××存款户(实际支付金额)

(借或贷)短期贷款——利息调整(差额)

转账后,第四联借据按贷款到期的先后顺序专夹保管,第五联回单加盖业务公章后退给借款人。

表 4-1
××银行借款凭证

借款单位名称:　　　　　　　年　　月　　日　　　　　　利率:

借款种类		贷款账号			存款账号					
借款金额	人民币（大写）		百	十	万	千	百	十	元	角	分	用途:

兹借到上列贷款,到期时请凭此凭证收回。	约定还款期限		年　月　日	
	分次还款记录			
	日期	偿还本金	结欠本金	复核
	月 ｜ 日			
借款单位　　　负责人　盖　章　　　盖　章				

（第一联 借据）

在资产负债表日,应按贷款的合同本金和合同利率计算确定的应收未收利息,其会计分录为:

借:应收利息

贷:利息收入(按贷款的摊余成本和实际利率计算)

(借或贷)短期贷款——利息调整(差额)

合同利率与实际利率差异较小的,也可以采用合同利率计算确定利息收入。

(二)归还贷款的核算

贷款到期,借款人应当按照借款合同规定按时足额还本付息。

借款人按期归还贷款时,应填写还款凭证。会计部门收到还款凭证后,应与贷款明细账进行核对,并核实借款人存款户是否有足够的余额,经核对无误后,回单交借款人,以还款凭证代借、贷方传票办理转账。另填制一联特种转账贷方传票加盖业务公章后送信贷部门。其会计分录为:

借:单位活期存款——××存款户

贷:短期贷款——××贷款户

应收利息

利息收入(差额)

(借或贷)短期贷款——利息调整(余额)

贷款银行与借款人事先有约定的,在贷款到期时也可由银行办理直接扣收。扣收时,由银行填制两联特种转账借方传票和两联特种转账贷方传票,一联特种转账借方传票代扣款通知送借款人,一联特种转账贷方传票加盖业务公章送信贷部门,另外各一联分别作借、贷方传票办理转账,会计分录同上。

(三)贷款展期的核算

借款人不能按期归还贷款时,应在贷款到期前向银行申请贷款展期。展期期限按以下规定执行:短期贷款不得超过原贷款期限;中期贷款不得超过原贷款期限的一半;长期贷款不得超过3年;贷款展期只限一次。展期时不另办理转账手续。

(四)逾期贷款的核算

逾期贷款是指到期应收而未能收回的贷款。贷款逾期时,逾期贷款应在贷款到期当日营业终了前转入"逾期贷款"科目核算。由会计部门填制一红两蓝特种转账借方传票同方向办理转账。其会计分录为:

借:××贷款——××贷款户(红字)

借:逾期贷款——××逾期户(蓝字)

同时将逾期贷款的借款凭证另行保管。对逾期90天及以上仍不能归还的贷款,应作为非应计贷款进行管理。

二、担保贷款的核算

(一)保证贷款的核算

保证贷款是指按《担保法》规定的保证方式以第三人承诺在借款人不能偿还贷款时,按约定承担一般保证责任或者连带责任为前提而发放的贷款。保证是指保证人和债权人约定,当债务人不履行债务时,保证人按约定履行债务或者承担责任的行为。保证人与债权人应当以书面形式订立保证合同。保证担保的范围包括主债权及利息、违约金、损害赔偿金和实现债权的费用。保证合同另有约定的,按照约定。

借款人申请保证贷款时,须填写保证贷款申请书,按照《担保法》和《贷款通则》有关规定签订保证合同或出具保函,加盖保证人公章及法人名章或出具授权书,注明担保事项,由银行信贷部门和有权审批人审查、审批并经法律公证后,由信贷部门密封交会计部门保管。会计按单位及财产类设置明细账户,纳入表外科目核算。保证贷款的发放和收回的核算与信用贷款相同,只是当借款人无力偿还贷款本息时,银行应根据保证合同或借款合同向保证人收取贷款本息和逾期罚息。

(二)抵押贷款的核算

抵押贷款是指按《担保法》规定的抵押方式以借款人或第三人的财产作为抵押物而发放的贷款。

1.抵押财产的种类

可以用于抵押的财产,一般有:抵押人所有的房屋和其他地上定着物;抵押人所有的机器、交通运输工具和其他财产;抵押人依法有权处分的国有的土地使用权、房屋和其他地上定着物;抵押人依法有权处分的国有的机器、交通运输工具和其他财产;抵押人依法承包并经发包方同意抵押的荒山、荒沟、荒丘、荒滩等荒地的土地使用权;依法可以抵押的其他财产。

2.抵押贷款发放与收回的核算

银行发放抵押贷款的额度一般按抵押物作价现值的 50%～70% 的幅度掌握。抵押贷款发放与收回,通过"抵押贷款"科目核算,并在该科目下设置抵押户和质押户用以分别核算抵押贷款和质押贷款。也可以不设专用科目,而在各贷款科目下设置"抵押贷款户"。

银行会计部门发放和收回抵押贷款的处理手续除参照信用贷款发放和收回手续办理外,还应对抵押物进行表外登记。抵押贷款收回后,抵押物及有关单据随即退回借款人,并销记表外登记。

3.抵押贷款逾期的核算

抵押贷款到期,如借款人不能按期偿还贷款,银行应于到期当日将其贷款转入逾期贷款科目。同时向借款人填发"处理抵押品通知单",逾期一个月借款人仍无法归还贷款的,银行有权处理其抵押物,以补偿抵押贷款。银行处理抵押物的方法有拍卖、变卖和作价入账两种方法:

(1)拍卖、变卖抵押物。拍卖、变卖抵押物的价款(扣除有关费用)超过贷款本金部分先归还利息,如有节余,超过贷款本息部分归还抵押人。如拍卖、变卖的价款(扣除有关费用)低于贷款本金的,不足部分应向借款人收取。

（2）将抵押物作价入账。即按贷款本金和应收利息数将抵押物作价入账。

（三）质押贷款的核算

质押贷款是指按《担保法》规定的质押方式以借款人或第三人的动产或权利为质押物而发放的贷款。可以用于质押的动产或权利主要有：除土地以及房屋、林木等地上定着物以外的物；汇票、支票、本票、债券、存款单、仓单、提单；依法可以转让的股份、股票；依法可以转让的商标专用权、专利权、著作权中的财产权；依法可以质押的其他权利。

质押贷款的核算可在"抵押贷款"科目或其他贷款科目下设质押户进行。

三、票据贴现的核算

（一）银行受理商业汇票贴现的核算

持票人持未到期的汇票向银行申请贴现时，应根据汇票填制五联贴现凭证（见表4-2），在第一联上按照规定签章后，连同汇票一并送交银行。银行信贷部门按有关规定审查符合条件的，在贴现凭证"银行审批"栏签注"同意"字样，并由有关人员签章后送交会计部门。

表 4-2

贴现凭证（贷方凭证） 2

申请日期：20××年9月12日　　　　　第　号

贴现汇票	种类	银行承兑汇票	号码		1278			持票人	名称		福州开关厂										此联银行作持票人账户贷方凭证
	出票日	20××年7月12日							账号			2010006									
	到期日	20××年10月12日							开户银行		工行福州台江支行										
汇票承兑人	名称	工行福州鼓楼支行						账号	开户银行												
汇票金额		人民币（大写）壹佰万元整								千	百	十	万	千	百	十	元	角	分		
										¥	1	0	0	0	0	0	0	0	0	
贴现率	3.54‰	贴现利息	千	百	十	万	千	百	十	元	角	分	实付贴现金额	千	百	十	万	千	百	十	元	角	分

（贴现利息行）：¥ 3 5 4 0 0 0　实付贴现金额：¥ 9 9 6 4 6 0 0 0

备注	科目（贷）　2010　对方科目（借）　1610　复核　　记账

会计部门接到作成转让背书的汇票和贴现凭证，按有关规定审查无误后，即计算出以票据金额扣除自贴现日至到期日前一天止（承兑人在异地的，可另加3

天)的贴现利息和实付贴现金额。第一联贴现凭证作贴现科目的借方凭证,第二、三联分别作活期存款和利息收入科目的贷方凭证,第五联和汇票按到期日顺序排列,专夹保管。第四联贴现凭证加盖转讫章作收账通知交给持票人。

如表 4-2,首先,计算出贴现利息和实付贴现金额:

$$贴现利息=汇票金额×贴现期×贴现率$$
$$=1\ 000\ 000×1×3.54‰=3\ 540(元)$$
$$实付贴现金额=汇票金额-贴现利息$$
$$=1\ 000\ 000-3\ 540=996\ 460(元)$$

其次,进行账务处理:

借:贴现及买入票据   1 000 000

 贷:单位活期存款——开关厂户   996 460

  贴现及买入票据——利息调整   3 540

在资产负债表日,按计算确定的贴现利息收入进行处理,其会计分录为:

借:贴现及买入票据——利息调整   3 540

 贷:利息收入   3 540

(二)贴现到期收回的核算

1.付款人有款支付的核算

贴现银行作为持票人,在汇票背面背书栏加盖结算专用章,并由授权的经办人员签名或盖章,注明"委托收款"字样;填制委托收款凭证,在"委托收款凭据名称"栏注明"商业承兑汇票"或"银行承兑汇票"及其汇票号码,连同汇票向付款人办理收款。对付款人在异地的,应在汇票到期前,匡算至付款人的邮程,提前办理委托收款。将第五联贴现凭证作第二联委托收款凭证的附件存放,其余手续比照发出委托收款凭证的处理。

贴现银行在收到款项划回时,比照委托收款的款项划回的处理。其会计分录为:

借:待清算辖内往来(实际收到的金额)

 贷:贴现及买入票据(面值)

  利息收入(差额)

 (借或贷)贴现及买入票据——利息调整

2.付款人无款支付的核算

贴现银行收到付款人开户行退回的委托收款凭证、商业承兑汇票和拒绝付款理由书或付款人未付票款通知书后,在追索票款时,对申请贴现的持票人在本行开户的,可从其账户收取贴现款。填制二联特种转账借方传票,在"转账原因"

栏注明"未收到××号汇票款,贴现款已从你账户收取",一联作借方传票,第五联贴现凭证作贴现科目贷方传票。其会计分录为:

借:单位活期存款——××存款户(实际收到的金额)

贷:贴现及买入票据(面值)

利息收入(差额)

(借或贷)贴现及买入票据——利息调整

一联特种转账借方凭证加盖转讫章作支款通知,随同汇票和拒绝付款理由书或付款人未付票款通知书交给贴现申请人。

如贴现申请人存款账户余额不足,不足部分应转入逾期贷款科目核算。

对贴现申请人未在本行开立账户的,对已贴现的汇票金额的收取,应按规定向贴现申请人或其他前手进行追索。

四、抵债资产的核算

抵债资产是指商业银行依照法定程序取得的、债务人用于偿还银行债务的非货币性资产。通常包括:有价证券,如汇票、支票、提单、股票和债券等;房屋或其他地面建筑物;剩余使用年限较长的国有土地使用权;交通运输工具;生产设备和办公设备;原材料和产成品;其他具有较强变现能力的资产等。

(一)抵债资产取得的方式

1.协议抵债

经银行与债务人、担保人或第三人协商同意,债务人、担保人或第三人以其拥有所有权或处置权的资产作价,偿还银行债权。

2.法院、仲裁机构裁决抵债

通过诉讼或仲裁程序,由终结的裁决文书确定将债务人、担保人或第三人拥有所有权或处置权的资产,抵偿银行债权。

(二)取得抵债资产时的核算

1.抵债资产入账价值的确定

(1)一般情况下

抵债资产入账价值=实际抵债部分的贷款本金+已确认的利息+相关的税费、诉讼费用

(2)涉及补价的

抵债资产入账价值=实际抵债部分的贷款本金+已确认的利息+相关的税费、诉讼费用-收取的补价+预计应支付的补价

2.取得抵债资产时的账务处理

商业银行应当对取得的待处理抵债资产单独进行核算,其会计分录为:

借:待处理抵债资产

　　贷:逾期贷款等

　　　　应收利息等

(三)保管抵债资产时的核算

在抵债资产的收取直至处置期间,银行应妥善保管抵债资产,对抵债资产建立定期检查、账实核对制度。

抵债资产保管过程中发生的费用计入营业外支出;抵债资产未处置前取得的租金等收入计入营业外收入。

(四)处置抵债资产的核算

1.处置抵债资产相关规定

抵债资产收取后应尽快处置变现。以抵债协议书生效日,或以法院、仲裁机构裁决抵债的终结裁决书生效日为抵债资产取得日。

不动产和股权应自取得日起2年内予以处置;除股权外的其他权利应在其有效期内尽快处置,最长不得超过自取得日起的2年;动产应自取得日起1年内予以处置。

2.抵债资产转为自用的处理

银行不得擅自使用抵债资产;确因经营管理需要将抵债资产转为自用的,视同新购固定资产办理相应的固定资产购建审批手续。其会计分录为:

借:固定资产

　　贷:待处理抵债资产

3.出售抵债资产的账务处理

(1)出售抵债资产损益的确定。

①一般情况

营业外收入(或营业外支出)＝实际取得的处置收入－(抵债资产入账价值－抵债资产减值准备)－变现税费－可确认为利息收入的表外利息

②涉及补价的情况

营业外收入(或营业外支出)＝实际取得的处置收入－(抵债资产入账价值－抵债资产减值准备)－变现税费－可确认为利息收入的表外利息－(实际支付的补价－预计支付的补价)

（2）出售抵债资产的账务处理。若为净收益，其会计分录为：

借：××存款

    贷：待处理抵债资产等

       营业外收入

若为净损失，其会计分录为：

借：××存款

    营业外支出

    贷：待处理抵债资产等

（3）处置抵债资产过程中发生的费用。处置过程中发生的费用，从处置收入中抵减，其会计分录为：

借：营业外收入

    贷：××存款

五、贷款损失准备的核算

（一）贷款损失准备的提取

根据《金融企业会计制度》及《金融企业呆账准备提取管理办法》的规定，商业银行应在期末分析各项贷款的可收回性，并预计可能产生的贷款损失。对预计可能产生的贷款损失，计提贷款损失准备。

1. 贷款损失准备的计提范围

贷款损失准备的计提范围为商业银行承担风险和损失的贷款（含抵押、质押、担保等贷款）、银行卡透支、贴现、信用垫款（含银行承兑汇票垫款、信用证垫款、担保垫款等）、进出口押汇、拆出资金、应收融资租赁款等。

对由商业银行转贷并承担对外还款责任的国外贷款，包括国际金融组织贷款、外国买方信贷、外国政府贷款等资产，也应当计提贷款损失准备。

商业银行对不承担风险的委托贷款等，不计提贷款损失准备。

2. 贷款损失准备的计提方法

贷款损失准备金包括一般准备金、专项准备金和特种准备金三种。

（1）一般准备金是商业银行按照贷款余额的一定比例提取的贷款损失准备金。根据我国《银行贷款损失准备计提指引》规定，银行应按季计提一般准备，一般准备年末余额不得低于年末贷款余额的1％。

（2）专项准备金是根据《贷款风险分类指导原则》对贷款进行风险分类后，按贷款损失的程度计提的用于弥补专项损失的准备金。专项准备的计提比例由商业银行根据贷款资产的风险程度和回收的可能性合理确定，商业银行可参照以下比例计提专项准备：

关注类贷款，计提比例为 2%；次级类贷款，计提比例为 25%；可疑类贷款，计提比例为 50%；损失类贷款，计提比例为 100%。其中：次级类和可疑类贷款的损失准备金，计提比例可以上下浮动 20%。

(3)特种准备金是指商业银行对特定国家、地区、行业发放贷款所计提的准备，具体比例由商业银行根据贷款资产的风险程度和回收的可能性合理确定。

贷款损失准备金必须根据贷款的风险程度足额提取，损失准备金提取不足的，不得进行税后利润分配。贷款损失准备金由各家银行总行统一计提。

3.损失贷款核销的条件

对于被确认为损失的贷款，应按规定的核销条件、核销办法和审批权限，从提取的损失准备金中加以核销。损失贷款核销的条件如下：

(1)借款人和担保人依法宣告破产，经法定清偿后，仍不能还清的贷款。

(2)借款人死亡，或依照《中华人民共和国民法通则》的规定，宣告失踪或死亡，以其遗产清偿后未能还清的贷款。

(3)借款人遭受重大自然灾害或意外事故，损失巨大且不能获得保险补偿，确实无力偿还的部分或全部贷款，或经保险赔偿清偿后仍未能还清的贷款。

(4)贷款人依法处理贷款抵押品所得价款不足补偿贷款的部分。

(5)国务院专案批准核销的逾期贷款。

(二)贷款损失准备的核算

1.科目设置

(1)"贷款损失准备"科目，本科目核算商业银行贷款的减值准备。可按计提贷款损失准备的资产类别进行明细核算。

(2)"资产减值损失"科目，本科目核算商业银行计提各项资产减值准备所形成的损失。可按资产减值损失的项目进行明细核算。

2.账务处理

(1)资产负债表日，贷款发生减值的，按应减记的金额计提贷款损失准备时，其会计分录为：

借：资产减值损失——计提的贷款损失准备

　　贷：贷款损失准备

冲减贷款损失准备时，其会计分录相反。

(2)核销呆账贷款损失时，其会计分录为：

借：贷款损失准备

　　贷：非应计贷款(或××贷款)

非应计贷款是指贷款本金或利息逾期 90 天没有收回的贷款,应单独核算。

(3)已计提贷款损失准备的贷款价值以后又得以恢复时,应在原已计提的贷款损失准备金额内,按恢复增加的金额进行处理。其会计分录为:

借:贷款损失准备

 贷:资产减值损失——计提的贷款损失准备

第三节 个人贷款业务的核算

个人贷款的发放分为直接提款和专项提款两种方式。直接提款即依据借款合同将贷款划转到借款人在经办行开立的储蓄存款账户。专项提款即依据借款合同以转账将贷款直接划转到特约商户(或学校)在贷款行开立的存款账户。借款人应根据实际情况,合理确定贷款期限,最长不得超过 30 年,借款人归还贷款本息,可选择柜台还款和委托扣款两种方式,一笔贷款合同只选择一种还款方式,合同签订后,不得更改,借款人提前归还贷款时,应提前通知贷款经办行,经贷款行同意后按规定办法办理。

一、发放贷款的核算

经办行收到借款合同副本及"贷款转存凭证(借款借据)",经审查无误后,据以开立贷款明细账户,其会计分录为:

采取直接提款方式的:

借:个人××贷款——××借款人户

 贷:活期储蓄存款——××存款人户

采取专项提款方式的:

借:个人××贷款——××借款人户

 贷:××存款——××存款人户(特约商户或学校)

借款合同规定分次转存的,应按借款合同确定的次数,时间及金额分次签开贷款转存凭证(借款借据)办理转存。签订了《抵押合同》或《质押合同》的贷款,应进行担保物的核算,核算手续同单位贷款,同时用于质押的存单应办理冻结手续。

二、归还贷款的核算

(一)委托扣款方式的核算

还款日,银行结计借款人应归还贷款利息,按扣收的本息填制"个人贷款批量还款清单"一式两联,第一联作记账凭证附件,第二联加盖业务公章交信贷部门。根据实际扣收的款项,填制特种转账借、贷方传票办理转账,其会计分录为:

借:活期储蓄存款——××存款人户

贷:个人××贷款——××借款人户

利息收入——个人××贷款利息收入户

借款全部还清的,应同时退还代管的担保物,根据信贷部门提供的"担保物、待处理抵债资产转出通知书"填制表外科目付出凭证,登记表外科目明细账。

(二)柜台还款方式的核算

借款人还款时,应填写"个人贷款还款凭证"一式四联(以现金还款的应将现金一并交经办行),银行收妥款项后,在第一联个人贷款还款凭证上加盖"转讫章"作回单退借款人,第二、三联转账借、贷方传票(以现金还款的,第二联作现金传票附件)加盖"业务公章"分别交业务部门,其会计分录为:

借:活期储蓄存款——××存款人户

或:现金

贷:个人××贷款——××借款人户

利息收入——个人××贷款利息收入户

收回催收利息的以及借款人归还全部贷款以后担保物的核算,比照委托扣款方式办理。

第四节　贷款利息的核算

商业银行贷款利息的计算有定期结息(批量结息)和利随本清(单户结息)两种方法。

一、定期结计贷款利息的核算

(一)定期结息的计息方法

根据权责发生制,各种贷款应按规定的结息日期结息,按季收息的,以 3、6、9、12 月的 20 日为结息日,定期结息一般采用余额表计息或分户账账页计息的做法。除贷款利率不同外,其余计算方法与活期存款的利息计算相同。

贷款发生逾期的,自转入逾期贷款账户之日起,余额表应单独立户登记,积数应根据逾期金额和实际逾期天数单独计算,利率改按规定逾期贷款利率计收。

(二)定期结计利息的核算

银行按季计算贷款的应收利息,每季末月的 21 日,根据计算的利息编制贷款利息清单或利息凭证一式三联,分别代转账借、贷方传票和支款通知交借款人。其会计分录为:

借:××存款——××户

贷:利息收入——××贷款利息收入户

如其账户资金不足,不足部分列入应收利息。其会计分录为:

借:应收利息

贷:利息收入——××贷款利息收入户

贷款利息自结息日起,逾期 90 天(含 90 天)以内的应收未收利息,应继续计入当期损益。逾期 90 天(不含 90 天)以上,无论贷款本金是否逾期,发生的应收未收利息不再计入当期损益,应专设“未收贷款利息”表外科目核算,实际收回时再计入损益,并销记“未收贷款利息”表外科目。

对已经纳入损益的应收未收利息,逾期超过 90 天(不含 90 天)以后,要相应冲减利息收入并记入表外科目。其会计分录为:

借:利息收入——××贷款利息收入户

贷:应收利息

收入:未收贷款利息

应收未收利息的复利不计入损益,在表外核算,实际收回时再计入损益。

二、利随本清贷款计息和利息的核算

(一)利随本清计息方法

利随本清是银行按借款合同约定的期限,于贷款归还时收取利息的一种计息方法。利随本清计息方法对于贷款天数的计算,采用对年按 360 天,对月按 30 天,不满月的零头天数按实际天数计算,算头不算尾。商业银行贷款天数也可以选择按实际天数计算,其利息计算公式为:

$$利息 = 本金 \times 期限 \times 利率$$

贷款发生逾期,逾期部分应先按合同约定的利率和期限计收到期贷款利息,其次,逾期金额应自转入逾期贷款账户之日起,利率改按规定的比例计收罚息。

【例 4-1】某银行于 20××年 4 月 8 日向国美商场发放短期贷款一笔,金额 30 万元,期限 6 个月,月利率 4.35‰,如该笔贷款于同年 10 月 28 日归还,采用利随本清的计息方法,计算银行的应收利息。

$$到期利息=300\ 000\times6\times4.35‰=7\ 830(元)$$
$$逾期利息=300\ 000\times20\times2.1‰=1\ 260(元)$$

应收利息合计为 9 090 元。

(二)利随本清利息的核算

银行收回贷款时,应根据计算的利息,编制贷款利息通知单或特种转账借、贷方传票,从借款单位账户收取利息。如例 4-1,收回时其会计分录为:

借:单位活期存款——国美商场户　　　　　　　　　　9 090

　　贷:利息收入——普通短期贷款利息收入户　　　　　　　　　9 090

【本章小结】

1.贷款是指金融企业对借款人提供的按约定的利率和期限还本付息的货币资金。银行的贷款按贷款的期限划分,可分为短期贷款、中期贷款和长期贷款。按贷款的对象划分,可分为单位贷款和个人贷款。其中单位贷款按贷款担保与否划分可分为信用贷款、担保贷款(包括保证贷款、抵押贷款和质押贷款)和票据贴现。按贷款的风险程度划分可分为正常贷款、关注贷款、次级贷款、可疑贷款和损失贷款。

2.银行应按照贷款的基本原则,根据不同种类的贷款,设立不同种类的贷款账户,做好贷款的发放、到期收回、展期及逾期等核算工作,计提贷款损失准备,并按规定核销贷款呆账损失。

3.商业银行应根据权责发生制原则计算贷款的应收利息。贷款利息当期实际收到时计入当期损益,对自结息日起,逾期 90 天(含 90 天)以内的应收未收利息,也应继续计入当期损益。对逾期贷款按规定计收罚息。贷款利息的计算有定期结息(批量结息)和利随本清(单户结息)两种方法。

【本章练习题】

(一)填空题

1.贷款是指经国务院银行业监督管理机构批准的＿＿＿＿＿＿,以＿＿＿＿＿＿为服务对象,以＿＿＿＿＿＿为条件出借的货币资金。

2.个人贷款是银行对个人发放的用于＿＿＿＿＿＿的担保贷款,主要包括:个人定期储蓄存单＿＿＿＿＿＿贷款、凭证式国债质押贷款、个人＿＿＿＿＿＿、个人汽车＿＿＿＿＿＿、个人耐用品消费贷款、个人住房装修贷款、个人助学贷款等。

3.贷款的发放和使用必须符合国家的法律法规、《＿＿＿＿＿＿》及中国人民银行发布的有关＿＿＿＿＿＿,办理贷款业务应遵循＿＿＿＿＿＿、安全性和

_____的原则。

4.信用贷款是指银行凭借款人的_____而发放的贷款。信用贷款采用_____方式发放,即借款人需用贷款时应_____借款申请,逐笔签订借款合同,_____审核,一次发放,约定期限,到期一次或分次归还贷款。

5.借款人不能按期归还贷款时,应在_____前向银行申请_____。展期期限按以下规定执行:短期贷款不得超过_____,中期贷款不得超过原贷款_____,长期贷款不得超过3年,贷款展期只限一次。

6.贷款损失准备的计提范围为商业银行_____的贷款(含抵押、质押、担保等贷款)、银行卡透支、贴现、_____(含银行承兑汇票垫款、_____、担保垫款等)、进出口押汇、_____、应收融资租赁款等。

7.贷款利息自结息日起,逾期90天(含90天)以内的_____利息,应继续计入当期损益。对已经_____的应收未收利息,逾期超过_____以后,要相应冲减利息收入并记入_____。

(二)判断题

1.中期贷款是指贷款期限在3年以上(不含3年)5年以下(含5年)的贷款。　　　　　　　　　　　　　　　　　　　　　　　　(　　)

2.按贷款的风险程度划分,贷款分为正常贷款、关注贷款、次级贷款、可疑贷款和损失贷款,前一项属于正常贷款,后四类合称不良贷款。　　(　　)

3.对单位发放的贷款可申办展期,个人贷款不办理展期,而且各贷款经办网点每季还应与借款人至少核对一次贷款账。　　　　　　　(　　)

4.合同利率与实际利率差异较小的,也可以采用合同利率计算确定利息收入。　　　　　　　　　　　　　　　　　　　　　　　(　　)

5.贴现到期付款人无款支付,银行应向贴现申请人收取,如贴现申请人存款账户余额不足,不足部分应转入短期贷款科目核算。　　　(　　)

6.抵债资产保管过程中发生的费用计入营业外支出,抵债资产未处置前取得的租金等收入计入营业外收入。　　　　　　　　　　　(　　)

7.银行取得抵债资产后,可视同新购固定资产任意支配使用。　(　　)

8.资产负债表日,贷款发生减值的,按应减记的金额计提贷款损失准备时,其会计分录为:

借:贷款损失准备
　　贷:资产减值损失——计提的贷款损失准备　　　　　　(　　)

(三)单项选择题

1.贷款业务分为信用贷款、担保贷款、票据贴现,其分类依据是(　　)。

A.按贷款的期限划分　　　　　　B.按贷款的对象划分

C.按贷款担保与否划分　　　　　　　　D.按贷款的风险程度划分

2.短期贷款的期限为（　　）。

A.1年以内（含1年）的贷款　　　　　　B.2年以内（含2年）的贷款

C.3年以内（含3年）的贷款　　　　　　D.5年以内（含5年）的贷款

3.银行发放抵押贷款的额度一般按如下抵押物作价现值的（　　）掌握。

A.20％～40％　　　B.30％～50％　　　C.50％～70％　　　D.60％～80％

4.下列不计提贷款损失准备的贷款是（　　）。

A.信用贷款　　　　B.担保贷款　　　　C.拆出资金　　　　D.委托贷款

5.贷款利息自结息日起,逾期（　　）以内的应收未收利息,应继续计入当期损益。

A.30天（含30天）　　　　　　　　　　B.60天（含60天）

C.90天（含90天）　　　　　　　　　　D.180天（含180天）

（四）多项选择题

1.按贷款的风险程度划分,贷款可以分为（　　）。

A.正常贷款　　　B.关注贷款　　　C.次级贷款　　　D.可疑贷款

E.损失贷款

2.办理抵押贷款时,可以用于抵押的财产,一般有（　　）。

A.抵押人所有的房屋和其他地上定着物

B.抵押人所有的机器、交通运输工具和其他财产

C.抵押人依法有权处分的国有的土地使用权、房屋和其他地上定着物

D.抵押人依法有权处分的国有的机器、交通运输工具和其他财产

E.抵押人依法承包并经发包方同意抵押的荒山、荒沟、荒丘、荒滩等荒地的
　土地使用权

3.商业承兑汇票贴现到期收回时,如付款人无款支付,贴现银行可作如下处理（　　）。

A.从贴现申请人账户收取

B.贴现申请人存款账户余额不足,不足部分应转入逾期贷款科目

C.贴现申请人未在本行开立账户的,按规定向贴现申请人或其他前手进行
　追索

D.贴现申请人未在本行开立账户的,直接冲销贷款损失准备金

E.贴现申请人未在本行开立账户的,向其保证人收取

4.抵债资产通常包括（　　）。

A.有价证券　　　　　　　　　　　　　B.房屋或其他地面建筑物

C.交通运输工具　　　　　　　　　　　D.生产设备和办公设备

E. 诉讼中的财产

5. 贷款损失准备金主要包括（　　　）。

A. 一般准备金　　　B. 支付准备金　　　C. 专项准备金　　　D. 坏账准备金

E. 特种准备金

（五）名词解释

1. 票据贴现

2. 保证贷款

3. 抵债资产

4. 专项准备金

5. 个人贷款专项提款

（六）简答题

1. 按贷款的风险程度划分，贷款可以分为哪些种类？

2. 银行处理抵押物的方法有哪些？

3. 银行取得抵债资产的方式有哪些？

4. 银行取得抵债资产时其入账价值是如何确定的？

5. 银行出售抵债资产时其损益是如何确定的？

6. 贷款损失准备的计提范围有哪些？

7. 贷款损失准备的计提方法是怎样的？

8. 如何确定损失贷款核销的条件？

（七）业务题

1. 某银行于 2009 年 3 月 1 日向华宏电机厂发放一笔 500 000 元、期限 6 个月的流动资金贷款，月利率 4.05‰，该笔贷款于 9 月 1 日到期只归还 400 000 元，其余 100 000 于 9 月 20 日归还，采用利随本清的计息方法。请作出发放、到期收回、逾期收回会计分录，并计算银行的应收利息。（逾期利率按每日 2.1‰ 计算）

2. 轻工机械厂 4 月 1 日向开户银行提交银行承兑汇票及贴现凭证，该汇票 2 月 10 日签发并经同城某系统内银行承兑，到期日为 5 月 10 日，票面金额 300 000 元，经审查同意办理贴现，假设贴现率为月 4.5‰。请作出办理贴现、收到划回贴现款的会计分录。

3. 某商业银行年末各项贷款余额为 300 000 000 元，年末一般准备账面余额为 2 600 000 元。请计算年末计提一般准备的数额，并作会计分录。

第五章

支付结算业务的核算

学习目的

通过本章的学习,要理解支付结算业务的意义,掌握支付结算的原则以及支付结算工具的种类,理解各种票据、结算方式的概念及基本规定,掌握各种票据、结算方式的账务处理方法,了解银行卡的基本规定和分类。

第一节　支付结算业务概述

支付结算是指单位、个人在社会经济活动中使用票据、银行卡和汇兑、托收承付、委托收款等结算方式进行货币给付及资金清算的行为。支付结算按支付方式的不同又分为现金结算和转账结算两种形式。现金结算是指收付款双方直接使用现金进行清算;转账结算是指通过银行将款项从付款人账户划转到收款人账户的货币收付行为。在现代社会经济中,转账结算已成为货币收付的主要形式。

一、支付结算的原则与纪律

(一)支付结算的原则

支付结算原则是单位、个人和银行在办理支付结算业务时必须遵守的基本准则,根据我国《支付结算办法》规定,应遵守的结算原则有:

1.恪守信用,履约付款;

2.谁的钱进谁的账,由谁支配;

3.银行不垫款。

(二)支付结算的纪律

1.单位、个人应遵守的结算纪律

单位、个人办理支付结算,不准签发没有资金保证的票据或远期支票,套取银行信用;不准签发、取得和转让没有真实交易和债权债务的票据,套取银行和他人的资金;不准无理拒绝付款,任意占用他人资金;不准违反规定开立和使用账户。

2.银行应遵守的结算纪律

银行办理支付结算,要履行"清算中介"的职责,不准以任何理由压票、任意退票、截留挪用客户和他行资金;不准无理拒绝支付应由银行支付的票据款项;不准受理无理拒付、不扣少扣滞纳金;不准违章签发、承兑、贴现票据,套取银行资金;不准签发空头银行汇票、银行本票和办理空头汇款;不准在支付结算制度之外规定附加条件,影响汇路畅通;不准违反规定为单位和个人开立账户;不准拒绝受理、代理他行正常结算业务;不准放弃对企事业单位和个人违反结算纪律的制裁;不准逃避向人民银行转汇大额汇划款项。

二、支付结算业务种类

目前我国的支付结算种类主要有票据、银行卡和结算方式,简称为"三票、一卡、三方式",具体包括:支票、银行本票、银行汇票、商业汇票、银行卡、汇兑、委托收款、托收承付等八种。

第二节 结算方式业务的核算

一、汇兑业务的核算

(一)汇兑的概念与基本规定

汇兑是汇款人委托银行将其款项支付给收款人的结算方式。汇兑分为信汇、电汇两种,由汇款人选择使用。

汇兑的基本规定如下:

1.单位和个人的各种款项结算,均可使用汇兑结算方式。

2.签发汇兑凭证必须记载下列事项:表明"信汇"或"电汇"的字样;无条件支付的委托;确定的金额;收款人名称;汇款人名称;汇入地点、汇入行名称;汇出地点、汇出行名称;委托日期;汇款人签章等。汇兑凭证上欠缺上列记载事项之一的,银行不予受理。

3.汇兑凭证上记载收款人为个人的,收款人需要到汇入银行领取汇款,汇款人应在汇兑凭证上注明"留行待取"字样;留行待取的汇款,需要指定单位的收款人领取汇款的,应注明收款人的单位名称。

4.汇款人和收款人均为个人,需要在汇入银行支取现金的,应在信、电汇凭证的"汇款金额"大写栏,先填写"现金"字样,后填写汇款金额。

5.未在银行开立存款账户的收款人,凭信、电汇的取款通知或"留行待取"的,向汇入银行支取款项,必须交验本人的身份证件,在信、电汇凭证上注明证件名称、号码及发证机关,并在"收款人"处签章;信汇凭签章支取的,收款人的签章必须与预留信汇凭证上的签章相符。银行审查无误后,以收款人的姓名开立应解汇款账户,该账户只付不收,付完清户,不计付利息。

6.收款人在汇入行需要转汇的应重新办理汇款手续,其收款人与汇款用途必须是原汇款的收款人和用途;汇款人确定不得转汇的,应在汇兑凭证备注栏注明"不得转汇"字样。

7.汇款人对汇出银行尚未汇出的款项可以申请撤销,对汇出银行已经汇出的款项可以申请退汇;汇入银行对收款人拒收的汇款或经过两个月无法交付的汇款,应主动办理退汇。

(二)汇兑业务的账务处理

汇兑业务处理的流程如图5-1:

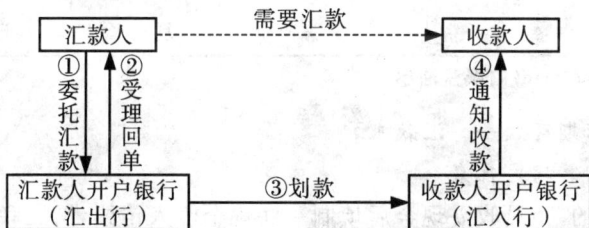

图5-1　汇兑业务流程图

从图中可见,一般的汇兑业务处理包括汇出行的处理和汇入行的处理。

1.汇出行的处理

汇款人委托银行办理汇兑业务时,应填写一式三联电汇凭证(见表5-1)或一式四联信汇凭证。电汇凭证第一联回单,第二联借方传票,第三联发电依据。信汇凭证第一联回单,第二联借方传票,第三联贷方传票,第四联收账通知或代取款收据。

汇出行受理客户提交的电汇或信汇凭证时,应认真审查:

(1)凭证必须记载的各项内容是否齐全、正确;

(2)汇款人账户内是否有足够支付的余额;

(3)汇款人的签章是否与预留银行的签章相符;

(4)对填明"现金"字样的凭证,应审查汇款人和收款人是否均为个人。

审查无误后,第一联凭证加盖转讫章退给汇款人。转账交付的,银行以第二联凭证作借方传票收款记账,其会计分录为:

表 5-1

××银行　电汇凭证　（借方凭证）　2

□普通　□加急　　委托日期　年　月　日

汇款人	全称		收款人	全称												此联汇出行作借方凭证
	账号			账号												
	汇出地点	省　　市/县		汇出地点	省　　　　市/县											
	汇出行名称			汇入行名称												
金额	人民币（大写）					亿	千	百	十	万	千	百	十	元	角	分
	此汇款支付给收款人。			支付密码												
				附加信息及用途:												
	汇款人签章			复核　　　　记账												

规格:8.5×17.5cm(白纸蓝油墨)

借:单位活期存款——汇款人户

　　贷:待清算辖内往来

现金交付的,柜员收妥现金后填制一联现金收入传票,第二联汇兑凭证作借方传票记账。其会计分录为:

借:现金

　　贷:应解汇款——汇款人户

借:应解汇款——汇款人户

　　贷:待清算辖内往来

转账后,第三联信汇凭证加盖结算专用章,连同第四联及有关凭证寄汇入行。若为电汇业务,汇出行用第三联电汇凭证作发报依据,向汇入行传递有关信息后作第二联记账凭证的附件。对跨系统银行汇款的,按照有关跨行汇划款项的办法办理。

【例5-1】开户单位华联商店提交电汇凭证一份,金额175 000元,要求汇往异地系统内某行开户的东风电器公司购货,经审查无误予以办理。

借:单位活期存款——华联商店　　　　　　　　175 000
　　贷:待清算辖内往来　　　　　　　　　　　　　　　　175 000

2.汇入行的处理

汇入行收到汇出行寄来的第三、四联信汇凭证及有关凭证,或收到跨系统交来的划收清算凭证,或者收到电汇业务传递来的信息而打印的两联资金汇划补充凭证,应按规定认真审查,无误后按下列手续处理。

(1)直接收账的处理。收款人在汇入行开户的,汇入行可直接将汇款记入其账户。收账时以第三联信汇凭证或一联资金汇划补充凭证作贷方传票记账,其会计分录为:

借:待清算辖内往来
或　借:存放中央银行准备金
　　贷:单位活期存款——收款人户

第四联信汇凭证或另一联资金汇划补充凭证加盖转讫章作收账通知交给收款人。

(2)不直接收账的处理。收款人未在汇入行开立账户或要求"留行待取"的,收账时汇入行以第三联信汇凭证或一联资金汇划补充凭证作贷方传票记账,其会计分录为:

借:待清算辖内往来
或　借:存放中央银行准备金
　　贷:应解汇款——收款人户

登记应解汇款登记簿,在信汇凭证上编列应解汇款顺序号,第四联信汇凭证或另一联资金汇划补充凭证留存保管,并通知收款人来行办理取款手续。

收款人来行办理取款,汇入行应认真审查收款人的身份证件,凭证上是否注明其证件名称、号码及发证机关以及收款人是否在"收款人签章"处签章。无误后按不同要求办理付款手续。

①需要支取现金的,应一次办理现金支付手续。另填制一联现金付出传票记账,第四联信汇凭证或另一联资金汇划补充凭证作附件,并销记应解汇款登记簿。其会计分录为:

借:应解汇款——收款人户
　　贷:现金

②需要转账支取的,应由收款人填制取款凭证作借方传票记账,第四联信汇

凭证或另一联资金汇划补充凭证作附件,并销记应解汇款登记簿。其会计分录为:

借:应解汇款——收款人户

贷:单位活期存款——收款人户

③需要分次支取的,应凭第四联信汇凭证或另一联资金汇划补充凭证注销应解汇款登记簿中的该笔汇款,转入应解汇款分户账内(不通过分录,以丁种账页代替),办理分次支取手续。待最后结清时,将第四联信汇凭证或另一联资金汇划补充凭证作借方传票附件。

④需要转汇的,应重新办理汇款手续,其收款人与汇款用途必须是原汇款的收款人和用途,并在记账凭证上加盖"转汇"戳记。原凭证上注明"不得转汇"的,银行不予办理转汇。转汇会计分录为:

借:应解汇款——收款人户

贷:待清算辖内往来

或 贷:存放中央银行准备金

【例 5-2】收到异地系统内某行发来的汇兑信息,收款人李胜,金额 12 000元,并注明"现金"字样。经通知李胜当日来行支取现金,审查无误予以办理。

借:待清算辖内往来　　　　　　　　　　12 000

贷:应解汇款——李胜　　　　　　　　　　　　　　12 000

借:应解汇款——李胜　　　　　　　　　　12 000

贷:现金　　　　　　　　　　　　　　　　　　　12 000

(三)退汇的核算

1.汇款人要求退汇的处理

(1)汇出行的处理。汇款人要求退汇时,对收款人在汇入行开立账户的,由汇款人与收款人自行联系退汇;对收款人未在汇入行开立账户的,应由汇款人备函或本人身份证件连同原信、电汇回单交汇出行办理退汇。

汇出行接到退汇函件或身份证件以及信、电汇回单,应填制四联"退汇通知书",在第一联上批注"×月×日申请退汇,俟款项退回后再办理退款手续"字样,交给汇款人,第二、三联寄交汇入行,第四联与函件和回单一起保管。如汇款人要求用电报通知退汇时,只需填制两联退汇通知书,比照信汇退汇通知书第一、四联的手续处理,并凭退汇通知书拍发电报通知汇入行。

(2)汇入行的处理。

①汇入行接到汇出行寄来的第二、三联退汇通知书或通知退汇的电报,如该笔汇款已转入应解汇款科目,尚未解付的,应向收款人联系索回便条,以第二联退汇通知书代借方凭证,第四联汇款凭证作附件,办理转账。其会计分录为:

借:应解汇款——收款人户

 贷:待清算辖内往来

或 贷:存放中央银行准备金

  第三联退汇通知书随同汇划贷方报单寄原汇出行。如电报通知退汇的,应另填一联特种转账借方凭证,并填制电划贷方报单,凭以拍发电报。

  ②如该笔汇款已解付,应在第二、三联退汇通知书或电报上注明解付情况及日期后,将第二联退汇通知书或电报留存,以第三联退汇通知书(或拍发电报)通知汇出行。

  (3)汇出行收到退汇的处理。

  ①汇出行接到汇入行寄来的汇划贷方报单及第三联退汇通知书或退汇电报时,应以第三联退汇通知书或电划贷方补充报单代贷方凭证,办理开户汇款人的退汇转账。其会计分录为:

借:待清算辖内往来

或 借:存放中央银行准备金

  贷:单位活期存款——原汇款人户

  如汇款人未在银行开立账户,应另填制一联现金付出凭证支付现金。其会计分录为:

借:待清算辖内往来

或 借:存放中央银行准备金

  贷:其他应付款——原汇款人户

借:其他应付款——原汇款人户

  贷:现金

  在原第二联汇款凭证上注明"此款已于×月×日退汇"字样,以备查考。以留存的第四联退汇通知书注明"退汇款汇回已代进账"字样,加盖转讫章后作为收账通知交给原汇款人。

  ②如接到汇入行寄回的第三联退汇通知书或发来的电报注明汇款业已解付时,应在留存的第四联退汇通知书上批注解付情况,通知原汇款人。

  2.汇入行主动退汇的处理

  (1)汇入行的处理。汇入银行对于收款人拒绝接受的汇款,在注明拒收理由并签章后,应即办理退汇;对于向收款人发出取款通知,但因收款人住址迁移或其他原因,以致该笔汇款超过两个月无人受领的,汇入行可以主动办理退汇。

  退汇时汇入行应填制一联特种转账借方凭证和两联特种转账贷方凭证,并在凭证上注明"退汇"字样,第四联汇款凭证作借方凭证附件办理转账。其会计分录为:

借:应解汇款——原收款人户

　　贷:待清算辖内往来

或　　贷:存放中央银行准备金

　　一联特种转账贷方凭证加盖联行专用章连同另一联特种转账贷方凭证随同汇划贷方报单寄原汇出行。

(2)原汇出行的处理。原汇出行接到原汇入行寄来的汇划贷方报单及所附二联特种转账贷方凭证,以加盖原汇入行联行专用章的一联特种转账贷方凭证代贷方凭证办理转账。其会计分录为:

借:待清算辖内往来

或　　借:存放中央银行准备金

　　贷:单位活期存款——原汇款人户

另一联特种转账贷方凭证加盖转讫章代收账通知交给原汇款人。

如汇款人未在银行开立账户,应通过"其他应付款"科目进行过渡,再通知原汇款人来行办理取款手续,具体处理比照汇款人要求退汇时汇出行收到退汇的处理。

二、委托收款业务的核算

(一)委托收款的概念与基本规定

委托收款是收款人委托银行向付款人收取款项的结算方式。其款项的划回方式,分邮划和电划两种,由收款人选用。

委托收款的基本规定如下:

1.单位和个人凭已承兑的商业汇票、债券、存单等付款人债务证明办理款项的结算,均可以使用委托收款结算方式。

2.委托收款在同城、异地均可以使用。

3.签发委托收款凭证必须记载下列事项:表明"委托收款"的字样;确定的金额;付款人名称;收款人名称;委托收款凭据名称及附寄单证张数;委托日期和收款人签章。委托收款以银行以外的单位为付款人的,凭证必须记载付款人开户行名称;以银行以外的单位或在银行开立存款账户的个人为收款人的,凭证还必须记载收款人开户行名称。欠缺记载的,银行不予受理。

4.在同城范围内,收款人收取公用事业费或根据国务院的规定,可以使用同城特约委托收款。收取公用事业费,必须具有收付双方事先签订的经济合同,由付款人向开户银行授权,并经开户银行同意,报经中国人民银行当地分支机构批准。

(二)委托收款业务的账务处理

委托收款业务处理的流程如图5-2:

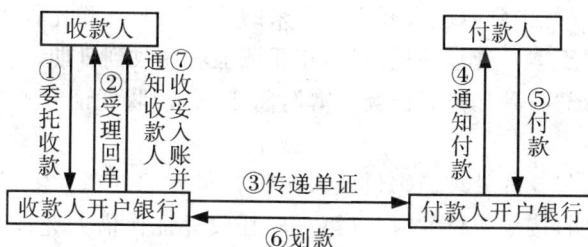

图 5-2　委托收款业务流程图

1. 收款人开户行受理委托收款的处理

(1)收款人办理委托收款时,应填制托收凭证(见表5-2)。托收凭证一式五联,第一联回单,第二联贷方传票,第三联借方传票,第四联收账通知(电划的为发电依据),第五联付款通知。收款人在第二联托收凭证上签章后,将有关托收凭证和债务证明提交开户行。

(2)收款人开户行收到上述凭证后,应按照有关规定和填写凭证的要求进行认真审查,无误后,将第一联托收凭证加盖业务公章退给收款人;凭第二联凭证登记"发出托收凭证登记簿"后专夹保管;第三联凭证加盖结算专用章,连同第四、五联及有关债务凭证,一并寄交付款人开户行。

2. 付款人开户行的处理

表 5-2

托收凭证(贷方凭证)

委托日期　年　月　日

2

业务类型		委托收款（□邮划、□电划）		托收承付（□邮划、□电划）				
付款人	全称		收款人	全称				
	账号			账号				
	地址	省　市(县)　开户行		地址	省　市(县)　开户行			
金额	人民币(大写)				亿千百十万千百十元角分			
款项内容			托收凭据名称		附寄单证张数			
商品发运情况			合同名称号码					
备注:			上列款项随附有关债务证明，请予办理。					
收款人开户银行收到日期 年　月　日			收款人签章		复核　　记账			

规格:10×17.5cm(白纸红油墨)

（此联收款人开户银行作贷方凭证）

付款人开户行接到收款人开户行寄来的第三、四、五联托收凭证及有关债务证明,经审查属于本行受理的凭证后,在凭证上填注收到日期,根据第三、四联托收凭证逐笔登记"收到托收凭证登记簿",将第三、四联凭证专夹保管,并分别情况作如下处理:

(1)付款人付款的处理。①付款人为银行付款的处理。银行接到托收凭证及有关债务证明,按规定付款时,以第三联托收凭证作借方凭证,有关债务证明和第五联付款通知作借方凭证附件,其会计分录为:

借:应解汇款——××户
　　贷:待清算辖内往来
或　　贷:存放中央银行准备金

第四联托收凭证填注支付日期后,随汇划贷方报单寄交收款人开户行,并销记"收到托收凭证登记簿"。

②付款人为单位付款的处理。银行在接到托收凭证和有关债务证明时,按照有关规定需要将有关债务证明留存或交给付款人的,应将第五联托收凭证加盖业务公章作为付款通知及时交给付款人,并由付款人在第三联托收凭证上签收。

付款人应于接到通知的当日书面通知银行付款,按照有关规定,付款人未在接到付款通知的次日起3日内通知银行付款的,视同付款人同意付款,银行应于付款人接到通知日的次日起第4天上午开始营业时,将款项划给收款人。具体按以下两种手续处理:

第一,付款人账户足够支付全部款项的。银行接到付款人的付款通知书时;或银行未接到付款人付款通知书,在付款人签收日的次日起第4天上午开始营业时,付款人账户足够支付全部款项的,以第三联托收凭证作借方凭证,如留存债务证明的,其债务证明和付款通知书作借方凭证的附件,办理转账。其会计分录为:

借:单位活期存款——付款人户
　　贷:待清算辖内往来
或　　贷:存放中央银行准备金

转账后,银行在"收到托收凭证登记簿"上填明转账日期。属于邮划款的,将第四联托收凭证填注支付日期后,随邮划贷方报单寄交收款人开户行。属于电划款的,应根据第四联托收凭证填制电划贷方报单,凭以向收款人开户行拍发电报。

第二,付款人账户不足支付全部款项的。银行在办理划款时,付款人账户不足支付全部款项的,即按无款支付处理。银行在托收凭证和"收到托收凭证登记簿"上注明退回日期和"无款支付"字样,并填制三联付款人未付款项通知书,将第一联通知书和第三联托收凭证留存备查,第二、三联通知书连同第四联托收凭证寄给收款人开户行。留存债务证明的,一并寄出。

(2)付款人拒绝付款的处理。①付款人为单位的。银行在付款人签收日的次日起3天内,收到付款人填制的四联拒绝付款理由书(见表5-3)以及付款人持有的债务证明和第五联托收凭证,经核对无误后,在托收凭证和"收到托收凭证登记簿"备注栏注明"拒绝付款"字样。然后将第一联拒付理由书加盖业务公章作为回单退还付款人,将第二联拒付理由书连同第三联托收凭证一并留存备查,将第三、四联拒付理由书连同债务证明和第四、五联托收凭证一并寄收款人开户行。

②付款人为银行提出的拒绝付款,比照付款人为单位的拒付处理。

表 5-3

托收承付 委托收款	结算	全部 部分	拒绝付款理由书 (借方凭证)	2

拒付日期	年 月 日	原托收号码:

付款人	全称		收款人	全称	
	账号			账号	
	开户银行			开户银行	

托收金额		拒付金额		部分付款金额	亿	千	百	十	万	千	百	十	元	角	分

附寄单证	张	部分付款金额(大写)

拒付理由:

　　　　　　　付款人签章　　　　　　　　　　复核　　　记账

此联银行作借方凭证或存查

规格:10×17.5cm(白纸蓝油墨)

3. 收款人开户行收到划回款项的处理

(1)付款人有款支付的处理。收款人开户行接到付款人开户行寄来的邮划贷方报单以及所附的第四联托收凭证,应将留存的第二联凭证与第四联进行核对。审查无误后,在第二联托收凭证上填注转账日期,并作贷方凭证办理转账。其会计分录为:

借:待清算辖内往来

或　借:存放中央银行准备金

　　　贷:单位活期存款——收款人户

转账后,将第四联托收凭证加盖转讫章作收账通知交给收款人,并销记"发出托收凭证登记簿"。

(2)付款人无款支付的处理。收款人开户行接到付款人开户行寄来的第四联托收凭证和第二、三联付款人未付款项通知书及债务证明,抽出留存的第二联托收凭证,在凭证"备注"栏注明"无款支付"字样,销记"发出托收凭证登记簿"。然后将第四联托收凭证及一联未付款项通知书以及收到的债务证明退还收款人。收款人签收后,收款人开户行将一联未付款项通知书连同第二联托收凭证一并保管备查。

(3)付款人拒绝付款的处理。收款人开户行接到第四、五联托收凭证及有关债务证明和第三、四联拒绝付款理由书,经核对无误后,抽出留存的第二联托收凭证并在备注栏注明"拒绝付款"字样,销记"发出托收凭证登记簿"。然后将第四、五联托收凭证及有关债务证明和第四联拒绝付款理由书一并退给收款人。收款人签收后,收款人开户行将第三联拒绝付款理由书连同第二联托收凭证一并保管备查。

【例5-3】收到上海系统内某行的款项汇划信息,金额594 000元,系开户单位红光棉纺厂的电划委托收款款项划回,审核无误予以收款入账。其会计分录为:

借:待清算辖内往来   594 000
 贷:单位活期存款——红光棉纺厂   594 000

三、托收承付业务的核算

(一)托收承付的概念与基本规定

托收承付是根据购销合同由收款人发货后委托银行向异地付款人收取款项,由付款人向银行承认付款的结算方式。根据款项划回的方式不同,有邮划和电划两种,由收款人选用。

托收承付的基本规定如下:

1.使用托收承付结算方式的收付款双方,必须是国有企业、供销合作社以及经营管理较好,并经开户银行审查同意的城乡集体所有制工业企业。

2.办理托收承付结算的款项,必须是商品交易,以及因商品交易而产生的劳务供应的款项。代销、寄销、赊销商品的款项,不得办理托收承付结算。收付双方使用托收承付结算必须签有符合《合同法》规定的购销合同,并在合同上订明使用托收承付结算方式。收款人办理托收,必须具有商品确已发运的证件。

3.托收承付结算每笔的金额起点为1万元。新华书店系统每笔的金额起点为1千元。

4.签发托收承付凭证必须记载下列事项:表明"托收承付"的字样;确定的金

额;付款人名称及账号;收款人名称及账号;付款人开户银行名称;收款人开户银行名称;托收附寄单证张数或册数;合同名称、号码;委托日期和收款人签章等。有欠缺记载的银行不予受理。

5.收付双方办理托收承付结算,收款人对同一付款人发货托收累计3次收不回货款的,收款人开户银行应暂停收款人向该付款人办理托收;付款人累计3次提出无理拒付的,付款人开户银行应暂停其向外办理托收。

(二)托收承付业务的账务处理

托收承付业务处理的流程如图5-3:

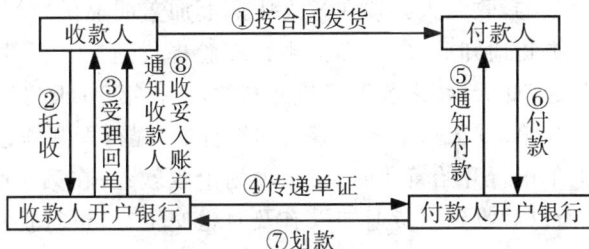

图5-3 托收承付业务流程图

1.收款人开户行受理托收承付的处理

收款人办理托收时,应填制一式五联托收凭证,第一联回单,第二联贷方传票,第三联借方传票,第四联收账通知,第五联承付通知。收款人在第二联托收凭证上签章后,将托收凭证和有关单证提交开户银行。

收款人开户行收到上述凭证后,应认真进行审查:①托收款项是否符合托收承付结算方式规定的范围、条件、金额起点,以及其他有关规定;②有无商品确已发运的证件;③托收凭证必须记载的各项内容是否齐全和符合填写凭证的要求;④托收凭证与所附单证的张数是否相符;⑤第二联托收凭证上是否有收款人签章,其签章是否符合规定。必要时,还应查验收付款人签订的购销合同。

托收凭证应及时审查,审查时间不得超过次日。经审查无误后,第一联托收凭证加盖业务公章后退给收款人。对收款人需要将发运证件带回保管或自寄的,应在各联凭证和发运证件上加盖"已验发运证件"戳记,然后将发运证件退给收款人。第二联托收凭证登记"发出托收凭证登记簿"后专夹保管。托收凭证第三联上加盖结算专用章,连同第四、五联及交易单证,一并寄交付款人开户行。

2.付款人开户行的处理

(1)通知付款的处理。付款人开户行接到收款人开户行寄来的第三、四、五联托收凭证及交易单证时,应审查付款人是否在本行开户,所附单证的张数与凭证的记载是否相符。审查无误后,在凭证上填注收到日期和承付期,然后根据第三、四联托收凭证,逐笔登记"定期代收结算凭证登记簿"后专夹保管,将第五联托收凭证加盖业务公章,连同交易单证一并及时交给付款人。

承付期是给予付款人审查单证、检验货物和筹措资金的时间。承付期分为验单付款和验货付款两种,由收付双方商量选用,并在合同中明确规定。

验单付款的承付期为 3 天,从付款人开户银行发出承付通知的次日算起(承付期内遇法定休假日顺延)。

验货付款的承付期为 10 天,从运输部门向付款人发出提货通知的次日算起。采用验货付款的,收款人必须在托收凭证上加盖明显的"验货付款"字样戳记。付款人收到提货通知后,应立即向银行交验提货通知。付款人在银行发出承付通知的次日起 10 天内,未收到提货通知的,应在第 10 天将货物尚未到达的情况通知银行。在第 10 天付款人没有通知银行的,银行即视作已经验货,于 10天期满的次日上午银行开始营业时,将款项划给收款人;在第 10 天付款人通知银行货物未到,而以后收到提货通知没有及时送交银行,银行仍按 10 天期满的次日作为划款日期,并按超过的天数,计扣逾期付款赔偿金。

(2)承付划款的处理。在承付期内,付款人应认真审查凭证或检验货物,并积极筹措资金,如有异议或其他要求,应在付款期内通知银行,否则银行视为同意付款。具体承付分以下几种情况处理:

①全额付款。付款人在承付期满日银行营业终了前,账户有足够资金支付全部款项的,开户银行应在次日上午(遇法定休假日顺延)以第三联托收凭证作借方凭证办理划款。其会计分录为:

借:单位活期存款——付款人户
  贷:待清算辖内往来
或 贷:存放中央银行准备金

转账后,在"定期代收结算凭证登记簿"上填注转账日期,将第四联托收凭证填注支付日期后,随同汇划贷方报单寄交收款人开户行。若为电划的,则凭第四联托收凭证向收款人开户行发送划款信息。

【例 5-4】承付期满日,开户单位东风汽配厂足额支付异地系统内某行开户的钢铁厂托收承付结算货款,金额 318 000 元,审查无误立即办理。

借:单位活期存款——东风汽配厂   318 000
  贷:待清算辖内往来   318 000

②提前承付。不论验单付款还是验货付款,付款人都可以在承付期内提前向银行表示承付,并通知银行提前付款,银行应立即办理划款,其手续同全额付款的处理,但应在托收凭证和登记簿备注栏分别注明"提前承付"字样。

③多承付。付款人如因商品的价格、数量或金额变动等原因,要求对本笔托收多承付款项一并划回时,付款人应在承付期内填制四联"多承付理由书"(以托收承付拒绝付款理由书改用)提交开户行。开户行审查后,在托收凭证和登记簿备注栏注明多承付的金额,以第二联多承付理由书代借方凭证,第三联托收凭证作附件办理划款。其会计分录同全额付款的处理。

转账后,将第一联多承付理由书加盖转讫章作支款通知交给付款人,第三、四联多承付理由书和第四联托收凭证随同汇划贷方报单一并寄交收款人开户行。

④逾期付款。付款人在承付期满日银行营业终了时,账户无足够资金支付,其不足部分,即为逾期未付款项,按逾期付款处理。

付款人开户行应在托收凭证和"定期代收结算凭证登记簿"备注栏分别注明"逾期付款"字样,或注销登记簿另登记"到期未收登记簿",并填制三联"托收承付结算到期未收通知书"。将第一、二联通知书寄收款人开户行,第三联通知书留存。付款人开户行对付款人逾期支付的款项,应当根据逾期付款金额和逾期天数,按每天万分之五计算逾期付款赔偿金。银行应随时掌握付款人账户余额,等到付款人账户有款可以一次或分次扣收时,比照部分付款的有关手续办理,将逾期付款的款项和赔偿金一并划给收款人。

赔偿金的计算公式是:

$$赔偿金金额 = 逾期支付金额 \times 逾期天数 \times 赔偿金率$$

逾期付款天数从承付期满日算起。承付期满日银行营业终了时,付款人如无足够资金支付,其不足部分,应当算作逾期1天,计算1天的赔偿金;在承付期满的次日(如遇法定休假日顺延,但在以后遇法定休假日应当照算逾期天数)银行营业终了时,仍无足够资金支付,其不足部分,应当算作逾期2天,计算2天的赔偿金。其余类推。

赔偿金实行定期扣付,每月计算一次,于次月3日内单独划给收款人。在月内有部分付款的,其赔偿金随同部分支付的款项划给收款人,对尚未支付的款项,月终再计算赔偿金,于次月3日内划给收款人。赔偿金的扣付列为企业销售收入扣款顺序的首位,如付款人账户余额不足全额支付时,应排列在工资之前,并对该账户采取"只收不付"的控制办法,待一次足额扣付赔偿金后,才准予办理其他款项的支付。

【例5-5】某百货商店付款的一笔托收承付款项,金额60万元,10月20日承付期满,付款人存款账户只能支付36万元,逾期至10月28日上午营业开始时支付10万元,其余款于11月5日上午营业开始时全部付清。计算应计收的赔偿金。

10 月 28 日计算的赔偿金＝100 000×7×0.5‰＝350（元）

10 月末计算的赔偿金＝140 000×12×0.5‰＝840（元）

11 月 5 日计算的赔偿金＝140 000×3×0.5‰＝210（元）

每月单独扣付赔偿金时,付款人开户行应填制两联特种转账借方传票、一联特种转账贷方传票,并注明原托收号码及金额,在转账原因栏注明第×月逾期付款的金额及相应扣付赔偿金的金额,以一联特种转账借方传票作借方凭证,一联特种转账贷方传票作发报依据,办理划款,会计分录同全额付款的处理。转账后,另一联特种转账借方传票加盖转讫章作付款通知交给付款人,并在登记簿备注栏注明第×月扣付赔偿金的金额。

付款人开户银行对逾期未付的托收凭证,负责进行扣款的期限为 3 个月(从承付期满日算起)。期满时,付款人仍无足够资金支付欠款的,银行应于次日通知付款人将第五联托收凭证及有关交易单证在 2 日内退回银行。银行将有关结算凭证连同交易单证退回收款人开户行转交收款人,并将应付的赔偿金划给收款人。对付款人逾期不退回单证的,开户银行应自发出通知的第 3 天起,按照该笔尚未付清欠款的金额,每天处以万分之五但不低于 50 元的罚款,并暂停付款人向外办理结算业务,直到退回单证时止。

⑤部分付款。付款人在承付期满日开户行营业终了时,账户只能支付部分款项的,付款人开户行应在托收凭证上注明当天可以扣收的金额,然后填制两联特种转账借方传票,并注明原托收号码及金额,以一联特种转账借方传票作借方凭证办理划款,其会计分录同全额付款的处理。

转账后,另一联特种转账借方传票加盖转讫章作支款通知交给付款人,在登记簿备注栏分别注明已承付和未承付的金额,批注"部分承付"字样,并凭第四联托收凭证向收款人开户行发送部分划款信息。

银行要随时掌握付款人账户余额,以便将未支付部分款项及时划转收款人开户行,同时应逐次扣收逾期付款赔偿金。俟最后一次款项结清时,在第三、四联托收凭证上注明"扣清"字样及日期,作特种转账借方传票的附件,并销记登记簿。

⑥拒绝付款。付款人在承付期内,由于某种合法事项可以向银行提出全部或部分拒绝付款。这些合法事项主要是指:没有签订购销合同或购销合同未订明托收承付结算方式的款项;未经双方事先达成协议,收款人提前交货或因逾期交货付款人不再需要该项货物的款项;未按合同规定的到货地址发货的款项;代销、寄销、赊销商品的款项;验单付款,发现所列货物的品种、规格、数量、价格与合同规定不符,或货物已到,经查验货物与合同规定或发货清单不符的款项;验货付款,经查验货物与合同规定或发货清单不符的款项;货款已经支付或计算有错误的款项。

付款人对以上情况提出拒绝付款时,必须填写一式四联"拒绝付款理由书"并签章、注明拒绝付款理由,连同有关拒付证明、第五联托收凭证及所附单证送交开户行。

开户银行必须认真审查拒绝付款理由并查验合同。对于付款人提出拒绝付款的手续不全、依据不足、理由不符合规定和不属于以上七种拒绝付款情况的,以及超过承付期拒付或将部分拒付提为全部拒付的,银行均不得受理,应实行强制扣款。对无理拒付而增加银行审查时间的,应从承付期满日起,为收款人计扣逾期付款赔偿金。

对符合规定同意拒付的,银行必须经会计主管人员审查,金额较大的要报经主管行长(主任)批准后方可办理拒付。受理拒付时,应在"拒绝付款理由书"上签注意见并经有关人员签章,托收凭证和"定期代收结算凭证登记簿"备注栏注明"全部拒付"或"部分拒付"字样及部分拒付金额。然后将第一联拒绝付款理由书加盖业务公章作为回单退还付款人,将第二联拒绝付款理由书连同第三联托收凭证一并留存备查,将第三、四联拒绝付款理由书连同有关的拒付证明和第四、五联托收凭证及单证一并寄交收款人开户行。对于部分拒付的,对同意承付部分,以第二联拒绝付款理由书作为借方凭证,第三联托收凭证作借方凭证附件办理划款。其会计分录为:

借:单位活期存款——付款人户
　　贷:待清算辖内往来
或　　贷:存放中央银行准备金

3. 收款人开户行收到划回托收款的处理

(1)全额划回。收款人开户行收到付款人开户行寄来的汇划贷方报单以及所附的第四联托收凭证时,应抽出留存的第二联托收凭证与第四联进行核对。经审查无误后,在第二联凭证上填注转账日期并作贷方凭证办理转账。若为电划的,则根据收到的划款信息打印二联汇划贷方补充报单,以一联代贷方凭证,第二联托收凭证作附件办理转账。其会计分录为:

借:待清算辖内往来
或　借:存放中央银行准备金
　　贷:单位活期存款——收款人户

转账后,在第四联托收凭证(或另一联汇划贷方补充报单)上加盖转讫章作收款通知交给收款人,并销记登记簿。

(2)多承付款项划回。收款人开户行收到付款人开户行寄来的汇划贷方报单以及所附的第四联托收凭证和第三、四联多承付理由书后,抽出留存的第二联托收凭证,在备注栏注明多承付的金额,以第三联多承付理由书代贷方凭证,第二联托收凭证作附件办理转账,会计分录与全额划回相同。转账后,按原托收金额销记登记簿,第四联托收凭证作第四联多承付理由书的附件盖章交给收款人。

（3）部分款项划回。收款人开户行收到对方行部分划款信息,打印二联汇划贷方补充报单,在留存的第二联托收凭证和登记簿上注明部分划回的金额,以一联汇划贷方补充报单代贷方凭证为收款人入账,会计分录与全额划回相同,另一联汇划贷方补充报单加盖转讫章作收款通知交给收款人。俟最后清偿完毕,在第二联托收凭证上注明结算终了日期,将其作贷方凭证的附件,并销记登记簿。

（4）逾期划回、单独划回赔偿金及无款支付退回凭证。收款人开户行接到第一、二联"托收承付结算到期未收通知书"后,应在第二联托收凭证上加注"逾期付款"字样及日期,然后将第二联通知书交给收款人,第一联附于第二联托收凭证后一并保管,待有款划回或单独划回赔偿金时,比照部分划回的有关手续处理。

收款人开户行在逾期付款期满后接到第四、五联托收凭证（部分无款支付系第四联托收凭证）及二联无款支付通知书和有关单证,经核对无误后,在留存的第二联托收凭证上注明"无款支付"字样,销记登记簿。然后将一联无款支付通知书、第四、五联托收凭证和有关单证退给收款人。收款人在另一联无款支付通知书上签收,银行连同第二联托收凭证一并保管备查。

（5）全部或部分拒付。收款人开户行接到第三、四联拒绝付款理由书和第四、五联托收凭证及有关的拒付证明、单证,抽出留存的第二联托收凭证核对无误后,在凭证上注明"全部拒付"或"部分拒付"字样、日期,销记登记簿。然后将第四联拒绝付款理由书和第四、五联托收凭证及有关的拒付证明、单证退给收款人。收款人在第三联拒绝付款理由书上签收,银行连同第二联托收凭证一并保管备查。对于部分拒付划回款项的,则以第三联拒绝付款理由书代贷方凭证,第二联托收凭证作附件办理入账,会计分录与全额划回相同。

第三节　票据业务的核算

一、支票业务的核算

（一）支票的概念与基本规定

支票是出票人签发的,委托办理支票存款业务的银行在见票时无条件支付确定的金额给收款人或者持票人的票据。

支票分为现金支票、转账支票和普通支票三种。现金支票只能用于支取现金,转账支票只能用于转账。支票上未印有"现金"或"转账"字样的为普通支票,普通支票可以用于支取现金,也可以用于转账。在普通支票左上角划两条平行线的,为划线支票,划线支票只能用于转账,不能支取现金。

支票的基本规定如下:

1.单位和个人在同一票据交换区域的各种款项结算,均可以使用支票。2007年6月25日中国人民银行建成全国支票影像交换系统,实现了支票在全国范围的互通使用。

根据中国人民银行规定:异地使用的支票,在指定位置上均应记载全国统一标准的12位银行机构代码,否则将无法正常使用;为防范支付风险,异地使用支票的单笔金额上限为50万元。

2.支票的出票人,为在经中国人民银行当地分支行批准办理支票业务的银行机构开立可以使用支票的存款账户的单位和个人。支票的付款人为支票上记载的出票人开户银行。

3.签发支票必须记载下列事项:表明"支票"的字样;无条件支付的委托;确定的金额;付款人名称;出票日期;出票人签章等。欠缺记载上列事项之一的,支票无效。

4.签发支票应使用碳素墨水或墨汁填写;支票的金额、收款人名称,可以由出票人授权补记。未补记前不得背书转让和提示付款。

5.支票的提示付款期限自出票日起10日,到期日遇例假日顺延。超过提示付款期限提示付款的,持票人开户银行不予受理,付款人不予付款。

6.支票的出票人签发支票的金额不得超过付款时在付款人处实有的存款金额。出票人签发空头支票、签章与预留银行签章不符的支票、使用支付密码地区支付密码错误的支票,银行应予以退票,并按票面金额处以5‰但不低于1 000元的罚款;持票人有权要求出票人赔偿支票金额2‰的赔偿金。对屡次签发的,银行应停止其签发支票。

7.持票人可以委托开户银行收款或直接向付款人提示付款。用于支取现金的支票仅限于收款人向付款人提示付款。

持票人委托开户银行收款时,应作委托收款背书,在支票背面背书人签章栏签章、记载"委托收款"字样、背书日期,在被背书人栏记载开户银行名称,并将支票和填制的进账单送交开户银行。

持票人持用于转账的支票向付款人提示付款时,应在支票背面背书人签章栏签章,并将支票和填制的进账单送交出票人开户银行。收款人持用于支取现金的支票向付款人提示付款时,应在支票背面"收款人签章"处签章,持票人为个人的,还需交验本人身份证件,并在支票背面注明证件名称、号码及发证机关。

现金支票业务已经在第三章作了介绍,本章仅介绍转账支票的核算且适用范围为同一票据交换区域内。

(二)转账支票业务的核算

1.持票人、出票人在同一银行机构开户的处理

(1)银行受理持票人送交支票的处理。银行接到持票人送交的转账支票(见表5-4)和一式三联进账单(见表5-5),应认真审查:①支票是否是统一规定印制的凭证,支票是否真实,是否超过提示付款期限;②支票上记载的收款人名称与进账单上的名称是否一致;③出票人账户是否有足够支付的款项;④出票人的签章是否符合规定,与预留银行的签章是否相符,使用支付密码的,其密码是否正确;⑤支票的大小写金额是否一致,与进账单的金额是否相符;⑥支票必须记载的事项是否齐全,出票金额、日期、收款人名称是否更改;⑦持票人是否在支票的背面做委托收款背书。

经审查无误后,转账支票加盖转讫章和有关人员名章作借方凭证,第二联进账单作贷方凭证办理转账。其会计分录为:

借:单位活期存款——出票人户

贷:单位活期存款——持票人户

转账后,第一、三联进账单盖章后作受理回单、收账通知交持票人。

表 5-4

××银行 转账支票存根 支票号码 附加信息 出票日期 年 月 日 收款人： 金 额： 用 途： 单位主管 会计	本支票付款期限十天	××银行 转账支票 (省别简称) 支票号码

××银行 转账支票 (省别简称) 支票号码
出票日期(大写) 年 月 日　付款行名称：
收款人：　　　　　　　　　　　　出票人账号：

人民币 (大写)	亿	千	百	十	万	千	百	十	元	角	分

用途:
上列款项请从
我账户内支付

出票人签章　　　　　　　复核　　记账

规格:8×22.5cm 正联共17cm(底纹按行别分色,大写金额栏加红水纹)

表 5-5

××银行　进账单（贷方凭证）　2

年　月　日

出票人	全称		收款人	全称											此联由收款人开户银行作贷方凭证
	账号			账号											
	开户银行			开户银行											
金额	人民币（大写）				亿	千	百	十	万	千	百	十	元	角	分

票据种类		票据张数		
票据号码				
备注：			复核　　　记账	

规格:8.5×17.5cm(白纸红油墨)

【例 5-6】收到开户单位红光棉纺厂提交的转账支票和三联进账单,金额为 180 000 元。支票系同在本行开户的胜利服装厂签发,用于支付货款。经审查无误办理转账。

借:单位活期存款——胜利服装厂　　　　　　　　　　180 000

　　贷:单位活期存款——红光棉纺厂　　　　　　　　　　　　180 000

(2)银行受理出票人送交支票的处理。银行接到出票人送交的转账支票和三联进账单时,对有关内容审查无误后,转账支票加盖转讫章和有关人员名章作借方凭证,第二联进账单作贷方凭证办理转账,会计分录同上。第一联进账单作回单交给出票人,第三联进账单加盖转讫章作收账通知交收款人。

2.持票人、出票人不在同一银行机构开户的处理

(1)持票人开户行受理持票人送交支票的处理。①持票人开户行接到持票人送交的转账支票和三联进账单时,应按照有关规定认真审查,无误后,将第一联进账单加盖转讫章交给持票人,第二、三联进账单上按票据交换场次加盖"收妥后入账"的戳记留存,转账支票按照票据交换的规定及时提出交换。根据转账结算必须先付后收的原则,编制转账贷方传票将票据交换取得的款项暂时记入其他应付款账户,其会计分录为:

借:存放中央银行准备金

或　借:待清算辖内往来

　　贷:其他应付款——持票人户

②出票人开户行收到交换提入的支票,应按规定审查,无误后不予退票的,转账支票作借方凭证办理付款,其会计分录为:

借:单位活期存款——出票人户

　　贷:存放中央银行准备金

或　　贷:待清算辖内往来

交换提入的支票发生退票的,银行应填制"退票理由书",通过"其他应收款"先挂账处理,其会计分录为:

借:其他应收款——出票人户

　　贷:存放中央银行准备金

或　　贷:待清算辖内往来

实际退票时,作相反的会计分录销账,将支票及"退票理由书"退给持票人开户行。如遇空头支票、印鉴不符或支付密码错误的支票,除退票外,出票人开户行应按规定对出票人处以罚款,另编制特种转账借方、贷方传票办理转账。其会计分录为:

借:单位活期存款——出票人户

　　贷:营业外收入——结算罚款收入户

③持票人开户行俟退票时间过后,没有收到退票,编制一张转账借方传票作借方凭证,第二联进账单作贷方凭证为持票人入账,第三联进账单加盖转讫章作收账通知交持票人。其会计分录为:

借:其他应付款——持票人户

　　贷:单位活期存款——持票人户

如在退票时间内收到退票,编制转账借方传票办理销账,"退票理由书"连同支票及进账单一并退给持票人。其会计分录为:

借:其他应付款——持票人户

　　贷:存放中央银行准备金

或　　贷:待清算辖内往来

借记支票业务流程如图5-4:

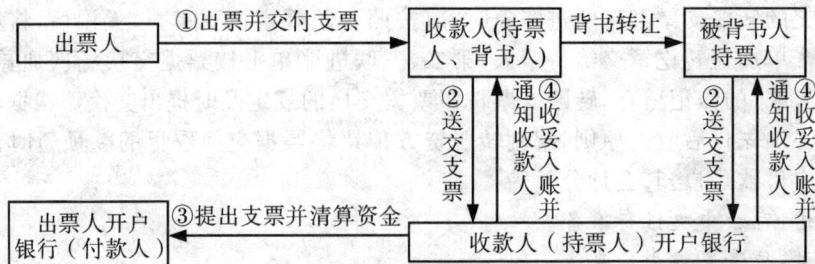

图5-4　借记支票流程图

【例 5-7】收到开户单位红光棉纺厂提交的两张转账支票和三联进账单,一张支票系本市跨系统甲行开户的华联商店签发,金额为 160 000 元;另一张支票同样系本市跨系统甲行开户的胜利服装厂签发,金额为 18 000 元。经审查无误,本行将上述支票提出交换。提入行提入票据后,第一张支票审查无误办理转账,第二张支票发现存款账户余额不足,立即办理退票。

本行的处理:

①提出:

借:存放中央银行准备金 178 000
　　贷:其他应付款——红光棉纺厂 178 000

②入账:

借:其他应付款——红光棉纺厂 178 000
　　贷:单位活期存款——红光棉纺厂 160 000
　　　　存放中央银行准备金 18 000

提入行处理:

①提入:

借:单位活期存款——华联商店 160 000
　　其他应收款——胜利服装厂 18 000
　　贷:存放中央银行准备金 178 000

②退票:

借:存放中央银行准备金 18 000
　　贷:其他应收款——胜利服装厂 18 000

③罚款:

罚金＝18 000×5‰＝900(元)

借:单位活期存款——胜利服装厂 1 000
　　贷:营业外收入——结算罚款收入户 1 000

(2)出票人开户行受理出票人送交支票的处理。①出票人开户行接到出票人送交的支票和三联进账单时,按规定认真审查,无误后,第一联进账单盖章作回单交给出票人,支票作借方凭证办理付款,第二联进账单加盖业务公章连同第三联进账单按票据交换的规定及时提出交换。其会计分录为:

借:单位活期存款——出票人户
　　贷:存放中央银行准备金
或　贷:待清算辖内往来

②收款人开户行收到交换提入的第二、三联进账单,经审查无误后,在进账

单上加盖转讫章,将第二联作贷方凭证,第三联作收账通知交给收款人。其会计分录为:

借:存放中央银行准备金

或 借:待清算辖内往来

　　贷:单位活期存款——收款人户

贷记支票业务流程如图5-5:

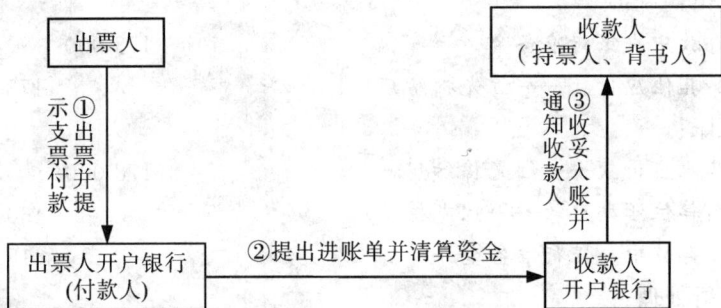

图 5-5　贷记支票流程图

二、银行本票业务的核算

(一)银行本票的概念与基本规定

银行本票是银行签发的,承诺自己在见票时无条件支付确定的金额给收款人或者持票人的票据。

银行本票的基本规定如下:

1.单位和个人在同一票据交换区域需要支付的各种款项,均可以使用银行本票。

2.银行本票的出票人,为经中国人民银行当地分支行批准办理银行本票业务的银行机构。银行本票的代理付款人是代理出票银行审核支付银行本票款项的银行。

3.签发银行本票必须记载下列事项:表明“银行本票”的字样;无条件支付的承诺;确定的金额;收款人名称;出票日期、出票人签章等。欠缺记载上列事项之一的,银行本票无效。

4.银行本票可以用于转账,注明“现金”字样的银行本票可以用于支取现金。现金银行本票不得背书转让。

5.申请人或收款人为单位的,银行不得为其签发现金银行本票。

6.银行本票的提示付款期限自出票日起最长不得超过 2 个月。持票人超过付款期限提示付款的,代理付款人不予受理。

7.用于支取现金的银行本票,仅限于向出票行提示付款。

(二)银行本票业务的核算

银行本票业务流程如图 5-6:

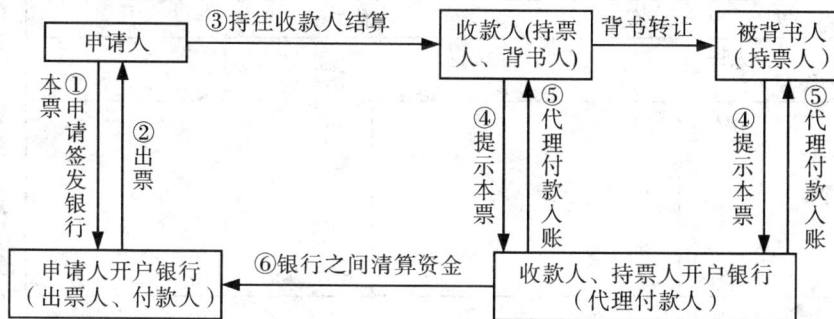

图 5-6　银行本票处理流程图

1.银行本票出票的处理

申请人需要使用银行本票,应向银行填写"银行本票申请书"。申请书一式三联,第一联存根,第二联借方凭证,第三联贷方凭证。

银行受理申请人提交的第二、三联申请书时,应认真审查其填写的内容是否齐全、清晰,审查无误后,才能受理其签发银行本票的申请。

(1)转账办理本票的,银行以第二联申请书作借方凭证,第三联作贷方凭证办理收取票款的处理,其会计分录为:

借:单位活期存款——申请人户

　　贷:本票

(2)交现金办理本票的,第三联申请书作贷方凭证,第二联作附件,其会计分录为:

借:现金

　　贷:本票

出票银行在办理转账或收妥现金以后,签发银行本票。不定额银行本票一式两联(见表 5-6),第一联卡片,第二联本票。填写的银行本票经复核无误后,在第二联上加盖本票专用章、授权的经办人员签名或盖章,并用总行统一制作的压数机在"人民币大写"栏右端压印小写金额后交给申请人。第一联卡片上加盖经办、复核名章后留存,专夹保管。同时编制表外科目付出传票,登记表外科目明细账,并登记"重要空白凭证登记簿"。

付出:重要空白凭证——本票

表 5-6

		××银行 **2** 地名 本票号码	

付款期限
贰个月

本 票

出票日期(大写) 年 月 日

收款人:		申请人:
凭票即付人民币 （大写）		
转账	现金	
备注:		

出票行签章

出纳　　复核　　经办

此联出票银行结清本票时作借方凭证

规格:8×17cm(专用水印纸蓝油墨)

2.银行本票付款的处理

(1)转账支付。代理付款行接到在本行开户的持票人直接交来的本票和三联进账单时,应认真审查:①本票是否是统一规定印制的凭证,本票是否真实,提示付款期限是否超过;②本票填明的持票人是否在本行开户,持票人名称是否为该持票人,与进账单上的名称是否相符;③出票行的签章是否符合规定,加盖的本票专用章是否与印模相符;④本票是否有统一制作的压数机压印金额,与大写的出票金额是否一致;⑤本票必须记载事项是否齐全,出票金额、出票日期、收款人名称是否更改,其他记载事项的更改是否由原记载人签章证明;⑥持票人是否在本票背面"持票人向银行提示付款签章"处签章,背书转让的本票是否按规定的范围转让,其背书是否连续,签章是否符合规定,背书使用粘单的是否按规定在粘接处签章。

审查无误后,银行办理付款手续。如果是本行签发的本票,抽出专夹保管的本票卡片核对后,以本票作借方凭证,本票卡片作借方凭证附件,第二联进账单作贷方凭证办理付款。进账单第一、三联分别盖章作受理回单和收账通知一并交给持票人。其会计分录为:

借:本票

　　贷:单位活期存款——持票人户

如果是他行签发的本票,以第二联进账单作贷方凭证办理付款。进账单第一、三联分别盖章作受理回单和收账通知一并交给持票人,本票加盖转讫章,通过票据交换向出票行提出交换。其会计分录为:

借:存放中央银行准备金

或　借:待清算辖内往来

　　　贷:单位活期存款——持票人户

(2)现金支付。出票行接到收款人交来的注明"现金"字样的本票时,抽出专夹保管的本票卡片,经核对相符,确属本行签发,同时还必须认真审查:①本票上填写的申请人和收款人是否均为个人;②收款人的身份证件,收款人在本票背面"持票人向银行提示付款签章"处是否签章和注明身份证件名称、号码及发证机关,并要求提交收款人身份证件复印件留存备查。审核无误后,以第二联本票作借方凭证,本票卡片作附件,办理付款手续。其会计分录为:

借:本票

　贷:现金

3.银行本票结清的处理

出票银行收到票据交换提入的本票时,抽出专夹保管的本票卡片,经核对相符后,以本票作借方凭证,本票卡片作附件办理结清。其会计分录为:

借:本票

　贷:存放中央银行准备金

或　　贷:待清算辖内往来

【例5-8】收到开户单位红光棉纺厂提交的进账单及本行签发的银行本票,金额110 000元,审查无误立即处理。

借:本票　　　　　　　　　　　　　　　　　110 000

　贷:单位活期存款——红光棉纺厂　　　　　　　　110 000

(三)银行本票退款、超过付款期限付款的处理

1.退款

申请人因本票超过提示付款期限或者其他原因要求出票行退款时,应填制一式三联进账单连同本票交给出票行,并按照支付结算办法的规定提交证明或身份证件。出票行经与原专夹保管的本票卡片核对无误,即在本票上注明"未用退回"字样,以第二联进账单作贷方凭证(如系退付现金,本联作借方凭证附件),本票作借方凭证,本票卡片作附件办理退款。其会计分录为:

借:本票

　贷:单位活期存款——申请人户

或　　贷:现金

进账单第一、三联分别盖章作受理回单和收账通知一并交给申请人。

2.超过提示付款期限付款

持票人超过提示付款期限不获付款的,在票据权利时效内向出票银行作出说明,并提供本人身份证件或单位证明,可持银行本票向出票银行请求付款。出票行经与原专夹保管的本票卡片核对无误,即在本票上注明"逾期付款"字样,办理付款手续。

(1)持票人在本行开户的,应填制三联进账单。第一、三联进账单分别盖章作受理回单和收账通知一并交给持票人,第二联进账单作贷方凭证,本票作借方凭证,本票卡片作借方凭证附件。其会计分录为:

　　借:本票
　　　贷:单位活期存款——持票人户

(2)持票人未在本行开户的,应填制三联进账单。第一联进账单盖章作受理回单交给持票人,第二、三联进账单按票据交换规定提出交换。本票作借方凭证,本票卡片作借方凭证附件。其会计分录为:

　　借:本票
　　　贷:存放中央银行准备金
或　　贷:待清算辖内往来

持票人开户行收到票据交换提入的进账单时,将进账单第三联盖章作收账通知交给持票人,第二联进账单作贷方凭证,其会计分录为:

　　借:存放中央银行准备金
或　借:待清算辖内往来
　　　贷:单位活期存款——持票人户

(3)持票人提交注明"现金"字样本票的,本票作借方凭证,本票卡片作附件。其会计分录为:

　　借:本票
　　　贷:现金

三、银行汇票业务的核算

(一)银行汇票的概念与基本规定

银行汇票是出票银行签发的,由其在见票时按照实际结算金额无条件支付给收款人或者持票人的票据。银行汇票的出票银行为银行汇票的付款人。银行汇票的代理付款人是代理本系统出票银行或跨系统签约银行审核支付汇票款项的银行。

银行汇票的基本规定如下:

1.单位和个人的各种款项结算,均可使用银行汇票。

2.银行汇票可以用于转账,填明"现金"字样的银行汇票也可以用于支取现金。

3.银行汇票的出票和付款,全国范围限于中国人民银行和各商业银行参加"全国联行往来"的银行机构办理。跨系统银行签发的转账银行汇票的付款,应通过同城票据交换将银行汇票和解讫通知提交给同城的有关银行审核支付后抵用。代理付款人不得受理未在本行开立存款账户的持票人为单位直接提交的银行汇票。

4.签发银行汇票必须记载下列事项:表明"银行汇票"的字样;无条件支付的承诺;出票金额;付款人名称;收款人名称;出票日期;出票人签章等。欠缺记载上列事项之一的,银行汇票无效。

5.申请人或收款人为单位的,银行不得为其签发现金银行汇票。申请人和收款人均为个人,需要使用银行汇票向代理付款人支取现金的,申请人须在"银行汇票申请书"上填明代理付款人名称,在"汇票金额"栏先填写"现金"字样,后填写汇票金额。

6.银行汇票的提示付款期限自出票日起1个月。银行汇票持票人向银行提示付款时,必须同时提交银行汇票和解讫通知,并在汇票背面签章。持票人超过付款期限提示付款的,代理付款人不予受理。

7.银行汇票一律记名,允许背书转让。银行汇票的背书转让以不超过出票金额的实际结算金额为准。未填写实际结算金额或实际结算金额超过出票金额的银行汇票不得背书转让。

8.持票人或申请人因银行汇票超过付款提示期限或其他原因要求退款时,应将银行汇票及解讫通知同时提交出票银行,并出具单位证明或本人身份证件,经审查无误方可办理。如缺少解讫通知要求退款的,出票银行应于银行汇票提示付款期满一个月后办理。

(二)银行汇票业务的核算

1.银行汇票出票的处理

申请人需要使用银行汇票,应向银行填写"银行汇票申请书"。申请书一式三联(见表5-7),第一联存根,第二联借方凭证,第三联贷方凭证。

银行汇票业务流程如图5-7:

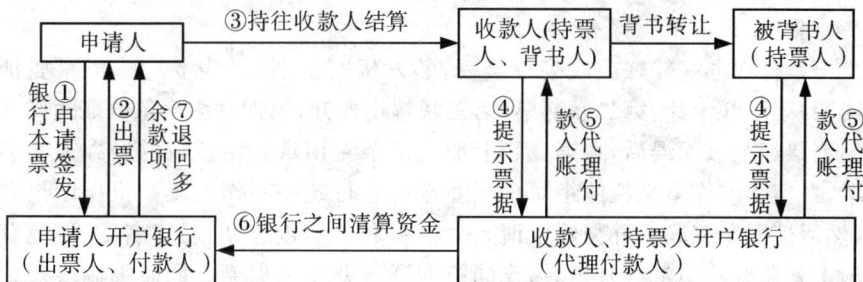

图5-7 银行汇票处理流程图

表 5-7

银行汇票申请书（借方凭证）　　2

申请日期　　年　　月　　日　　　　第　　号

<table>
<tr><td>申请人</td><td></td><td>收款人</td><td colspan="11"></td></tr>
<tr><td>账号或地址</td><td></td><td>账号或地址</td><td colspan="11"></td></tr>
<tr><td>用途</td><td></td><td>代理付款行</td><td colspan="11"></td></tr>
<tr><td rowspan="2">汇票金额</td><td colspan="2" rowspan="2">人民币
(大写)</td><td>亿</td><td>千</td><td>百</td><td>十</td><td>万</td><td>千</td><td>百</td><td>十</td><td>元</td><td>角</td><td>分</td></tr>
<tr><td></td><td></td><td></td><td></td><td></td><td></td><td></td><td></td><td></td><td></td><td></td></tr>
<tr><td colspan="2">上列款项请从我账户内支付。

申请人签章</td><td colspan="12">科目（借）________
对方科目（贷）________
转账日期　年　月　日
复核　　记账</td></tr>
</table>

此联由申请人开户银行作借方凭证

银行受理申请人提交的第二、三联申请书时，应认真审查其内容是否填写齐全、清晰，其签章是否为预留银行的签章；申请书填明“现金”字样的，申请人和收款人是否均为个人，并交存现金的。经审查无误后，才能受理其签发银行汇票的申请。

(1)转账办理汇票的，银行以第二联申请书作借方凭证，第三联作贷方凭证办理收取票款的处理，其会计分录为：

借：单位活期存款——申请人户

　贷：汇出汇款

(2)交现金办理汇票的，第三联申请书作贷方凭证，第二联作附件，其会计分录为：

借：现金

　贷：应解汇款——申请人

借：应解汇款——申请人

　贷：汇出汇款

出票行在办好转账或收妥现金后，签发银行汇票(见表 5-8)。汇票凭证一式四联，第一联卡片，第二联汇票，第三联解讫通知，第四联多余款收账通知。填写的汇票经复核无误后，在第二联上加盖汇票专用章并由授权的经办人签名或盖章，在实际结算金额栏的小写金额上端用总行统一制作的压数机压印出票金额，然后连同第三联一并交给申请人。第一联上加盖经办、复核名章，逐笔登记汇出汇款账并注明汇票号码后，连同第四联一并专夹保管。同时编制表外科目付出传票，登记表外科目明细账，并登记“重要空白凭证登记簿”。

付出：重要空白凭证——银行汇票

【例5-9】开户单位市第二化工厂提交"银行汇票申请书"一式三联,申办银行汇票 600 000 元持往沈阳购货。经审查无误后银行办理转账,为其签发银行汇票。

    借:单位活期存款——市第二化工厂　　　　　　　600 000

    　贷:汇出汇款　　　　　　　　　　　　　　　　　　　600 000

    付出:重要空白凭证——银行汇票　　　　　　　　　　　　　1

表 5-8

××银行

银行汇票　**2**

付款期限 壹个月					地名　　汇票号码	
出票日期　　　　年　　月　　日 （大写）			代理付款行：　　　　　行号：			
收款人：		账号：				
出票金额　人民币 （大写）						

实际结算金额　人民币 （大写）	千	百	十	万	千	百	十	元	角	分

申请人：_____	账号：_____	
出票行：____　行号：____	备注：	
凭票付款		
出票行签章		

密押：

多余金额

千	百	十	万	千	百	十	元	角	分

复核　　记账

此联代理付款行付款后作联行往账借方凭证附件

规格:10×17.5cm(专用水印纸蓝油墨,出票金额栏加红水纹)

2.银行汇票付款的处理

代理付款行接到持票人直接交来的汇票、解讫通知和三联进账单,或收到通过票据交换提入的汇票和解讫通知,应认真审查有关内容:①汇票和解讫通知是否齐全,汇票号码和记载的内容是否一致;②汇票是否是统一规定印制的凭证,汇票是否真实,提示付款期限是否超过;③汇票填明的持票人是否在本行开户,持票人名称是否为该持票人,与进账单上的名称是否相符;④出票行的签章是否符合规定,加盖的汇票专用章是否与印模相符;⑤使用密押的,密押是否正确;压数机压印的金额是否由统一制作的压数机压印,与大写的出票金额是否一致;⑥汇票的实际结算金额大小写是否一致,是否在出票金额以内,与进账单所填金额是否一致,多余金额结计是否正确。如果全额进账,必须在汇票和解讫通知的实际结算金额栏内填入全部金额,多余金额栏填写"一0一";⑦汇票必须记载的事项是否齐全,出票金额、实际结算金额、出票日期、收款人名称是否更改,其他记载事项的更改是否由原记载人签章证明;⑧持票人是否在汇票背面"持票人向银行提示付款签章"处签章,背书转让的汇票是否按规定的范围转让,其背书是否连续,签章是否符合规定,背书使用粘单的是否按规定在粘接处签章;⑨持票人为个人的,必须查验身份证件,在汇票背面"持票人向银行提示付款签章"处是否有持票人的签章和注明身份证件名称、号码及发证机关,并要求提交持票人身份证件复印件留存备查。

经审核无误后,代理付款行分别情况办理付款。

(1)持票人为在本行开户的单位。银行以汇票作汇划借方凭证附件,第二联进账单作贷方凭证,办理转账,其会计分录为:

借:待清算辖内往来

　　贷:单位活期存款——持票人户

第一、三联进账单盖章分别作回单和收账通知交给持票人,解讫通知加盖转讫章随汇划借方报单寄给出票行。

【例5-10】开户单位红光棉纺厂送交银行汇票、解讫通知和三联进账单,汇票金额36 000元,实际结算金额32 000元,审核无误办理转账。

借:待清算辖内往来　　　　　　　　　　　　　　32 000

　　贷:单位活期存款——红光棉纺厂　　　　　　　　　　　32 000

(2)持票人为未在本行开户的个人。银行以持票人姓名开立"应解汇款"账户,并填明汇票号码以备查考,第二联进账单作贷方凭证,办理转账,其会计分录为:

借:待清算辖内往来

　　贷:应解汇款——持票人户

①原持票人需要一次或分次办理转账支付的,应由其填制支付凭证,并向银行交验本人的身份证件。其会计分录为:

借:应解汇款——持票人户

　　贷:存放中央银行准备金

或　　贷:待清算辖内往来

或　　贷:单位活期存款——××户

②原持票人需要支取现金的,代理付款行经审查汇票上填写的申请人和收款人确为个人并按规定填明"现金"字样,以及填写的代理付款行名称确为本行的,可办理现金支付手续;未填明"现金"字样,需要支取现金的,由代理付款行按照现金管理规定审查支付,另填制一联现金付出凭证。其会计分录为:

借:应解汇款——持票人户

　　贷:现金

【例5-11】收款人洪刚送交系统内某行签发的现金银行汇票一份,金额

8 000元,要求支取现金,经审核无误立即办理。

  借:待清算辖内往来   8 000

   贷:应解汇款——洪刚   8 000

  借:应解汇款——洪刚   8 000

   贷:现金   8 000

  (3)受理跨系统银行汇票的付款。银行接到在本行开户的持票人交来的跨系统银行签发的汇票和解讫通知及三联进账单时,应按上述有关规定认真审核,无误后,通过同城票据交换将汇票和解讫通知提交给同城有关的代理付款行审核支付后抵用。第一联进账单盖章作回单给持票人,第二、三联进账单专夹保管,填制有关凭证进行处理。其会计分录为:

  借:存放中央银行准备金

   贷:其他应付款——待提出票据及转汇户

  在交换抵用时间内未被退票,以第二联进账单作贷方凭证,办理转账,第三联进账单盖章作收账通知交给持票人。其会计分录为:

  借:其他应付款——待提出票据及转汇户

   贷:单位活期存款——持票人户

  3.银行汇票结清的处理

  出票行接到代理付款行传递来的汇划借方报单以及解讫通知时,抽出原专夹保管的汇票卡片,经核对确属本行出票,借方报单与实际结算金额相符,多余金额结计正确无误后,分别作如下处理:

  (1)汇票全额付款。在汇票卡片的实际结算金额栏填入全部金额(或加盖"全额解付"戳记),在多余款收账通知的多余金额栏填写"一0一",汇票卡片作借方凭证,解讫通知和多余款收账通知作借方凭证的附件,同时销记汇出汇款账。其会计分录为:

  借:汇出汇款

   贷:待清算辖内往来

  (2)汇票有多余款的。若申请人在本行开户,应在汇票卡片和多余款收账通知上填写实际结算金额,汇票卡片作借方凭证,解讫通知作多余款贷方凭证,其会计分录为:

  借:汇出汇款

   贷:待清算辖内往来

    单位活期存款——申请人户

  同时销记汇出汇款账,在多余款收账通知多余金额栏填写多余金额,加盖转讫章,通知收款人。

若申请人未在本行开户,多余金额应先转入"其他应付款"科目,以解讫通知代其他应付款科目贷方凭证,其会计分录为:

借:汇出汇款

　贷:待清算辖内往来

　　其他应付款——申请人户

同时销记汇出汇款账,并通知申请人持申请书存根及本人身份证件来行办理领取手续。领取时,以多余款收账通知代其他应付款科目借方凭证,其会计分录为:

借:其他应付款——申请人户

　贷:现金

【例 5-12】 收到系统内某行寄来的汇划借方报单及银行汇票解讫通知,汇票金额 600 000 元,实际结算金额 562 000 元,经核对系本行签发本行开户单位市第二化工厂申请的银行汇票,立即处理。

借:汇出汇款　　　　　　　　　　　　　　　　　　　600 000

　贷:待清算辖内往来　　　　　　　　　　　　　　　　　562 000

　　单位活期存款——市第二化工厂　　　　　　　　　　　 38 000

(三)银行汇票退款、超过付款期限付款的处理

1. 退款

申请人由于汇票超过付款期限或者其他原因要求退款时,应交回汇票和解讫通知,并按照支付结算办法的规定提交证明或身份证件。出票行经与原专夹保管的汇票卡片核对无误,即在汇票和解讫通知的实际结算金额大写栏填写"未用退回"字样,汇票卡片作借方凭证,汇票作附件,解讫通知作贷方凭证(如系退付现金,即作为借方凭证的附件)办理转账。其会计分录为:

借:汇出汇款

　贷:单位活期存款——申请人户

或　贷:现金

同时销记汇出汇款账。多余款收账通知的多余金额栏填入原出票金额并加盖转讫章作收账通知,交给申请人。

申请人由于短缺解讫通知要求退款的,应当备函向出票行说明短缺原因,并交回持有的汇票,出票行于提示付款期限满一个月后比照退款手续办理退款。

2. 超过付款期限付款

持票人超过付款期限不获付款的,在票据权利时效内请求付款时,应当向出票行说明原因,并提交汇票和解讫通知。持票人为个人的,还应交验本人身份证

件。出票行经与原专夹保管的汇票卡片核对无误,多余金额结计正确无误,即在汇票和解讫通知的备注栏填写"逾期付款"字样,办理付款手续,并一律通过"应解汇款"科目核算,分别情况作如下处理:

(1)汇票全额付款,应在汇票卡片的实际结算金额栏填入全部金额,在多余款收账通知的多余金额栏填写"—0—",汇票卡片作借方凭证,解讫通知作贷方凭证,多余款收账通知作贷方凭证附件。其会计分录为:

借:汇出汇款

　　贷:应解汇款——持票人户

同时销记汇出汇款账,由持票人填写信(电)汇凭证或银行汇票申请书并签章,将款项划转持票人开户行或重新签发银行汇票。其会计分录为:

借:应解汇款——持票人户

　　贷:待清算辖内往来

或　　贷:汇出汇款

(2)汇票有多余款的,应在汇票卡片和多余款收账通知上填写实际结算金额,汇票卡片作借方凭证,解讫通知作多余款贷方凭证,另填制一联特种转账贷方传票。其会计分录为:

借:汇出汇款

　　贷:应解汇款——持票人户

　　　　单位活期存款——申请人户

同时销记汇出汇款账。多余款收账通知多余金额栏填写多余金额,加盖转讫章,通知申请人。向持票人办理付款的其余手续比照上述汇票全额付款的处理。

(3)持票人提交填明"现金"字样的银行汇票时,除汇票有多余款的,应将多余金额转入"其他应付款"科目申请人户,及时通知申请人来行办理取款手续外,其余比照上述手续处理,并按照汇兑结算方式和银行汇票的规定在信(电)汇凭证或银行汇票上填明"现金"字样。

四、商业汇票业务的核算

(一)商业汇票的概念与基本规定

商业汇票是出票人签发的,委托付款人在指定日期无条件支付确定的金额给收款人或者持票人的票据。商业汇票的付款人为承兑人。根据承兑人的不同,商业汇票分为商业承兑汇票和银行承兑汇票。商业承兑汇票是由银行以外的付款人承兑,银行承兑汇票是由银行承兑。

商业汇票的基本规定如下:

1.在银行开立存款账户的法人以及其他组织之间,必须具有真实的交易关系或债权债务关系,才能使用商业汇票。

2.商业承兑汇票的出票人,为在银行开立存款账户的法人以及其他组织,与付款人具有真实的委托付款关系,且有支付汇票金额的可靠资金来源。

3.银行承兑汇票的出票人,为在承兑银行开立存款账户的法人以及其他组织,与承兑银行具有真实的委托付款关系,资信状况良好,具有支付汇票金额的可靠资金来源。

4.签发商业汇票必须记载下列事项:表明"商业承兑汇票"或"银行承兑汇票"的字样;无条件支付的委托;确定的金额;付款人名称;收款人名称;出票日期;出票人签章等。欠缺记载上列事项之一的,商业汇票无效。

5.商业承兑汇票可以由付款人签发并承兑,也可以由收款人签发交由付款人承兑。银行承兑汇票应由在承兑银行开立存款账户的存款人签发并交由承兑银行承兑。银行承兑汇票的承兑银行,应按票面金额向出票人收取万分之五的手续费。

6.商业汇票的付款期限,最长不得超过 6 个月。商业汇票的提示付款期限,自汇票到期日起 10 日。

7.银行承兑汇票的出票人应于汇票到期前将票款足额交存其开户银行,未能足额交存票款时,承兑银行除在汇票到期日或到期日后的见票当日支付票款外,对出票人尚未支付的汇票金额按照每天万分之五计收利息。

8.商业汇票允许背书转让。符合条件的商业汇票的持票人可持未到期的商业汇票连同贴现凭证向银行申请贴现。贴现银行可持未到期的商业汇票向其他银行转贴现,也可向中国人民银行申请再贴现。

(二)商业承兑汇票业务的核算

商业承兑汇票业务流程如图 5-8:

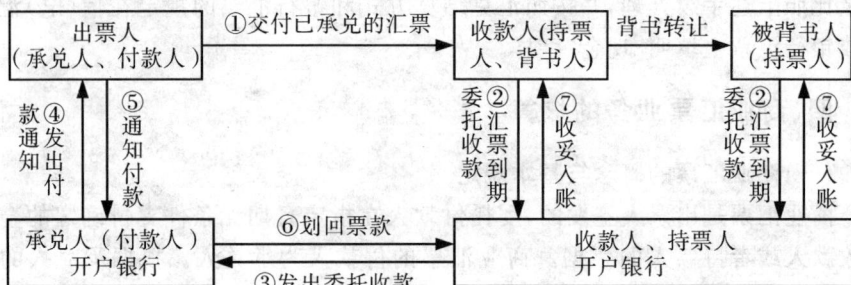

图 5-8　商业承兑汇票处理流程图

1.持票人开户行受理汇票的处理

商业承兑汇票一式三联(见表 5-9),第一联卡片,由承兑人留存;第二联汇票,由持票人持有;第三联存根,由出票人留存。持票人凭商业承兑汇票第二联委托开户行收款时,应填制一式五联托收凭证,并在"托收凭据名称"栏注明"商业承兑汇票"及其汇票号码,连同汇票一并送交开户行。银行应认真审查:①汇票是否是统一规定印制的凭证,提示付款期限是否超过;②汇票上填明的持票人是否在本行开户;③出票人、承兑人的签章是否符合规定;④汇票必须记载的事项是否齐全,出票金额、出票日期、收款人名称是否更改,其他记载事项的更改是否由原记载人签章证明;⑤是否作成委托收款背书,背书转让的汇票其背书是否连续,签章是否符合规定,背书使用粘单的是否按规定在粘接处签章;⑥托收凭证的记载事项是否与汇票记载的事项相符。

银行经审查无误后,在托收凭证各联上加盖"商业承兑汇票"戳记,其余手续按照发出委托收款凭证的手续处理。即将第一联托收凭证加盖业务公章作回单给持票人;第二联凭证登记"发出托收凭证登记簿"后专夹保管;第三联凭证加盖结算专用章,连同第四、五联及商业承兑汇票,一并寄交付款人开户行。

表 5-9

商业承兑汇票　2

出票日期　　年　月　日
(大写)　　　　　　　　　　汇票号码

付款人	全称		收款人	全称	
	账号			账号	
	开户银行			开户银行	
出票金额	人民币(大写)			亿 千 百 十 万 千 百 十 元 角 分	
汇票到期日(大写)			付款人开户行	行号	
				地址	
交易合同号码			本汇票请予以承兑于到期日付款。		
本汇票已经承兑,到期无条件支付票款。 承兑人签章 承兑日期　年　月　日			出票人签章		

寄付款人开户行随托收凭证附件　此联持票人开户行作借方凭证附件

规格:10×17.5cm(专用水印纸蓝油墨,出票金额栏加红水纹)

2.付款人开户行收到汇票的处理

付款人开户行接到持票人开户行寄来的托收凭证及商业承兑汇票时,应按照上述的有关内容认真审查,审查无误且付款人确在本行开户,在凭证上填注收到日期,将第五联托收凭证交给付款人并签收,根据托收凭证第三、四联登记"收到托收凭证登记簿"后,与汇票一起专夹保管。

付款人开户行接到付款人的付款通知或在付款人接到开户行的付款通知的次日起3日内仍未接到付款人的付款通知的,应按照支付结算办法规定的划款日期和以下情况分别处理。

(1)付款人的银行账户有足够票款支付的。银行以第三联托收凭证作借方凭证,汇票加盖转讫章作附件,销记"收到托收凭证登记簿",第四联托收凭证加盖业务公章随汇划报单寄持票人开户行。其会计分录为:

　　借:单位活期存款——付款人户
　　　贷:待清算辖内往来

(2)付款人的银行账户不足支付的。银行应填制三联的"付款人未付票款通知书",在托收凭证备注栏及"收到托收凭证登记簿"注明"付款人无款支付"字样,将第一联通知书和第三联托收凭证留存备查,将第二、三联通知书、第四联托收凭证连同汇票一并寄收款人开户行。同时填制两联特种转账借方传票和一联特种转账贷方传票,按规定票面金额的5%不低于1 000元向付款人收取罚款。其会计分录为:

　　借:单位活期存款——付款人户
　　　贷:营业外收入——罚款罚没收入

(3)付款人拒付的。银行在付款人接到通知日的次日起3日内收到付款人的拒绝付款证明时,按委托收款拒付的手续处理。

3.持票人开户行收到划回票款或退回凭证的处理

(1)划回票款的。持票人开户行接到付款人开户行寄来的第四联托收凭证和汇划报单,应抽出专夹保管的第二联托收凭证进行核对,无误后注明转账日期,作贷方凭证办理转账。其会计分录为:

　　借:待清算辖内往来
　　　贷:单位活期存款——持票人户

销记"收到托收凭证登记簿",将第四联托收凭证加盖转讫章作收款通知交给持票人。

(2)退回凭证的。持票人开户行接到付款人开户行发来的"付款人未付票款通知书"或付款人的拒绝付款证明和汇票以及托收凭证,抽出专夹保管的第二联托收凭证进行核对,无误后,在凭证备注栏和"发出委托收款凭证登记簿"上作相应记载后,将托收凭证、未付票款通知书或拒绝付款证明及汇票退给持票人,并由持票人签收。

【例5-13】收到系统内某支行寄来的托收凭证及一份商业承兑汇票。该商业承兑汇票承兑人为本行开户单位开关厂,金额870 000元,承付期满开关厂存款账户足以支付,办理付款。

借:单位活期存款——开关厂　　　　　　　　　　　　　870 000

贷:待清算辖内往来　　　　　　　　　　　　　　　　　　　　870 000

(三)银行承兑汇票业务的核算

银行承兑汇票业务流程如图5-9:

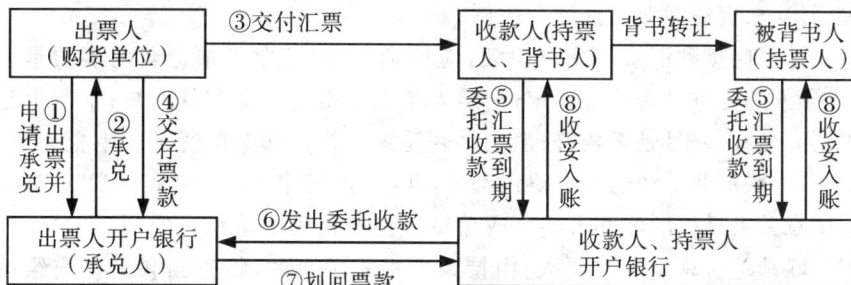

图5-9　银行承兑汇票处理流程图

银行承兑汇票一式三联(见表5-10),第一联卡片,由承兑银行留存备查,到期支付票款时作借方凭证附件;第二联汇票,由持票人持有,到期时委托开户行办理收款;第三联存根,由出票人留存。

表5-10

银行承兑汇票　　2

出票日期		年　月　日												
(大写)						汇票号码								
出票人全称		收款人	全称											
出票人账号			账号											
付款行全称			开户银行											
出票金额	人民币(大写)			亿	千	百	十	万	千	百	十	元	角	分
汇票到期日(大写)		付款行	行号											
承兑协议编号			地址											
本汇票请你行承兑,到期无条件付款。		本汇票已经承兑到期日由本行付款。												
		承兑行签章承兑日期　年　月　日												
出票人签章		备注:						复核　记账						

规格:10×17.5cm(专用水印纸蓝油墨,出票金额栏加红水纹)

1.承兑银行办理汇票承兑的处理

出票人或持票人持银行承兑汇票向汇票上记载的付款银行申请承兑时,承兑银行的信贷部门按照支付结算办法和有关规定审查同意后,即可与出票人签署银行承兑协议,协议一式三联,一联留存,另一联及其副本和第一、二联汇票一并交本行会计部门。同时银行为降低承兑风险,应根据客户的信用等级和信贷管理规定,核定应缴业务保证金比例。

会计部门接到汇票和承兑协议,应认真审查:汇票必须记载的事项是否齐全;出票人的签章是否符合规定;出票人是否在本行开立存款账户;汇票上记载的出票人名称、账号是否相符;汇票是否是统一规定印制的凭证。审核无误后,在第一、二联汇票上注明承兑协议编号,并在第二联汇票"承兑人签章"处加盖汇票专用章并由授权的经办人签名或盖章。由出票人申请承兑的,将第二联汇票连同一联承兑协议交给出票人;由持票人提示承兑的,将第二联汇票交给持票人,一联承兑协议交给出票人。同时,按承兑金额的万分之五向承兑申请人收取承兑手续费。其会计分录为:

借:单位活期存款——申请人户

　　贷:中间业务收入

承兑银行根据第一联汇票卡片,填制银行承兑汇票表外科目收入凭证,登记表外科目登记簿,并将第一联汇票卡片和承兑协议副本专夹保管。对银行承兑汇票登记簿的余额要经常与保存的第一联汇票卡片进行核对,以保证金额相符。

收入:银行承兑汇票

申请人向银行交存保证金时,应提交转账支票和进账单,银行据以办理转账手续。其会计分录为:

借:单位活期存款——申请人户

　　贷:保证金存款——申请人户

【例5-14】开户单位华丰贸易公司签发一份金额为 800 000 元的商业汇票,来行申请承兑。经审查同意承兑并签订承兑协议,办理收取手续费和30％保证金的手续。

$$手续费＝800\,000×0.5‰＝400(元)$$
$$保证金＝800\,000×30％＝240\,000(元)$$

借:单位活期存款——华丰贸易公司	240 400	
贷:中间业务收入		400
保证金存款——华丰贸易公司		240 000
收入:银行承兑汇票		800 000

2.承兑银行对汇票到期收取票款的处理

承兑银行应每天查看汇票的到期情况,对到期的汇票,应于到期日(法定休假日顺延)向承兑申请人收取票款。原收取的保证金,填制一借二贷特种转账传票划回承兑申请人账户。其会计分录为:

借:保证金存款——申请人户

贷:单位活期存款——申请人户

(1)承兑申请人账户足额支付票款时,填制二联特种转账借方传票和一联特种转账贷方传票,并在"转账原因"栏注明"根据××号汇票划转票款"。其会计分录为:

借:单位活期存款——申请人户

贷:应解汇款——申请人户

一联特种转账借方传票加盖转讫章作支款通知交给申请人。

(2)承兑申请人账户无款或不足支付票款时,应转入该申请人的逾期贷款户,每日按万分之五计收利息。

账户无款支付的,银行应填制二联特种转账借方传票和一联特种转账贷方传票,在"转账原因"栏注明"××号汇票无款支付转入逾期贷款户",一联特种转账借方传票加盖业务公章作逾期贷款回单交给申请人。其会计分录为:

借:逾期贷款——申请人逾期贷款户

贷:应解汇款——申请人户

账户不足支付的,除按上述有关手续处理外,加填二联特种转账借方传票,在"转账原因"栏注明"××号汇票划转部分票款",一联特种转账借方传票加盖转讫章作支付部分票款通知交给申请人。其会计分录为:

借:单位活期存款——申请人户

逾期贷款——申请人逾期贷款户

贷:应解汇款——申请人户

【例5-15】经查看,本日有一笔银行承兑汇票350 000元到期,申请人为开户单位华丰贸易公司,该单位存款账户只能支付320 000元,按协议规定收取票款。

借:单位活期存款——华丰贸易公司　　　　　320 000

逾期贷款——华丰贸易公司　　　　　　30 000

贷:应解汇款——华丰贸易公司　　　　　　　　350 000

3.持票人开户行受理汇票的处理

持票人凭汇票委托开户行向承兑银行收取票款时,应填制"托收凭证",在"托收凭据名称"栏注明"银行承兑汇票"字样及其汇票号码,连同汇票一并送交开户行。银行应审查以下内容:①汇票是否是统一规定印制的凭证,提示付款期限是否超过;②汇票上填明的持票人是否在本行开户;③出票人、承兑人的签章是否符合规定;④汇票必须记载的事项是否齐全,出票金额、出票日期、收款人名称是否更改,其他记载事项的更改是否由原记载人签章证明;⑤是否作成委托收款背书,背书转让的汇票其背书是否连续,签章是否符合规定,背书使用粘单的是否按规定在粘接处签章;⑥托收凭证的记载事项是否与汇票记载的事项相符。

审查无误后,在托收凭证各联上加盖"银行承兑汇票"戳记,按照发出托收凭证的手续办理委托收款。

4.承兑银行支付汇票款项的处理

承兑银行接到持票人开户行寄来的托收凭证及汇票,抽出专夹保管的汇票卡片和承兑协议副本,并认真审查:①该汇票是否为本行承兑,与汇票卡片的号码和记载事项是否相符;②是否作成委托收款背书,背书转让的汇票其背书是否连续,签章是否符合规定,背书使用粘单的是否按规定在粘接处签章;③托收凭证的记载事项是否与汇票记载的事项相符。

经审查无误,应于汇票到期日或到期日之后的见票当日,按照委托收款付款的手续处理。其会计分录为:

借:应解汇款——申请人户

　　贷:待清算辖内往来或有关科目

另填制银行承兑汇票表外科目付出传票,销记表外科目登记簿。

付出:银行承兑汇票

【例5-16】收到河北系统内某行寄来的托收凭证及银行承兑汇票,金额416 000元,系开户单位华联商店申请的银行承兑汇票已到期,银行审查无误后办理付款手续。

借:应解汇款——华联商店　　　　　　　416 000

　　贷:待清算辖内往来　　　　　　　　　　　416 000

付出:银行承兑汇票　　　　　　　　　　416 000

5.持票人开户行收到汇票款项的处理

持票人开户行接到承兑银行寄来的托收凭证和汇划报单,按照委托收款的款项划回手续处理。其会计分录为:

借:待清算辖内往来或有关科目

　　贷:单位活期存款——持票人户

第四节　银行卡业务简介

一、银行卡的概念和基本规定

(一)银行卡的概念

根据中国人民银行颁布的《银行卡业务管理办法》的规定:银行卡是指由商业银行(含邮政金融机构)向社会发行的具有消费信用、转账结算、存取现金等全部或部分功能的信用支付工具。

(二)银行卡的分类

1.按信用透支功能不同,银行卡分为信用卡和借记卡

信用卡是指商业银行向个人和单位发行的,凭以向特约单位购物、消费和向银行存取现金,且具有消费信用的特制载体卡片。信用卡是银行卡中出现最早、同时也是最重要的一个分类。借记卡是指先存款后消费或取现的银行卡,因此借记卡不具备透支功能。

(1)信用卡按是否向发卡银行交存备用金分为贷记卡、准贷记卡两类。

贷记卡是指发卡银行给予持卡人一定的信用额度,持卡人可在信用额度内先消费、后还款的信用卡。卡内存款余额不计息,透支消费有一定免息期,超过免息期透支利息按月计复利,还涉及滞纳金等。

准贷记卡是指持卡人须先按发卡银行要求交存一定金额的备用金,当备用金账户余额不足支付时,可在发卡银行规定的信用额度内透支的信用卡。卡内存款余额按活期利率计息,透支消费没有免息期,透支利息从透支日起按日利率万分之五计收,以单利计算。

(2)借记卡按功能不同分为转账卡(含储蓄卡)、专用卡、储值卡。

转账卡是指实时扣账的借记卡,具有转账结算、存取现金和消费功能。

专用卡是指具有专门用途、在特定区域使用的借记卡,具有转账结算、存取现金功能。专门用途是指在百货、餐饮、饭店、娱乐行业以外的用途。

储值卡是发卡银行根据持卡人要求将其资金转至卡内储存,交易时直接从卡内扣款的预付钱包式借记卡。储值卡基本上是由非金融机构发行、具有电子钱包性质的多用途卡种,不记名,不挂失,适应小额支付领域,如公共交通、超市购物、加油站、餐饮连锁店的收费等。

2.银行卡的其他分类

按币种不同分为人民币卡、外币卡和多币种卡。人民币卡是指持卡人与发卡银行以人民币作为清算货币的银行卡;外币卡是指持卡人与发卡银行以除人民币以外的货币作为清算货币的银行卡,如美元卡、港币卡等;多币种卡是除人民币外又同时包含发卡机构所在当地法定货币或另外一种外币的银联卡。

按使用对象不同分为单位卡和个人卡。单位卡是由发卡银行向企事业、机关团体、部队院校等单位发行的银行卡,其使用对象为单位指定的人士;个人卡是由发卡银行向具有完全民事行为能力的公民发行的银行卡。

按持卡人的从属关系不同分为主卡和附属卡。个人卡的主卡持卡人可为其家人或朋友申领附属卡,申领的附属卡最多不得超过两张。

按信誉等级不同分为金卡和普通卡;按信息载体不同分为磁条卡和芯片卡(IC 卡)。

(三)银行卡的基本规定

1.商业银行未经中国人民银行批准不得发行银行卡

2.银行卡账户管理的规定

银行卡及其账户只限经发卡银行批准的持卡人本人使用,不得出租和转借。

(1)个人卡

个人申领银行卡(储值卡除外),可以向发卡银行提供公安部门规定的本人有效身份证件,经发卡银行审查合格后,为其开立记名账户。

个人卡账户的资金以其持有的现金存入或以其工资性款项、属于个人的合法劳务报酬、投资回报等收入转账存入;销户时,个人卡账户可以转账结清,也可以提取现金。严禁将单位的款项存入个人卡账户。

(2)单位卡

凡在中国境内金融机构开立基本存款账户的单位,可以凭中国人民银行核发的开户许可证申领单位卡。

单位卡账户的资金一律从其基本存款账户转账存入,不得将销货收入存入其账户;销户时,单位卡账户的资金应当转入其基本存款账户,不得存取现金。

3.银行卡交易管理的规定

(1)单位卡一律不得支取现金,可以办理商品交易和劳务供应款项的结算,但金额不得超过 10 万元。

(2)发卡银行对贷记卡的取现应当每笔授权,每卡每日累计取现不得超过2 000元人民币。发卡银行应当对持卡人在自动柜员机(ATM 机)取款设定交易上限,目前每卡每日累计提款不得超过 20 000 元人民币。

(3)发卡银行依据密码等电子信息为持卡人办理的存取款、转账结算等各类交易所产生的电子信息记录,均为该项交易的有效凭据。发卡银行可凭交易明细记录或清单作为记账凭证。银行卡通过联网的各类终端交易的原始单据至少保留二年备查。

(4)发卡银行应当遵守下列信用卡业务风险控制指标:①同一持卡人单笔透支发生额个人卡不得超过 2 万元(含等值外币),单位卡不得超过 5 万元(含等值外币)。②同一账户月透支余额个人卡不得超过 5 万元(含等值外币),单位卡不得超过发卡银行对该单位综合授信额度的 3%。无综合授信额度可参照的单位,其月透支余额不得超过 10 万元(合等值外币)。③外币卡的透支额度不得超过持卡人保证金(含储蓄存单质押金额)的 80%。④从 1999 年 3 月 1 日起新发生的 180 天(含 180 天)以上的月均透支余额不得超过月均总透支余额的 15%。⑤准贷记卡的透支期限最长为 60 天,贷记卡的首月最低还款额不得低于其当月透支余额的 10%。

4.银行卡计息和收费标准的规定

(1)发卡银行对准贷记卡及借记卡(不含储值卡)内的存款,按照中国人民银行规定的同期同档次存款利率及计息办法计付利息,对贷记卡和储值卡内的存款不支付利息。

(2)贷记卡持卡人非现金交易享受如下优惠条件:①免息还款期待遇。银行记账日至发卡银行规定的到期还款日之间为免息还款期。免息还款期最长为 60 天。持卡人在到期还款日前偿还所使用全部银行款项,即可享受免息还款期待遇,无须支付非现金交易的透支利息。②最低还款额待遇。持卡人在到期还款日前偿还所使用全部银行款项有困难的,可按照发卡银行规定的最低还款额还款。

(3)贷记卡持卡人选择最低还款额方式或超过发卡银行批准的信用额度用卡时,不再享受免息还款期待遇,应当支付未偿还部分自银行记账日起 5% 的滞纳金和超限费。

贷记卡持卡人支取现金、准贷记卡透支,不享受免息还款期和最低还款额待遇,应当支付现金交易额或透支额自银行记账日起,按日利率万分之五支付透支利息。

(4)商业银行办理银行卡收单业务应当按下列标准向商户收取结算手续费:①宾馆、餐饮、娱乐、旅游等行业不得低于交易金额的 2%;②其他行业不得低于交易金额的 1%。

(5)跨行交易执行下列分润比例:①未建信息交换中心的城市,从商户所得结算手续费,按发卡行 90%,收单行 10% 的比例进行分配;商业银行也可以通过协商,实行机具分摊、相互代理、互不收费的方式进行跨行交易。②已建信息交换中心的城市,从商户所得结算手续费,按发卡行 80%,收单行 10%,信息交换中心 10％的比例进行分配。

（6）持卡人在 ATM 机跨行取款的费用由其本人承担，并执行如下收费标准：①持卡人在其领卡城市之内取款，每笔收费不得超过 2 元人民币；②持卡人在其领卡城市以外取款，每笔收费不得低于 8 元人民币。

从 ATM 机跨行取款所得的手续费，按机具所有行 70％，信息交换中心 30％的比例进行分配。

（7）商业银行代理境外银行卡收单业务应当向商户收取结算手续费，其手续费标准不得低于交易金额的 4％。境内银行与境外机构签订信用卡代理收单协议，其分润比率按境内银行与境外机构分别占商户所交手续费的 37.5％和 62.5％执行。

二、银行卡主要业务的核算

由于银行卡的种类多种多样，具体的处理程序和要求有所不同，这里介绍信用卡的发卡、付款及销户的会计核算手续。

（一）信用卡发卡的核算

1.单位卡

单位申请使用信用卡，应按规定向发卡银行填写申请表。发卡银行审查同意，按规定向其收取备用金和手续费后，申请人方可办理领卡手续。申请人从其基本存款账户交存备用金，分别两种情况处理：

（1）申请人在发卡银行开户的。申请人应提交其签发的转账支票和三联进账单，发卡银行审查无误后，以支票作借方凭证，第二联进账单作贷方凭证，并另填制一联特种转账贷方传票作收取手续费的贷方凭证，办理转账并发卡，进账单第一、三联盖章作回单和收账通知，连同信用卡交申请人。其会计分录为：

借：单位活期存款——申请人基本存款户

　　贷：单位活期存款——申请人信用卡户

　　　　中间业务收入——××手续费户

（2）申请人不在发卡银行开户的。发卡银行接到申请人签发的转账支票和三联进账单，经审查无误后，将第一联进账单加盖转讫章交给持票人，第二、三联进账单上按票据交换场次加盖"收妥后入账"的戳记留存，转账支票按照票据交换的规定及时提出交换。根据转账结算必须先付后收的原则，编制转账贷方传票将票据交换取得的款项暂时记入其他应付款账户，其会计分录为：

借：存放中央银行准备金

或　借：待清算辖内往来

　　贷：其他应付款——申请人户

俟票据交换退票时间过后,没有收到退票,编制一张转账借方传票作借方凭证,第二联进账单作贷方凭证,并另填制一联特种转账贷方传票作收取手续费的贷方凭证,办理转账。其会计分录为:

借:其他应付款——申请人户

　贷:单位活期存款——申请人信用卡户

　　　中间业务收入——××手续费户

同时及时通知申请人前来办理领卡手续。申请人来领卡时,第三联进账单加盖转讫章作收账通知一并交给。

2.个人卡

个人申请使用信用卡,也应按规定向发卡银行填写申请表并提交个人有效身份证件。发卡银行审查同意,按规定向其收取备用金和手续费后,申请人方可办理领卡手续。交存备用金时分别两种情况处理:

(1)申请人交存现金的。申请人填写存款凭条连同现金交给银行,银行收妥审核无误后,另填制一联特种转账贷方传票作收取手续费的贷方凭证,发给其信用卡。其会计分录为:

借:现金

　贷:活期储蓄存款——申请人信用卡户

　　　中间业务收入——××手续费户

(2)申请人转账存入的。银行应按照支付结算办法有关个人卡账户资金来源的规定认真审查后,比照单位卡的发卡手续处理。

发卡银行在办理信用卡发卡手续时,都应登记信用卡账户开销户登记簿和发卡清单,并在发卡清单上记载领卡人身份证件号码,并由领卡人签收。

(二)信用卡消费的核算

持卡人凭信用卡在特约单位消费时,需在签购单上签字确认。特约单位办理信用卡进账时,应根据签购单按发卡银行分别填制汇计单,并填制三联进账单连同签购单一并提交开户行。签购单一式四联,第一联回单,第二联借方凭证,第三联贷方凭证,第四联存根。汇计单一式三联,第一联交费收据,第二联贷方凭证附件,第三联存根。

1.特约单位开户行的处理

特约单位开户行收到特约单位送来的三联进账单和三联汇计单及第二、三联签购单时,应认真审查:①签购单及其压印的内容是否为本行可受理的信用卡;②签购单上有无持卡人签名、身份证件号码、特约单位名称和编号;③签购单的小写金额是否与大写金额相符;④签购单上压印的信用卡有效期限是否在有效期内;⑤超过规定交易限额的,有无授权号码;⑥汇计单和签购单的内容是否

一致,汇计单、签购单和进账单的结计金额是否正确;⑦手续费计算是否正确。审核无误后,分别不同情况处理:

(1)特约单位与持卡人在同一行处开户的,直接办理转账。

银行将第一、三联进账单和第一联汇计单盖章退交特约单位,以第二联签购单作借方凭证,以第二联进账单作贷方凭证,第三联签购单作其附件,另外填制一联特种转账贷方传票作收取手续费的贷方凭证,汇计单第二联作附件,直接办理转账。汇计单第三联,签购单第四联留存。其会计分录为:

借:单位活期存款——××单位信用卡户

或 借:活期储蓄存款——××个人信用卡户

贷:单位活期存款——特约单位户

中间业务收入——××手续费户

(2)特约单位与持卡人在同一城市不同行处开户的和异地跨系统银行发行的信用卡,需待款项收妥后办理转账。

银行将第一、三联进账单和第一联汇计单盖章退给特约单位;以第二联进账单作贷方凭证,第三联签购单作其附件,另外填制一联特种转账贷方传票作收取手续费的贷方凭证,汇计单第二联作附件;签购单第四联留存。将第二联签购单加盖业务公章,连同第三联汇计单向持卡人开户行或特约单位所在地的跨系统发卡银行通汇行提出票据交换,对跨系统银行发行的信用卡需待款项收妥后办理转账。其会计分录为:

借:存放中央银行准备金

或 借:待清算辖内往来

贷:单位活期存款——特约单位户

中间业务收入——××手续费户

(3)特约单位与持卡人在不同城市的系统内行处开户

银行将第一、三联进账单和第一联汇计单盖章退给特约单位,以第二联进账单作贷方凭证,第三联签购单作其附件,另填制一联特种转账贷方传票作收取手续费的贷方凭证,汇计单第二联作附件,签购单第四联留存。将第二联签购单加盖转讫章连同第三联汇计单随资金汇划借方报单寄持卡人开户行。其会计分录为:

借:待清算辖内往来

贷:单位活期存款——特约单位户

中间业务收入——××手续费户

2.持卡人开户行的处理

持卡人开户行收到同城交换或资金汇划寄来的第二联签购单和第三联汇计

单时,应认真审查:①签购单上压印、填注的是否为本行行号或本行交换号;②签购单和汇计单上的内容是否清晰、完整;③签购单上是否加盖业务公章或转讫章;④小写金额是否与大写金额相符;⑤超过规定交易限额的,有无授权号码。

审查无误后,第二联签购单作借方凭证,第三联汇计单留存。其会计分录为:

借:单位活期存款——××单位信用卡户

或 借:活期储蓄存款——××个人信用卡户

贷:存放中央银行准备金

或 贷:待清算辖内往来

持卡人开户行收到签购单,发现持卡人信用卡账户不足支付的,其不足支付部分纳入"其他短期贷款"科目核算。起息日自签单日或银行记账日起,本金或利息未还清又透支的,透支日期连续计算。透支利息按最后期限或最高透支额的最高利率档次计算。

(三)信用卡支取现金的核算

持卡人持信用卡支取现金时,应填写一式四联取现单,并提交身份证件。取现单第一联回单,第二联借方凭证,第三联贷方凭证附件,第四联存根。

银行应认真审查信用卡的真伪、有效期及是否为止付卡。审查无误后,在取现单上办理压(刷)卡,填写持卡人取现的金额、身份证件号码、代理行名称和代号等内容,交由持卡人签名,然后核对其签名与信用卡的签名是否一致,是否与身份证件的姓名相同。持卡人取现金额超过规定限额的,应办理索权手续,并将发卡银行所给的授权号码填入取现单。

1.在同一城市和对异地跨系统银行发行的信用卡支取现金的,代理行将第一联取现单加盖现金付讫章作回单连同信用卡交给持卡人;填制一联特种转账贷方传票,第三联取现单作附件;将第二联取现单加盖业务公章向持卡人开户行提出票据交换,第四联取现单留存备查。其会计分录为:

借:存放中央银行准备金

或 借:待清算辖内往来

贷:应解汇款——持卡人户

支付现金时另填制一联现金付出传票。其会计分录为:

借:应解汇款——持卡人户

贷:现金

2.在异地支取现金的,比照以上在同一城市支取现金的有关手续处理,并将第二联取现单加盖转讫章随汇划借方报单寄持卡人开户行,另填制一联特种转账贷方传票作收取手续费的贷方凭证。其会计分录为:

借:待清算辖内往来

　　贷:应解汇款——持卡人户

借:应解汇款——持卡人户

　　贷:现金

　　　　其他应付款——手续费户

(四)信用卡销卡的核算

持卡人不需要继续使用信用卡的,在还清透支本息后,可持信用卡主动到发卡银行办理销户。发卡银行在确认持卡人具备销户条件时,也可以通知持卡人来行办理销户手续。销户时,银行应当收回信用卡,单位卡账户余额转入其基本存款账户,不得提取现金;个人卡账户可以转账结清,也可以提取现金。发卡银行核对账务无误后,按以下情况分别处理:

1.单位卡销户

持卡人应向发卡银行提交授权单位的销户证明和基本存款账户开户许可证及单位卡,银行审查无误后,压制转账单,并按规定计付利息,由持卡人签名后,结清账户。转账单一式四联,第一联回单,第二联借方凭证,第三联贷方凭证,第四联收账通知或取现单。银行将第一联转账单加盖转讫章交给持卡人,第二联转账单作借方凭证,另填制利息清单作利息支出借方凭证,第三联转账单作贷方凭证,第四联转账单及一联利息清单加盖转讫章交给申请人。其会计分录为:

借:单位活期存款——申请人信用卡户

　　利息支出

　　贷:单位活期存款——申请人基本存款户

若申请人与持卡人不在同一银行开户的,应将第三、四联转账单通过辖内往来或同城票据交换划转申请人的基本存款户。

2.个人卡销户

个人持卡人应向发卡银行提交个人身份证件及信用卡,银行审查无误后,压制转账单,按规定计付利息,由持卡人签名后,结清账户。银行将第一联转账单加盖转讫章交给持卡人,第二联转账单作借方凭证,退付现金的第三联转账单作其附件,另填制利息清单作利息支出借方凭证,第四联转账单加盖现金付讫章或加盖转讫章连同一联利息清单交给持卡人。其会计分录为:

借:活期储蓄存款——申请人信用卡户

　　利息支出

　　贷:现金

或　　贷:活期储蓄存款——××户

【本章小结】

1. 支付结算是指单位、个人在社会经济活动中使用票据、银行卡和汇兑、托收承付、委托收款等结算方式进行货币给付及资金清算的行为。目前我国的支付结算种类主要有票据、银行卡和结算方式，简称为"三票、一卡、三方式"，具体包括：支票、银行本票、银行汇票、商业汇票、银行卡、汇兑、委托收款、托收承付等八种。支付结算按支付方式的不同又分为现金结算和转账结算两种形式，其中转账结算已成为现代社会经济中货币收付的主要形式。

2. 根据我国《支付结算办法》规定：单位、个人和银行在办理支付结算业务时，必须遵守的结算原则是：恪守信用，履约付款；谁的钱进谁的账，由谁支配；银行不垫款。

3. 单位和个人的各种款项结算，均可以使用支票、银行本票、银行汇票、银行卡以及汇兑、委托收款结算方式，而商业汇票和托收承付结算方式只适用于单位之间的款项结算；银行本票只适用于同城结算，托收承付只适用于异地结算，除此之外，其他支付结算种类在同城、异地均可使用。

【本章练习题】

（一）填空题

1. 目前我国的支付结算种类主要有票据、银行卡和结算方式，简称为"三票、一卡、三方式"，具体包括：_____、本票、_____、银行卡、_____、_____、托收承付等。

2. 支付结算按支付方式的不同又分为_____结算和_____结算两种形式。

3. 支付结算应遵守的结算原则有：_____；谁的钱进谁的账，由谁支配；_____。

4. 办理托收承付结算的款项，必须是_____的款项。代销、寄销、赊销商品的款项，不得办理托收承付结算。

5. 委托收款结算银行在办理划款时，付款人账户不足支付全部款项的，即按_____处理。

6. 托收承付结算方式，付款人承付货款的承付期分为两种：_____的承付期为3天，从付款人开户行发出承付通知的_____算起（承付期内遇法定休假日顺延）；_____的承付期为10天，从_____向付款人发出提货通知的次日算起。

7. 支票分为_____、_____和普通支票三种。普通支票可以用于支取现金，也可以用于转账。在普通支票左上角划两条平行线的，称为

_____，它只能用于转账，不能支取现金。

8. 出票人签发空头支票、签章与预留银行签章不符的支票、使用支付密码地区支付密码错误的支票，银行应予以_____，并按_____处以 5% 但不低于 1 000 元的罚款。

9. 商业汇票的付款期限为_____。商业汇票的提示付款期限为自汇票到期日起_____。

10. 单位和个人的各种款项结算，均可以使用的支付结算种类有：_____、_____、银行卡、_____、银行本票和_____。

（二）判断题

1. 对确实无法解付，而且超过两个月规定期限的汇款，银行可以转为"其他营业收入"。　　　　　　　　　　　　　　　　　　　　　　（　　）

2. 商业承兑汇票和银行承兑汇票均使用委托收款结算方式办理款项的结算。　　　　　　　　　　　　　　　　　　　　　　　　　　　　（　　）

3. 某单位一笔托收承付款项 8 月 10 日承付期满时付款人账户无款支付，该笔款项于 8 月 23 日上午营业时支付，则应计逾期天数为 13 天。（　　）

4. 汇兑业务中，收款人在汇入行需要转汇的，应重新办理汇款手续，其收款人与汇款用途必须是原汇款的收款人和用途。　　　　　　　　　（　　）

5. 在银行开立存款账户的法人以及其他组织之间，必须具有真实的交易关系或债权债务关系，才能使用商业汇票。　　　　　　　　　　　（　　）

6. 银行承兑汇票的出票人应于汇票到期前将票款足额交存其开户银行，未能足额交存票款时，承兑银行除在汇票到期日或到期日后的见票当日支付票款外，对出票人尚未支付的汇票金额按照每天万分之五计收利息。（　　）

7. 银行汇票的背书转让以不超过出票金额的实际结算金额为准。（　　）

8. 银行汇票按承兑人的不同，可分为商业承兑汇票和银行承兑汇票。（　　）

9. 所有的票据都可以见票即付。　　　　　　　　　　　　　　（　　）

10. 信用卡中单位卡和个人卡均可以支取现金。　　　　　　　（　　）

（三）单项选择题

1. 托收承付验货付款的承付期为（　　）。

A. 3 天　　　　　　　　　　　　　　B. 5 天

C. 10 天　　　　　　　　　　　　　D. 接到通知的当天

2. 客户李胜持便条通知及身份证来行支取电汇款 5 000 元，用途为差旅费，银行审核其身份证件无误后支付现金，其会计分录为（　　）。

A. 借：待清算辖内往来　5 000　　　B. 借：现金　　　　　　　5 000

　　贷：现金　　　　　　5 000　　　　　贷：应解汇款——李胜　5 000

C. 借：待清算辖内往来　　5 000　　　　　　D. 借：应解汇款——李胜　5 000

　　贷：应解汇款——李胜　5 000　　　　　　　贷：现金　　　　　　　　5 000

3. 委托收款结算银行在办理划款时，付款人账户不足支付全部款项，按（　　　）处理。

　　A. 逾期支付　　　　B. 无款支付　　　　C. 不作处理　　　　D. 拒绝支付

4. 某银行于 9 月 20 日（星期四）向付款人百货公司发出承付通知，验单付款，承付期满日为（　　　）。

　　A. 9 月 22 日　　　B. 9 月 23 日　　　C. 9 月 25 日　　　D. 9 月 24 日

5. 开户单位市医药公司 1 月 15 日（星期五）签发一张转账支票，则该支票提示付款的到期日为（　　　）。

　　A. 1 月 24 日　　　B. 1 月 25 日　　　C. 1 月 26 日　　　D. 1 月 27 日

6. 签发现金银行汇票，申请人和收款人（　　　）。

　　A. 必须均为单位　　　　　　　　　　B. 必须均为个人

　　C. 前者为单位，后者为个人　　　　　　D. 前者为个人，后者为单位

7. 既可以用于支取现金，又可以用于转账的支票是（　　　）。

　　A. 现金支票　　　　B. 转账支票　　　　C. 普通支票　　　　D. 划线支票

8. 转账办理银行汇票的出票时，应（　　　）。

　　A. 借记"汇出汇款"　　　　　　　　B. 贷记"汇出汇款"

　　C. 借记"应解汇款"　　　　　　　　D. 贷记"现金"

9. 某客户签发 12 000 元的转账支票，但其账户余额不足支付，银行应退票并处以（　　　）元的罚款。

　　A. 100　　　　　　B. 300　　　　　　C. 600　　　　　　D. 1 000

10. 下列不能在同城结算中使用的是（　　　）。

　　A. 支票　　　　　　B. 银行本票　　　　C. 委托收款　　　　D. 托收承付

（四）多项选择题

1. 汇入行主动办理退汇的原因有（　　　）。

　　A. 经过两个月无法交付的汇款　　　　B. 收款人为不在本行开户的个人

　　C. 汇款人申请退汇　　　　　　　　　D. 收款人拒收汇款

　　E. 收款单位不在本行开户

2. 办理托收承付的款项，必须是（　　　）。

　　A. 商品交易的款项　　　　　　　　　B. 到期商业汇票的款项

　　C. 代销商品的款项　　　　　　　　　D. 公用事业费

　　E. 因该笔商品交易而产生的劳务供应的款项

3. 委托收款结算方式中，付款人付款可能出现的情况是（　　　）。

A. 部分付款　　　B. 如期如数付款　C. 无款支付　　　D. 划付赔偿金

E. 拒绝付款

4. 我国的银行卡按信用透支功能不同,可分为(　　　)。

A. 贷记卡　　　　　　　　　B. 准贷记卡

C. 转账卡(含储蓄卡)　　　D. 专用卡

E. 储值卡

5. 同城、异地都可以使用的支付结算种类有(　　　)。

A. 支票　　　　B. 银行本票　　　C. 汇票　　　　D. 委托收款

E. 银行卡

6. 属于收款人主动收款的结算方式有(　　　)。

A. 委托收款　　B. 托收承付　　　C. 银行汇票　　D. 汇兑

E. 银行本票

7. 提示付款期限自到期日起 10 日的票据是(　　　)。

A. 支票　　　　B. 银行本票　　　C. 银行汇票　　D. 商业承兑汇票

E. 银行汇票承兑

8. 支票结算中银行应予以退票,并对出票人按票面金额处以 5% 但不低于 1 000 元罚款的情况有(　　　)。

A. 出票人签发空头支票　　　　B. 付款人拒收

C. 签章与预留银行签章不符的支票　　D. 付款人拒付

E. 支付密码错误的支票

(五)名词解释

1. 汇兑

2. 委托收款

3. 支票

4. 银行汇票

(六)简答题

1. 什么是支付结算?支付结算种类有哪些?

2. 银行的支付结算原则是什么?

3. 银行卡的概念及分类如何?

(七)业务题

根据下列经济业务作出会计分录:

1. 开户单位华丰贸易公司提交电汇凭证一份,金额 156 000 元,用于支付异地的购货款。银行审核无误后立即转账。

2. 个人吴琴提交汇兑凭证一份及现金 1 000 元,要求汇给异地的母亲作为生活费,银行审核无误后立即办理。

3.收到系统内异地某支行寄来的信汇凭证第三、四联及汇划贷方报单,经审查是采购员张伟"留行待取"的汇款 60 000 元。经通知,张伟当日来行支取现金。

4.本行 12 月 14 日收到异地系统内某行寄来的托收承付结算凭证及有关单证,金额 186 000 元,付款人为开户单位东风钢铁厂,本行当日发出承付通知。12 月 17 日承付期满日营业终了,东风钢铁厂存款账户只能支付 106 000 元,其余款项于 12 月 24 日全部付清。请作出两次划款的会计分录。

5.开户单位榕达箱包厂提交本日到期的商业承兑汇票及托收凭证一份,金额 87 000 元,委托银行向同为开户单位的兴隆百货公司收取汇票款,银行审核无误后办理转账。

6.开户单位凯利服装厂提交一份转账支票和进账单,金额 98 530 元。支票签发人为本行开户单位兴隆百货公司,银行审查无误后办理转账。

7.开户单位市华兴机器厂提交其签发的转账支票和三联进账单,用以支付在本地系统内他行开户的橡胶厂的货款 178 000 元,银行审查无误后办理转账。

8.开户单位榕达箱包厂提交一份进账单及同城跨系统他行开户的胜利服装厂签发的转账支票,金额 92 000 元。经审查无误,本行将上述支票及时提出交换。俟退票时间过后没有收到退票,为持票人入账。

9.收款人洪刚向出票银行提交注明"现金"字样的银行本票,金额 23 000 元。银行审查无误后办理付款手续。

10.收到开户单位益民便利店送交的系统内某行签发的 60 000 元银行本票,银行审核无误后立即处理。

11.开户单位华丰贸易公司提交一式三联的"银行汇票申请书",申办银行汇票 800 000 元持往异地购货。经审查无误后银行为其签发银行汇票。

12.接到开户单位益发纺织城提交的异地系统内某行签发的银行汇票、解讫通知和进账单,金额 136 000 元,银行审查无误后立即处理。

13.收到河北系统内某行的资金汇划借方报单及银行汇票解讫通知,报单金额 273 000 元,汇票金额 280 000 元。经审查该汇票系本行签发,原申请单位是在本行开户的华丰贸易公司,审核无误后立即处理。

14.开户单位兴隆贸易公司签发一份金额为 570 000 元的商业汇票,来行申请承兑。经审查同意承兑并签订承兑协议,办理收取手续费和 30%保证金的手续。

15.接上题,经查看,本日有一笔银行承兑汇票 570 000 元到期,申请人为开户单位兴隆贸易公司,该单位存款账户只能支付 370 000 元,按协议规定收取票款。

16.个人林红到银行交存现金 5 000 元,申请办理信用卡,银行审核无误后收取手续费 10 元后,发给其信用卡。

第六章

银行往来及资金清算的核算

学习目的

通过本章的学习,要了解银行往来及资金清算的含义,掌握资金汇划清算系统的基本做法,掌握通过人民银行存取现金的处理,掌握缴存存款的核算,了解同城票据交换的处理和现代化支付系统的处理。

第一节　银行往来及资金清算概述

一、银行往来及资金清算的意义

银行往来及资金清算是指商业银行(包括系统内和跨系统)相互之间以及与中央银行之间,因办理支付结算、资金调拨、相互融通资金和中央银行行使金融监管职能等原因引起的资金账务往来及清算。

银行是国民经济资金活动的枢纽,承担着为社会各部门、各单位之间商品交易、劳务供应进行货币结算,以及财政预算资金上缴、下拨进行划拨清算的责任。在办理这些业务时,如果收付款人在同一行处开户,那么资金从付款人账户划转到收款人账户,在一个行处内即可以完成;如果收付款人在不同的行处开户(在同一银行系统的不同行处开户或在不同银行系统的营业机构开户),资金则需要在两个行处之间进行划拨,并对由此而形成的相互之间资金的代收代付进行清偿。

中国人民银行作为我国的中央银行,除担负着为商业银行上下级行间及跨系统的资金划拨提供清算服务的任务外,还要对商业银行进行宏观调控,调剂各行资金。商业银行吸收的一般存款,要按规定的比率缴存中央银行,吸收的财政性存款必须全额划缴中央银行,商业银行营运资金不足时,可按规定向中央银行申请再贷款、再贴现或向同业办理拆借。

随着经济的不断发展,银行之间资金划拨的规模迅速增长,客观上对资金划拨和清算的要求不断提高,使得银行往来与资金清算在经济发展的过程中变得越来越重要。因此,做好银行往来及资金清算的核算工作,科学地组织凭证传递和账务处理,对于加速国民经济资金周转,提高资金使用效益,具有十分重要的意义。

二、我国银行往来与资金清算的模式

目前,我国已初步建成以中国现代化支付系统为核心,以商业银行行内系统为基础,票据交换系统、银行卡支付系统等共同组成的支付清算网络。

(一)联行往来系统

各商业银行系统内的联行往来系统,主要适用于各商业银行本系统内各银行之间异地资金的汇划。随着电子计算机技术的普及,各商业银行相继开通了电子清算系统,使各联行机构的款项汇划实现了电子汇划、无纸传递,大大提高了异地汇划的速度和资金清算的效率。

(二)人民银行的电子联行系统

人民银行的电子联行系统,主要适用于各商业银行跨系统各银行之间的贷记资金汇划业务通过人民银行进行的转汇。

(三)人民银行的手工联行系统

人民银行的手工联行系统,主要适用于尚未开通电子联行地区或银行的跨行贷记资金汇划业务和少量的借记资金汇划业务。

(四)票据交换系统

各大中城市的票据交换系统或票据清分系统,主要适用于同一城市或票据交换区域的各银行之间的票据往来业务。

(五)现代化支付系统

现代化支付系统由大额实时支付系统和小额批量支付系统两个应用系统组成。大额实时支付系统实行逐笔实时处理支付口令,全额清算资金,目标是为银行和社会企事业单位以及金融市场提供快速、安全、可靠的支付清算服务。小额批量支付系统实行批量发送支付口令,轧差净额清算资金,目标是为社会提供低成本、大业务量的支付清算服务,支撑各种支付业务,满足社会各种经济活动的需要。

第二节　商业银行资金汇划清算系统的核算

一、资金汇划清算概述

资金汇划清算系统是商业银行办理结算资金和内部资金汇划与清算的工具,是一套集汇划业务、清算业务、结算业务等于一体的综合性应用系统。该核算系统利用先进的计算机网络系统,将发、收报行之间横向的资金往来转换成纵向的资金汇划,资金划拨快捷,资金清算及时,大大减少了在途资金,防止了行与行相互之间的资金存欠。

(一)资金汇划清算的基本做法

1.系统的组成

该系统由汇划业务经办行(以下简称经办行)、清算行、省区分行和总行清算中心通过计算机网络组成。

经办行是具体办理结算资金和内部资金汇划业务的行处,汇划业务的发生行是发报经办行;汇划业务的接收行是收报经办行。

清算行是在总行清算中心开立备付金存款账户,办理其辖属行处汇划款项清算的分行,包括直辖市分行、总行直属分行及二级分行(含省分行营业部)。省区分行在总行开立备付金户,只办理系统内资金调拨和内部资金利息汇划。

总行清算中心是办理系统内各经办行之间的资金汇划、各清算行之间的资金清算及资金拆借、账户对账等账务的核算和管理的部门。

2.资金汇划业务的处理范围

汇划业务主要承担汇兑、异地托收承付、委托收款(含商业汇票、国内信用证、储蓄委托收款等)、银行汇票、银行卡、储蓄旅行支票、内部资金划拨、其他经总行批准的款项汇划及其资金清算,对公、储蓄、银行卡异地通存通兑业务的资金清算,同时办理有关的查询查复业务。

3.资金汇划清算的基本做法

其基本做法是:实存资金,同步清算,头寸控制,集中监督。

(1)实存资金。是指以清算行为单位在总行清算中心开立备付金存款账户,用于汇划款项时资金清算。

(2)同步清算。是指发报经办行通过其清算行经总行清算中心将款项汇划至收报经办行,同时,总行清算中心办理清算行之间的资金清算。

（3）头寸控制。是指各清算行在总行清算中心开立的备付金存款账户，保证足额存款，总行清算中心对各行汇划资金实行集中清算。清算行备付金存款不足，二级分行可向管辖省区分行借款，省区分行和直辖市分行、直属分行头寸不足可向总行借款。

（4）集中监督。是指总行清算中心对汇划往来数据发送、资金清算、备付金存款账户资信情况和行际间查询查复情况进行管理和监督。

（二）资金汇划清算的基本规定

1.系统的处理办法

资金汇划清算系统采取"汇划数据实时发送，各清算行控制进出，总行中心即时处理，汇划资金按时到达"的办法。

"汇划数据实时发送"是指发报经办行录入汇划数据后，全部实时发送至发报清算行。"各清算行控制进出"是指清算行辖属所有经办行的资金汇划、查询查复全部通过清算行进出，清算行控制辖属经办行的资金清算。"总行中心即时处理"是指总行清算中心对发报清算行传输来的汇划数据即时传输至收报清算行。实时业务由收报清算行即时传输到收报经办行，批量业务由收报清算行次日传输到收报经办行。总行清算中心当日更新各清算行备付金存款。"汇划资金按时到达"是指汇划资金能够做到实时业务即时到达经办行，批量业务次日到达经办行。

2.会计科目的设置与使用

（1）"上存系统内款项"科目。本科目用于核算和反映各省区分行、直辖市分行、总行直属分行及二级分行存放在上级管辖行的清算（调拨）备付金、定期存款和特种存款等。它属于资产类科目，余额反映在借方。省区分行、直辖市分行、总行直属分行应在科目下设"上存总行备付金户"，用于直辖市分行和总行直属分行清算辖属行处汇划款项和资金调拨及省区分行的资金调拨。

省分行营业部、二级分行应在本科目下设两个专户：①上存总行备付金户，用于清算辖属行处汇划款项。②上存省区分行调拨资金户，用于省区分行集中调拨全辖资金的核算。

（2）"系统内款项存放"科目。本科目用于反映总行及各省区分行核算下级行存放的清算（调拨）备付金存款、定期存款和特种存款等。它属于负债类科目，余额反映在贷方。总行按清算行和省区分行设"境内分行存放备付金户"，用于反映各清算行和省区分行在总行备付金存款的增减变动情况。省区分行按二级分行设"调拨资金存款户"，用于反映省分行营业部和辖属二级分行在省区分行的调拨资金存款的增减变动情况。

（3）"待清算辖内往来"科目。本科目用于核算和反映各经办行与清算行往来款项及清算情况。它属于资产负债共同类科目，余额轧差反映。

3.会计凭证的设置与使用

资金汇划补充凭证是收报经办行接收来账数据后打印的凭证,是账务记载的依据和款项已入账的通知。它分为以下两种:

(1)资金汇划(借方)补充凭证(见表6-1)。一式两联,一联作有关科目借方传票,另一联作有关科目的传票或附件。

表 6-1

中国××银行资金汇划(借方)补充凭证	记账凭证

行　名:	收报日期:
业务种类:	处理方向:
收款人账号:	付款人账号:
收款人户名:	
付款人户名:	
大写金额:	
小写金额:	
发报流水号:	收报流水号:
发报行行号:	收报行行号:
发报行行名:	
发报日期:	打印次数:
补制副本标志:	
汇票号码:	出票日期:
出票金额(小写):	汇票余款金额(小写):
用　途:	
银行附言:	
客户附言:	
收电:	记账: 复核:

(2)资金汇划(贷方)补充凭证[格式同资金汇划(借方)补充凭证]。一式两联,一联作有关科目的贷方传票,另一联作收账通知。

二、汇划款项及资金清算的核算

(一)发报经办行的核算

发报经办行根据汇划业务种类,由经办人员根据汇划凭证录入有关内容。如汇兑、异地托收承付等贷报业务,其会计分录为:

借:××科目

　贷:待清算辖内往来

如为银行汇票等借报业务,则会计分录相反。

对邮划异地托收承付、委托收款凭证第四联,银行卡凭证、银行汇票、银行承兑汇票的第二、三联作"待清算辖内往来"科目凭证的附件;对作"信汇付款指令"处理的信汇业务,应在信汇凭证第三联上加盖用于全国结算业务的结算专用章后连同第四联邮寄收报经办行。

业务数据经过复核,按规定权限授权无误后,产生有效汇划数据,发送至清算行。

每天营业终了,发报经办行应打印"辖内往来汇总记账凭证"(见表6-2);打印"资金汇划业务清单"(见表6-3),并作"辖内往来汇总记账凭证"的附件。然后核对数据,手工核对当天原始汇划凭证的笔数、金额合计与"资金汇划业务清单"发送借贷报笔数、合计数及"待清算辖内往来"发报汇总借贷方凭证笔数及发生额核对一致。

表 6-2　中国××银行辖内往来汇总记账凭证(借方)

行名(分签行):　　　　　　　　　　　　　　　　日期:

户名:待清算辖内往来——汇划户	账号:
金额:(大写)	
金额:(小写)	
摘要:[汇划发报]汇总记账笔数:	附件张数:
会计分录:借:待清算辖内往来 　　　　　贷:有关科目	银行盖章:

事后监督　　　　　　主管　　　　　　会计　　　　　　打印

表 6-3　中国××银行资金汇划业务清单

行名(分签行):　　　　　　　　　　　　　　　　　报表日期:

序号	流水号	应用类型 传输类型	收报行号 业务种类	发报日期	借方账号户名	贷方账号户名	用途 金额	汇兑业务 延付指令	经办柜员 补输柜员	复核柜员 授权柜员
合计		笔数:				金额:				

会计分录:借:待清算辖内往来　贷:有关科目　事后监督:　主管:　会计:　打印:

(二)发报清算行的核算

发报清算行收到发报经办行传输来的跨清算行汇划业务后,计算机自动记载"上存系统内款项"科目和"待清算辖内往来"科目有关账户。如收到发报经办行发来的贷方汇划业务,其会计分录为:

借:待清算辖内往来

　贷:上存系统内款项——上存总行备付金户

如为借方汇划业务,则会计分录相反。

经过按规定权限授权、编押及账务处理后,汇划业务数据由计算机自动传输至总行。

如遇清算行在总行清算中心备付金存款不足时,"上存总行备付金"账户余额可暂时在贷方反映,但清算行要迅速筹措资金补充备付金头寸。

发报清算行每天营业终了的处理,除使用"上存系统内款项"科目和向总行传输对账数据外,其余处理手续与发报经办行相同。

(三)总行清算中心的核算

总行清算中心收到各发报清算行汇划款项,由计算机自动登记后,将款项传送至收报清算行。每日营业终了更新各清算行在总行开立的备付金存款账户。如贷方汇划款项,其会计分录为:

借:系统内款项存放——发报清算行存放备付金

　贷:系统内款项存放——收报清算行存放备付金

如为借方汇划业务,则会计分录相反。

(四)收报清算行的核算

收报清算行收到总行清算中心传来的汇划业务数据,计算机自动检测收报经办行是否为辖属行处,并经核押无误后自动进行账务处理。实时业务即时处理并传送至收报经办行,批量业务处理后次日传送至收报经办行。具体处理方式分为集中式和分散式两种。

1.集中式

集中式是指收报清算行作为业务处理中心,负责全辖汇划收报的集中处理及汇出汇款、应解汇款等内部账务的集中管理。

(1)收到总行清算中心传来的实时汇划数据后,即时代辖属经办行记账。如贷方汇划业务,其会计分录为:

借:上存系统内款项——上存总行备付金户

　贷:待清算辖内往来

借:待清算辖内往来

　贷:××科目

如为借方汇划业务,则会计分录相反。

(2)收到总行清算中心传来的批量汇划数据后,日终进行挂账处理。如贷方汇划业务,其会计分录为:

借:上存系统内款项——上存总行备付金户

　贷:其他应付款——待处理汇划款项户

如为借方汇划业务,其会计分录为:

借:其他应收款——待处理汇划款项户

　贷:上存系统内款项——上存总行备付金户

次日清算行代经办行确认后记账。如贷方汇划业务,其会计分录为:

借:其他应付款——待处理汇划款项户

　贷:待清算辖内往来

借:待清算辖内往来

　贷:××科目

如为借方汇划业务,其会计分录为:

借:待清算辖内往来

　贷:其他应收款——待处理汇划款项户

借:××科目

　贷:待清算辖内往来

2.分散式

分散式是指收报清算行收到总行传来的汇划数据后均传至收报经办行处理。

(1)收到总行清算中心传来的实时汇划数据后,要即时传至收报经办行记账。如贷方汇划业务,其会计分录为:

借:上存系统内款项——上存总行备付金户

　贷:待清算辖内往来

如为借方汇划业务,则会计分录相反。

(2)收到总行清算中心传来的批量汇划数据进行挂账处理。会计分录与集中式批量处理收到挂账的会计分录相同,先转入"其他应付款"或"其他应收款"科目,待次日收报经办行确认后,冲减"其他应付款"或"其他应收款"科目并通过"待清算辖内往来"科目传至收报经办行记账。

(五)收报经办行的核算

1.收报经办行收到清算行传来的批量、实时汇划业务,经检查无误后,打印"资金汇划(借方)补充凭证"或"资金汇划(贷方)补充凭证"一式两份,并自动进行账务处理。如贷方汇划业务,其会计分录为:

借：待清算辖内往来

　　贷：××科目

如为借方汇划业务,则会计分录相反。

如收到"信汇付款指令"业务,先进行账务处理,其会计分录为：

借：待清算辖内往来

　　贷：其他应付款——待处理汇划款项户

待收到发报经办行邮寄的第三、四联信汇凭证核对相符后,再从"其他应付款"科目转入客户账户。其会计分录为：

借：其他应付款——待处理汇划款项户

　　贷：××科目

如先收到发报经办行寄来的第三、四联信汇凭证,应专夹保管,俟汇划业务数据到达后再作账务处理。

收报经办行的日终处理与发报经办行的日终处理相同。

三、系统内资金调拨及利息计算

(一)备付金存款账户的开立和补足

清算行和省区分行在总行清算中心开立备付金存款账户时,可通过人民银行将款项直接存入总行清算中心。上存时填制特种转账传票进行账务处理,其会计分录为：

借：其他应收款——待处理汇划款项户

　　贷：存放中央银行准备金

待接到总行清算中心借记信息后,进行账务处理。其会计分录为：

借：上存系统内款项——上存总行备付金户

　　贷：其他应收款——待处理汇划款项户

总行清算中心收到各清算行和省区分行上存的备付金后,当日通知有关清算行,进行账务处理。其会计分录为：

借：存放中央银行准备金

　　贷：系统内款项存放——××分行存放备付金户

各清算行或省区分行通过人民银行补足备付金存款、二级分行通过人民银行向管辖的省区分行上存用于调拨的资金时,其处理与上述相同。

(二)拆借资金的核算

清算行如不能通过人民银行补足在总行清算中心的备付金存款,经有权人批准,向管辖行申请借入资金。

省区分行接到二级分行资金借款申请书后,经有权人批准,向总行清算中心办理资金借出手续。其会计分录为：

借：系统内借出——境内分行一般借出户

贷：上存系统内款项——上存总行备付金户

总行清算中心收到省区分行借出资金款项后，当日自动进行账务处理。其会计分录为：

借：系统内款项存放——××省区分行存放备付金户

贷：系统内款项存放——××清算行存放备付金户

清算行收到借款信息后，自动进行账务处理。其会计分录为：

借：上存系统内款项——上存总行备付金户

贷：系统内借入——一般借入户

如二级分行在总行备付金不足，日终又不能立即借入资金补足，总行清算中心有权主动代省区分行强行借出资金，弥补二级分行备付金存款，同时通知二级分行和省区分行。

强行借款的处理，除将"系统内借出（入）"科目的"一般借出（入）户"改为"强行借出（入）户"外，其余处理手续与上述相同。

如省区分行在总行备付金存款余额不足向二级分行借出资金，总行清算中心先向其强行借出资金，再弥补二级分行备付金头寸。其会计分录为：

借：系统内借出——强行借出户

贷：系统内款项存放——××省区分行存放备付金户

借：系统内款项存放——××省区分行存放备付金户

贷：系统内款项存放——××清算行存放备付金户

省区分行收到总行清算中心代本行强行拆借给辖属二级分行的强行借款通知后，进行账务处理。其会计分录为：

借：上存系统内款项——上存总行备付金户

贷：系统内借入——强行借入户

借：系统内借出——强行借出户

贷：上存系统内款项——上存总行备付金户

二级分行收到总行清算中心通知后进行账务处理。其会计分录为：

借：上存系统内款项——上存总行备付金户

贷：系统内借入——强行借入户

（三）归还借款的核算

二级分行在总行清算中心备付金存款足以归还向省区分行借款时，经有权人批准，向总行清算中心发出还款通知。填制特种转账凭证，进行账务处理。其会计分录为：

借：系统内借入——一般借入户或强行借入户

　　贷：上存系统内款项——上存总行备付金户

同时系统自动更新总行清算中心和省区分行有关账户。总行清算中心其会计分录为：

借：系统内款项存放——××清算行存放备付金户

　　贷：系统内款项存放——××省区分行存放备付金户

省区分行其会计分录为：

借：上存系统内款项——上存总行备付金户

　　贷：系统内借出——境内分行一般借出户或强行借出户

二级分行或省区分行借款到期不能归还，到期日营业终了，自动转入各该科目逾期贷款户，并自转入日按规定的逾期贷款利率计息。

(四)利息清算的核算

总行清算中心按季计算各清算行及省区分行存入总行的备付金存款和借款利息，并下划各行。

1.总行清算中心下划存款利息时，其会计分录为：

借：金融企业往来支出——系统内往来支出户

　　贷：系统内款项存放——××分行存放备付金户

清算行和省区分行收到后，进行账务处理。其会计分录为：

借：上存系统内款项——上存总行备付金户

　　贷：金融企业往来收入——系统内往来收入户

2.总行清算中心下划借款利息时，其会计分录为：

借：系统内款项存放——××分行存放备付金户

　　贷：金融企业往来收入——系统内往来收入户

清算行和省区分行收到后，进行账务处理，其会计分录为：

借：金融企业往来支出——系统内往来支出户

　　贷：上存系统内款项——上存总行备付金户

省区分行按季向辖属清算行计收借款利息及计付调拨资金存款利息的核算与上述处理相同。

四、对账的核算

各清算行每日营业终了自动将汇划及资金清算明细数据逐级上传进行明细对账；省区分行收到上传的明细数据后与辖属各清算行汇划业务明细数据及清算信息配对对账；总行收到传来的明细数据后，与各行在总行的"系统内款项存放"科目有关账户汇划业务明细数据及清算信息配对对账，并将对账结果逐级下传,发现疑问要发出对账差错信息,同时登记"对账差错登记簿";各清算行每日将"系统内借入"科目各借款账户清单传至总行和省区分行进行核对;各行每日接收总行发出的对账差错信息后,打印差错清单,在五个工作日内必须查清原因,并按规定处理完毕。

第三节　商业银行与中央银行往来的核算

一、商业银行准备金存款账户的开立

商业银行的准备金包括法定准备金和支付准备金。法定准备金是根据商业银行吸收存款的增减变化,按照法定比例,必须保留在中央银行的存款准备金。支付准备金也称备付金,是保证日常资金支付的备用金。

商业银行各级机构为满足通过人民银行存取现金、办理各种存、贷业务、资金清算以及考核法定存款准备金的需要,都在人民银行开立了准备金存款账户。

商业银行各分支机构在人民银行开立的准备金存款账户,属于备付金存款账户,用于核算向人民银行存取现金、资金调拨、资金清算和其他日常支付的款项,该账户不允许透支,如果账户资金不足,可以通过向上级行调入资金或向同业拆借等及时加以补充。它不用于考核法定存款准备金。

商业银行各总行在人民银行开立的准备金存款账户,属于备付金和法定存款准备金合一的账户,除用以考核法定存款准备金以外,还用于核算向人民银行存取现金、资金调拨、资金清算以及其他日常支付的款项。该账户余额应大于或最低应等于规定的法定存款准备金。

人民银行对商业银行开立的准备金存款账户,用"××银行准备金存款"科目核算,它属于负债性质账户。商业银行对在人民银行开立的准备金存款账户,用"存放中央银行准备金"科目核算,它属于资产性质账户。

二、商业银行向人民银行存取款项的核算

(一)商业银行向人民银行存取现金的核算

商业银行业务库存现金不足限额时,向人民银行提取现金,人民银行从发行库出库,引起货币发行;商业银行业务库存现金超过限额交存人民银行,人民银

行交入发行库,形成现金回笼。

1.商业银行向人民银行提取现金的处理

商业银行向人民银行提取现金,应填写现金支票,待取回现金后,填制现金收入传票,原现金支票存根作附件。其会计分录为:

借:现金

贷:存放中央银行准备金

人民银行会计部门审查现金支票无误,同时商业银行准备金存款账户有足够的资金支付,凭以填制发行基金往来科目现金收入传票,一并交发行部门。其会计分录为:

借:××银行准备金存款

贷:发行基金往来

发行库填制出库凭证,凭以出库并登记发行基金库存簿。发行库记账为:

付出:发行基金——本身库户

每天营业终了通过计算机联机处理,将货币发行情况报管辖行。

2.商业银行向人民银行存入现金的处理

商业银行向人民银行存入现金,应填制"现金缴款单",连同现金一并交发行库。发行库将款项收妥后,将缴款单回单联退回缴款的商业银行,同时填制发行基金入库凭证办理入库手续。

商业银行填制现金付出传票,办理转账,其会计分录为:

借:存放中央银行准备金

贷:现金

人民银行处理时,其会计分录为:

借:发行基金往来

贷:××银行准备金存款

发行库记账为:

收入:发行基金——本身库户

每天营业终了通过计算机联机处理,将货币回笼情况报管辖行。

(二)商业银行向人民银行转账存取款项的核算

商业银行需要通过人民银行转账存取款项的业务主要有:异地跨系统结算资金清算、同域票据交换差额清算、商业银行系统内资金调拨、再贷款与再贴现、同业拆借、缴存财政性款项等等。

1.向人民银行存入款项的处理

商业银行办理有关业务,将资金存入准备金存款账户,应根据有关业务凭证办理转账。其会计分录为：

借：存放中央银行准备金

贷：××科目

人民银行账务处理时，其会计分录为：

借：××科目

贷：××银行准备金存款

2.向人民银行支取款项的处理

商业银行办理有关业务，从准备金存款账户支付款项，根据有关凭证转账。人民银行与商业银行的会计分录与"向人民银行存入款项"相反。

三、缴存存款的核算

(一)法定存款准备金的核算

法定存款准备金制度是中央银行宏观调控实施的货币政策之一，也是中央银行对金融业实施监管的一种手段。我国实行准备金制度是通过缴存存款的办法来进行的。即商业银行和其他金融机构应按规定的比例向中央银行缴存存款准备金，由中央银行集中管理和统一使用。

1.缴存存款的比例与范围

法定存款准备金的缴存比例，目前定为吸收一般存款的16％。该比例中央银行将根据货币政策的运用，适时进行调整。

各商业银行应缴存法定准备金的一般存款包括：吸收的机关团体存款、财政预算外存款、单位存款、个人储蓄存款及其他各项存款，商业银行办理的委托、代理业务的负债项目减去资产项目后的贷方余额，如委托存贷款轧差后的贷方余额、代理发行与兑付债券轧差后的贷方余额(代理国债业务轧差后的贷方余额应作为财政存款)、国家与地方委托贷款基金与贷款轧差的贷方余额等。凡轧减后为借方余额的，视同该缴存款项目为零，不允许以借方余额抵减其他缴存款项目。

2.法定存款准备金的考核

法定存款准备金由人民银行按各商业银行的法人统一每日进行考核。

各商业银行在每日营业终了，应自下而上编制一般存款科目余额表(见表6-4)，由法人统一汇总后报送法定存款准备金账户开户的人民银行。同时，每月末，各商业银行应将汇总的全系统月末日计表报送开户的人民银行。人民银行于每日营业终了按一般存款余额的一定比例考核法定存款准备金。日间，人民银行要控制法定存款准备金账户不能发生透支；日终，该账户余额必须达到法定存款准备金的最低限。

表 6-4　一般存款科目余额表

××年 3 月 19 日

科目代号	余额		科目代号	余额	
	位数			位数	
2010	5 630 000	00	2198	726 000	00
2020	662 000	00			
2030	451 000	00			
2060	815 000	00			
2196	526 000	00	合计	8 810 000	00

按表 6-4 所示一般存款余额情况,当日营业终了,该商业银行法人在人民银行开立的准备金存款账户的余额不得低于 1 409 600 元。

其计算方法为:

$$法定存款准备金 = 一般存款科目余额表合计余额 × 缴存比例$$
$$= 8 810 000 × 16\% = 1 409 600(元)$$

每日日终,人民银行对法定准备金进行考核时,如果商业银行法人统一存入人民银行的准备金存款低于规定的一般存款余额的一定比例,人民银行应对其不足的部分处以罚息;商业银行不按时报送旬末一般存款科目余额表和按月报送月末日计表的,人民银行应责令其报送,逾期不报送的,人民银行将对其处以一万元以上十万元以下罚款。

(二)缴存财政性存款的核算

商业银行的各级机构代办的中央预算收入、地方金库款和代理发行国债(抵减代理兑付国债款)款项等吸收的财政性存款,应全额即 100% 就地缴存人民银行,一般按旬调整划缴,于旬后 5 日内办理。如遇调整日最后一天为例假日,则可顺延。

商业银行应按规定的时间,根据财政性存款的增减变化情况办理调整增加或减少的手续。划缴或调整存款时,应按本旬末各科目余额总数与上期同类各科目旬末余额总数对比,按实际增加或减少数进行调整,计算应缴存金额。缴存(调整)金额以千元为单位,千元以下四舍五入。

1. 调整缴存财政性存款的处理

(1)商业银行的核算。商业银行向人民银行办理调整缴存财政性存款时,应根据有关存款科目余额,填制缴存财政性存款各科目余额表(与一般存款余额表格式相同)一式两份。计算出应缴存金额和调整增加或调整减少的金额,分别填制缴存(或调整)财政性存款划拨凭证一式四联(见表 6-5)。商业银行以划拨凭证第一、二联作转账传票进行账务处理。如为调增补缴,其会计分录为:

借:缴存中央银行财政性存款　　　　　　　　　　131 000

　　贷:存放中央银行准备金　　　　　　　　　　　　　131 000

转账后,商业银行将划拨凭证第三、四联连同缴存存款各科目余额表一份,一并送交人民银行,另一份余额表留存。

表 6-5

缴存(或调整)财政性存款划拨凭证(借方凭证)

2×××年 3 月 25 日

| 总字第　　号 |
| 字第　　号 |

收受银行	名称	中国人民银行××支行	缴存银行	名称	工商银行××市支行
	账号			账号	××××
存款类别		2×××年 3 月 20 日余额		缴存比例	应缴存款金额
财政性存款		957 000　00		100%	957 000　00
1.合计					957 000　00
2.已缴存金额					826 000　00
3.本次应补缴金额(1-2)					131 000　00
4.本次应退回金额(2-1)					
上列缴存金额或补缴和应退回金额,已按规定办理划转。		备注:		会计分录 科目(借)　1050 对方科目(贷)　1040 会计　复核　记账	

(2)人民银行的核算。人民银行收到商业银行送来的划拨凭证和缴存存款科目余额表,经审查无误,如为调增补缴(如表 6-5 所示业务),其会计分录为:

借:工商银行准备金存款　　　　　　　　　　131 000

　　贷:工商银行划来财政性存款　　　　　　　　　131 000

如为调减退回,商业银行与人民银行的会计分录相反。

转账后,人民银行对商业银行送来的缴存财政性存款科目余额表应妥善保存备查。

2.欠缴存款的处理

商业银行在调整缴存存款时,如果在人民银行的准备金存款余额不足支付,必须在规定的时间内及时筹集资金,并办理调整缴存手续,如果在期限内未能调入资金,其不足支付的部分即构成欠缴存款。对欠缴存款应按照有关规定进行处理:对本次能实缴的金额和欠缴的金额要分开填制凭证;对欠缴金额待商业银行调入资金时应一次全额收回,人民银行不分次扣收;对欠缴金额每日按规定比例扣收罚款,人民银行随同扣缴存款一并收取。

(1)发生欠缴的核算。①商业银行的核算。商业银行发生欠缴存款时,亦应填制各科目余额表。对本次能实缴的金额,按正常调增的核算手续办理,填制财政性存款划拨凭证,但应注意将"划拨凭证"的"本次应补缴金额"栏改填为"本次能实缴金额",并在凭证备注栏内注明本次欠缴金额数。对实缴金额和欠缴金额应分别进行账务处理。实缴部分的会计分录与调增补缴相同。

对欠缴的存款,商业银行应编制财政性存款欠缴凭证(见表6-6)一式四联和表外科目收入传票,逐笔记入"待清算凭证"登记簿。其分录为:

收入:待清算凭证——人民银行户　　　　　　　　　　　　230 000

然后将各科目余额表、第三、四联划拨凭证与第三、四联欠缴凭证一并送交人民银行。第一、二联欠缴凭证留存专夹保管。

表 6-6

财政性存款欠缴凭证(第三联)

2×××年 3 月 25 日

总字第	号
字第	号

收受银行	名称	中国人民银行××支行	缴存银行	名称	工商银行××市支行
	账号			账号	××××
欠缴存款类别			欠缴存款金额		
			(位数)		
本(上)次(3 月中旬止)财政性存款欠缴				230 000	00

上列欠缴金额,请从本行存款账户办理划转。　缴存银行盖章	备注:	会计分录 科目(贷) 对方科目(借) 会计　　复核　　记账

②人民银行的核算。人民银行收到商业银行送来的本次实缴存款的划拨凭证及各科目余额表时,根据第三、四联办理转账,其会计分录与调增补缴相同。

对收到的欠缴凭证第三、四联应妥善保管,并通过"待清算凭证"表外科目核算,记载登记簿。其分录为:

收入:待清算凭证——××银行户　　　　　　　　　　　　230 000

(2)扣收欠缴款项的核算。①人民银行的核算。人民银行对商业银行的欠缴存款,待商业银行调入资金时,应即抽出原保管的欠缴凭证第三、四联代转账借、贷方传票,办理转账,将欠缴金额全额收回。其会计分录为:

借:工商银行准备金存款　　　　　　　　　　　230 000

　　贷:工商银行划来财政性存款　　　　　　　　　　　　230 000

转账后,填制"待清算凭证"表外科目付出传票,销记表外科目和登记簿。其分录为:

付出:待清算凭证——××银行户　　　　　　　　　　　　230 000

同时,人民银行对商业银行超过期限的欠缴存款,应按规定计收罚款。填制特种转账借方、贷方传票各两联,以其中特种转账借方、贷方传票各一联进行账务处理。

假设某商业银行于3月30日调入资金,则欠缴天数为5天,应收罚金为:

$$230\ 000 \times 5 \times 6‰ = 690(元)$$

其会计分录为:

借:××银行准备金存款　　　　　　　　　　　　690

　　贷:业务收入——罚款净收入户　　　　　　　　　　690

将另外两联特种转账借方、贷方传票盖章后转交商业银行。

②商业银行的核算。商业银行收到人民银行转来的特种转账借方、贷方传票后,与原保存的欠缴凭证第一、二联一起办理转账。其会计分录为:

借:缴存中央银行财政性存款　　　　　　　　　230 000

　　贷:存放中央银行准备金　　　　　　　　　　　　230 000

借:利润分配——罚款支出户　　　　　　　　　690

　　贷:存放中央银行准备金　　　　　　　　　　　　690

同时,填制"待清算凭证"表外科目付出传票,销记表外科目和登记簿。其分录为:

付出:待清算凭证——人民银行户　　　　　　　　　　　　230 000

四、再贷款、再贴现的核算

再贷款、再贴现是解决商业银行资金不足,发挥中央银行宏观调控作用的重要手段。再贷款是指人民银行向商业银行发放的贷款,再贷款由人民银行总行向商业银行总行直接办理,由商业银行总行集中管理、统借统还、统筹安排使用。再贴现是商业银行将已贴现的未到期商业汇票提交给人民银行,人民银行按汇票金额扣除从再贴现之日起到汇票到期日止的利息后,向商业银行融通资金的一种信用活动。再贴现是解决商业银行因办理票据贴现引起资金不足的一条途径,其对象是在当地人民银行开立存款账户的银行及其所属机构。

(一)再贷款与再贴现账户的开立

人民银行对商业银行办理再贷款和再贴现时,应按贷款种类开立再贷款账户。人民银行对商业银行的再贷款账户,使用"××银行贷款"科目核算。商业银行为反映向人民银行取得和归还贷款情况,在"中央银行借款"科目下设立各种再贷款账户。现行的再贷款按照贷款期限的不同主要设置以下几个账户:

1. 年度性贷款户

各商业银行因经济合理增长引起年度信贷资金不足而从人民银行取得的借款,通过此账户核算。此种贷款期限一般为1年,最长不超过2年。

2. 季节性贷款户

各商业银行因信贷资金先支后收或存款季节性下降,贷款季节性上升等原因引起的资金暂时不足,而从人民银行取得的借款,通过此账户核算。此种贷款期限一般为2个月,最长不超过4个月。

3. 日拆性贷款户

各商业银行由于汇划款项未达等原因发生临时性资金短缺而从人民银行的借款,通过此账户核算。此种借款的期限一般为10天,最长不超过20天。

4. 再贴现户

商业银行以已贴现而未到期的商业汇票向人民银行申请再贴现,在此账户核算。此账户在人民银行与商业银行都以"再贴现"科目核算,人民银行按申请再贴现的商业银行立户,商业银行以人民银行立户。

以上再贷款与再贴现账户在人民银行为资产性质账户,余额均为借方,在商业银行为负债性质账户,余额均为贷方。

(二)再贷款业务的核算

1. 再贷款发放的核算

(1)人民银行的处理。商业银行向人民银行申请借款时,应向人民银行提交"贷款申请书",经人民银行审查同意后,填写一式五联的借款凭证,并在第一联上加盖预留人民银行存款户的印鉴,送交人民银行办理借款手续。人民银行收到商业银行提交的一式五联借款凭证,经审查无误后,以第一联借款凭证代转账借方传票,以第二联借款凭证代转账贷方传票,凭以办理转账。其会计分录为:

借：××银行贷款——××贷款户

　　贷：××银行准备金存款——××行户

转账后，将借款凭证第五联留存，作再贷款卡片账，第四联作贷款通知送人民银行货币信贷部门，第三联作收账通知交给借款的商业银行。

（2）商业银行的处理。待收到人民银行退交的第三联借款凭证（收账通知联）后，凭以编制转账借、贷方传票，办理转账。其会计分录为：

借：存放中央银行准备金

　　贷：中央银行借款——××借款户

2.再贷款收回的核算

（1）商业银行的处理。商业银行向人民银行归还借款时，应填写一式四联的还款凭证，并在第二联上加盖预留人民银行存款账户的印鉴，送交开户的人民银行办理还款手续。

待收到人民银行退回的还款凭证第四联（支款通知）和借据后，以还款凭证代转账传票，借据作附件，办理转账。其会计分录为：

借：中央银行借款——××借款户

　　金融企业往来支出——中央银行往来支出户

　　贷：存放中央银行准备金

（2）人民银行的处理。人民银行收到借款的商业银行提交的还款凭证，经审查无误后，以还款凭证第一、二联办理转账。其会计分录为：

借：××银行准备金存款——××行户

　　贷：××银行贷款——××贷款户

　　　　利息收入——金融机构利息收入户

人民银行向商业银行收回贷款时，如遇商业银行账户余额不足时应按照逾期贷款的规定处理。

再贷款利息的计算，基本上与商业银行向单位贷款的计息方法相同。

（三）再贴现的核算

1.办理再贴现的核算

（1）人民银行的处理。商业银行向人民银行申请再贴现，应填制一式五联再贴现凭证，连同已贴现的商业汇票一并提交人民银行计划部门审查。

人民银行计划部门审查无误后，将再贴现凭证与商业汇票送会计部门。会计部门根据票面金额、贴现天数、再贴现率计算再贴现利息和实付贴现金额（计算方法同商业银行贴现利息的计算），填入再贴现凭证，以第一、二、三联再贴现凭证作传票转账，其会计分录为：

借:再贴现——××银行再贴现户

　贷:××银行准备金存款

　　　利息收入——再贴现利息收入户

再贴现凭证第四联退还商业银行,第五联与加盖"再贴现"字样的商业汇票专夹保管。

(2)商业银行的处理。商业银行收到人民银行退还的第四联再贴现凭证,编制特种转账借、贷方传票,办理转账。其会计分录为:

借:存放中央银行准备金

　　金融企业往来支出——中央银行往来支出户

　贷:再贴现——××汇票户

2.再贴现到期收回的核算

(1)人民银行的处理。再贴现票款到期,人民银行会计部门直接从再贴现申请人商业银行账户收取。根据第五联再贴现凭证,编制两联特种转账借方传票、一联特种转账贷方传票,再贴现凭证作附件转账,其会计分录为:

借:××银行准备金存款

　贷:再贴现——××银行再贴现户

转账后,将另一联借方传票盖章后送交商业银行。

(2)商业银行的处理。商业银行收到人民银行的特种转账借方传票,另编制特种转账贷方传票办理转账。其会计分录为:

借:再贴现——××汇票户

　贷:存放中央银行准备金

第四节　商业银行往来的核算

商业银行往来是指各商业银行之间由于办理跨系统转账结算,相互融通资金等业务而引起的资金账务往来。它是社会资金周转不可缺少的重要组成部分,反映了各商业银行相互之间的合作关系。

一、异地结算转汇的核算

商业银行办理的异地转账结算,对于自成联行系统或建立了资金汇划清算系统的商业银行,其系统内的异地结算,可以通过系统内联行往来或资金汇划清算系统划拨款项。对于未建立联行系统或资金汇划清算系统的商业银行,其系统内的异地结算,以及商业银行跨系统的异地结算,均需要通过人民银行转汇或由建立联行系统的商业银行代理结算。

(一)通过人民银行转汇的核算

商业银行需要通过人民银行办理转汇的,该商业银行称为汇出行,汇出行开户的人民银行经办机构称为发报行,异地收到汇划资金的人民银行称为收报行,收到划来款项的商业银行称为汇入行。

通过人民银行转汇划收款业务时,汇出行应将款项划交当地人民银行,汇出行开户的人民银行一方面从汇出行准备金存款账户付出款项,一方面通过联行往来或大额支付系统将款项划往汇入地人民银行。汇入地人民银行收到划来款项后,一方面将款项转入汇入行准备金存款账户,另一方面将有关凭证交汇入行,由汇入行凭以处理转账。

1.汇出行的处理

汇出行汇出款项时,根据结算凭证逐份填制转汇清单并汇总填制划款凭证,将有关凭证送交开户的人民银行办理转汇并清算资金。其会计分录为:

借:××科目——××户

贷:存放中央银行准备金

2.发报行的处理

汇出行开户的人民银行收到汇出行交来的凭证,应认真审查各种凭证的内容并着重审查汇出行准备金存款账户是否有足够的资金支付。不足以支付的,应要求汇出行及时补足,在规定时间内不能补足的,即将凭证退回。如汇出行准备金存款账户足以支付或及时补足资金,即将款项从汇出行账户付出并通过联行往来划往汇入行开户的人民银行。其会计分录为:

借:××银行准备金存款

贷:联行往账

3.收报行的处理

汇入行开户的人民银行收到划来款项,转入汇入行账户,并将凭证送交汇入行。其会计分录为:

借:联行来账

贷:××银行准备金存款

4.汇入行的处理

汇入行根据人民银行交来的有关凭证办理转账。其会计分录为:

借:存放中央银行准备金

贷:××科目——××户

如果通过现代支付系统汇划资金则发报行不处理账务,由国家清算中心进行处理。

(二)通过跨系统商业银行代理结算的核算

未建立系统内联行的商业银行,向异地系统内行处或向异地跨系统行处汇划资金,可以通过当地建立有联行系统的商业银行代理结算业务。以下以转汇划收款为例,介绍转汇的核算手续。

1.汇出行的处理

汇出行根据客户提交的汇款凭证,分别不同系统的汇入行逐笔填制"转汇清单",直接或通过同城票据交换交同城跨系统转汇行办理转汇。其会计分录为:

借:××存款——××单位户

　　贷:存放中央银行准备金

2.跨系统发报行的处理

跨系统发报行收到汇出行划转来的凭证和转汇清单,通过本系统联行将款项划往异地收报行。其会计分录为:

借:存放中央银行准备金

　　贷:联行往账

3.跨系统收报行的处理

跨系统收报行收到划来款项,通过当地票据交换通知汇入行。其会计分录为:

借:联行来账

　　贷:存放中央银行准备金

4.汇入行的处理

汇入行收到跨系统收报行划来款项,为收款人收账。其会计分录为:

借:存放中央银行准备金

　　贷:××科目

二、同城票据交换的核算

同城票据交换是指在同城市(区域)范围内,各商业银行之间,按规定的时间,集中到指定的地点(票据交换所),相互交换代收、代付的票据,然后轧计差额,并清算资金存欠的方法。目前,同城票据交换一般由人民银行负责清算,进行集中监督。

同城票据交换的基本规定有:

1.同城票据交换一般由当地人民银行主持,即由人民银行规定票据交换的时间和场所,统一清算差额。

2.参加票据交换的行处,需向当地人民银行申请,经批准并发给同城票据交换行号后方能参加票据交换。

3. 票据交换的核算分提出行和提入行两个系统。向他行提出票据的行处为提出行;在票据交换所从他行提回票据的行处为提入行。一般参加交换的行处既是提出行,又是提入行,但对提出和提入的票据应分别进行核算。

4. 提出交换的票据分为代收(贷方)票据和代付(借方)票据。若提出行提出的是在本行开户的付款人委托银行从其账户中付出款项,划往在他行开户的收款人账上的各种凭证,称为代收票据,如由签发人提交的进账单等;若提出的是在本行开户的收款单位交存的,应由在他行开户的单位付款的凭证,称为代付票据,如收款人送存的支票、银行本票等。

(一)提出票据的处理

各参加票据交换的行处按规定的交换场次和时间参加票据交换时,对于准备提出的代收、代付票据,提出行应首先审核内容是否齐全、正确。审核无误应将代收、代付票据按提入行分别填制"票据交换借方汇总表"和"票据交换贷方汇总表",并分别加计各对方行、处的代收、代付票据的笔数和合计金额。凡收款人在本行开户,付款人在他行开户的票据为代付款项票据,应填制"票据交换借方汇总表";凡付款人在本行开户,收款人在他行开户的票据为代收款项票据,应填制"票据交换贷方汇总表",汇总表一式两联,一联与所提出的票据一并提出交换,另一联留存作传票或传票附件。

(二)提入票据的处理

在票据交换所,各行在将提出的票据交换给各提入行后,同时也从他行提入票据。应分别加计提入票据的应收、应付款金额合计。

(三)票据清算差额的处理

1. 各商业银行的处理

参加票据交换的各行处,将加计的应收票据总金额与应付票据总金额进行比较,如果应付款金额大于应收款金额,即为应付差额。各应付差额行须如数开具准备金存款户支款凭证。其会计分录为:

借:××存款——××户
　　贷:存放中央银行准备金
　　　　××存款——××户

如果应收款金额大于应付款金额,即为应收差额,各应收差额行则须填送存款凭证。其会计分录为:

借:存放中央银行准备金
　　××存款——××户
　　贷:××存款——××户

2.人民银行的处理

人民银行根据各行提交的支款凭证及存款凭证办理转账,其会计分录为:

借:××银行准备金存款——应付差额行户

　　贷:××银行准备金存款——应收差额行户

三、同业拆借的核算

商业银行在业务经营过程中,由于转汇、汇差清算、票据交换等原因引起资金临时不足,可向其他商业银行进行拆借资金。同业拆借是商业银行之间临时融通资金余缺的一种短期借贷行为,是解决短期资金不足的一种有效方法。拆借资金只能用于临时性的和短期性的资金需要。拆借时由拆出行与拆入资金的商业银行双方商定拆借条件,签订协议,共同履行,并通过人民银行划拨资金。

(一)同城同业拆借的核算

1.拆出资金的处理

拆出行以拆入行的借据为依据,签发准备金存款账户的支票交拆入行提交开户的人民银行转账。拆出行拆出资金的会计分录为:

借:拆放同业——××行户

　　贷:存放中央银行准备金

人民银行收到拆入行送存的支票及进账单后,以这两种凭证代转账借、贷方传票,进行账务处理。其会计分录为:

借:××银行准备金存款——拆出行户

　　贷:××银行准备金存款——拆入行户

拆入行拆入资金的会计分录为:

借:存放中央银行准备金

　　贷:同业拆入——拆出行户

2.拆借资金归还的处理

拆入行应恪守信用,履约还款,归还借款时,应按事先约定的利率,计算应付利息,原拆入行应将本息一并签发支票给原拆出行,由原拆出行送存人民银行。

拆入行归还拆借本息的会计分录为:

借:同业拆入——××行户

　　金融企业往来支出——同业往来支出户

　　贷:存放中央银行准备金

人民银行收到拆入行的进账单和转账支票,以进账单和支票为记账传票办理转账。其会计分录为:

借:××银行准备金存款——拆入行户

　　贷:××银行准备金存款——拆出行户

拆出行根据进账单回单联,编制特种转账借方传票一联,贷方传票二联,办理转账。其会计分录为:

借:存放中央银行准备金

　贷:拆放同业——××行户

　　　金融企业往来收入——同业往来利息收入户

(二)异地拆借资金的核算

异地各商业银行之间进行拆借款项,需通过人民银行联行往来划拨款项。拆出行通过开户的人民银行将款项汇往拆入行开户的人民银行转入拆入行账户;归还借款时,由拆入行将款项汇给拆出行。拆出行与拆入行账务处理手续与同城之间的拆借处理基本相同。

第五节　现代化支付系统的核算

现代化支付系统是中国人民银行按照我国支付清算需要,利用计算机网络和电子通信技术开发建设,为银行业金融机构和金融市场提供资金清算服务的公共平台。该系统能够高效、安全处理银行业金融机构办理各种支付业务及其资金清算和金融市场的交易资金清算业务,是中国人民银行发挥金融服务职能的核心支持系统。中国人民银行通过建设现代化支付系统,将逐步形成一个以中国现代化支付系统为核心,商业银行行内系统为基础,各地同城票据交换所并存,支撑多种支付工具的应用和满足社会各种经济活动支付需要的中国支付清算体系。

一、现代化支付系统的系统构成

(一)现代化支付系统的组成

现代化支付系统主要由大额实时支付系统和小额批量支付系统两个业务应用系统,以及清算账户管理系统和支付管理信息系统两个辅助支持系统组成,建有两级处理中心,即国家处理中心和全国省会(首府)城市处理中心及深圳城市处理中心。

(二)现代化支付系统的参与者

现代化支付系统的参与者分为直接参与者、间接参与者和特许参与者。

1.直接参与者,是指直接与支付系统城市处理中心连接并在中国人民银行开设清算账户的银行业金融机构以及中国人民银行地(市)以上中心支行(库)。

2.间接参与者,是指未在中国人民银行开设清算账户而委托直接参与者办理资金清算的银行业金融机构(涉及大额支付系统时含非银行金融机构)以及中国人民银行县(市)支行(库)。

3.特许参与者,是指经中国人民银行批准通过现代化支付系统办理特定支付业务的机构。

(三)现代化支付系统的处理程序

1.大额支付系统处理的支付业务,其信息从发起行发起,经发起清算行、发报中心、国家处理中心、收报中心、接收清算行,至接收行止。

(1)发起行是向发起清算行提交支付业务的参与者。

(2)发起清算行是向支付系统提交支付信息并开设清算账户的直接参与者或特许参与者。发起清算行也可作为发起行向支付系统发起支付业务。

(3)发报中心是向国家处理中心转发发起清算行支付信息的城市处理中心。

(4)国家处理中心是接收、转发支付信息,并进行资金清算处理的机构。

(5)收报中心是向接收清算行转发国家处理中心支付信息的城市处理中心。

(6)接收清算行是向接收行转发支付信息并开设清算账户的直接参与者。

(7)接收行是从接收清算行接收支付信息的参与者。接收清算行也可作为接收行接收支付信息。

2.小额支付系统处理的同城贷记支付业务,其信息从付款行发起,经付款清算行、城市处理中心、收款清算行,至收款行止。

小额支付系统处理的异地贷记支付业务,其信息从付款行发起,经付款清算行、付款行城市处理中心、国家处理中心、收款行城市处理中心、收款清算行,至收款行止。

小额支付系统处理的同城借记支付业务,其信息从收款行发起,经收款清算行、城市处理中心、付款清算行、付款行后,付款行按规定时限发出回执信息原路径返回至收款行止。

小额支付系统处理的异地借记支付业务,其信息从收款行发起,经收款清算行、收款行城市处理中心、国家处理中心、付款行城市处理中心、付款清算行、付款行后,付款行按规定时限发出回执信息原路径返回至收款行止。

(1)付款清算行是指向小额支付系统提交贷记支付业务信息或发起借记支付业务回执信息的直接参与者。

(2)收款清算行是指向小额支付系统提交借记支付业务信息,并接收借记支付业务回执信息或贷记支付业务信息的直接参与者。

(3)付款行城市处理中心是指付款行所属的城市处理中心。

（4）收款行城市处理中心是指收款行所属的城市处理中心。

（四）现代化支付系统处理支付业务的种类

1.大额支付系统处理下列支付业务：

（1）规定金额起点（目前为 2 万元）以上的跨行贷记支付业务；

（2）规定金额起点以下的紧急跨行贷记支付业务；

（3）商业银行行内需要通过大额支付系统处理的贷记支付业务；

（4）特许参与者发起的即时转账业务；

（5）城市商业银行银行汇票资金的移存和兑付资金的汇划业务；

（6）中国人民银行会计营业部门、国库部门发起的贷记支付业务及内容转账业务；

（7）中国人民银行规定的其他支付清算业务。

2.小额支付系统处理下列跨行支付业务：

（1）普通贷记业务；

（2）定期贷记业务；

（3）实时贷记业务；

（4）普通借记业务；

（5）定期借记业务；

（6）实时借记业务；

（7）中国人民银行规定的其他支付业务。

银行业金融机构行内直接参与者之间的支付业务可以通过小额支付系统办理。

二、现代化支付系统科目与清算账户的设置

（一）科目的设置

现代化支付系统设置以下会计科目：

1.大（小）额支付往来

本科目核算支付系统发起清算行和接收清算行通过大（小）额支付系统办理的支付结算往来款项，余额轧差反映。年终，本科目余额全额转入"支付清算资金往来"科目，余额为零。

2.支付清算资金往来

本科目核算支付系统发起清算行和接收清算行通过大（小）额支付系统办理的支付结算汇差款项。年终，"大（小）额支付往来"科目余额核对准确后，结转至本科目，余额轧差反映。

3.汇总平衡科目（国家处理中心专用）

本科目用于平衡国家处理中心代理人民银行分支行(库)账务处理,不纳入人民银行(库)的核算。

(二)清算账户的设置

大额支付系统和小额支付系统共享清算账户清算资金。清算账户,是指直接参与者在中国人民银行开立的、用于资金清算的存款账户。

三、大额支付系统业务的处理

大额支付系统逐笔实时处理支付业务,全额清算资金。

(一)发起大额支付业务的处理

发起行与清算行之间以及清算行与接收行之间的支付信息传输后的处理,按各行系统内往来的规定处理,以下仅介绍发起清算行、发报中心、国家处理中心、收报中心、接收清算行的基本处理方法。

1. 发起行(发起清算行)的处理

发起行可以为商业银行,也可以为人民银行。发起行业务发生后将支付信息传输给发起清算行;发起清算行将发起行传输来的支付信息与本身发生的支付信息合并后,由操作员录入、复核,自动逐笔加编密押后发送发报中心。

(1)发起清算行为商业银行的,其会计分录为:

借:××科目

　　贷:*存放中央银行准备金*

(2)发起清算行为人民银行的,其会计分录为:

借:××科目

　　贷:*大额支付往来——人民银行××行户*

2. 发报中心的处理

发报中心收到发起清算行发来的支付信息,确认无误后,逐笔加编全国密押,实时发送至国家处理中心。

3. 国家处理中心的处理

国家处理中心收到发报中心发来的支付报文,逐笔确认无误后,分别情况进行账务处理。

(1)发起清算行、接收行均为商业银行的,其会计分录为:

借:*××银行准备金存款*

　　贷:*大额支付往来——人民银行××行户*

借:*大额支付往来——人民银行××行户*

　　贷:*××银行准备金存款*

(2)发起清算行为商业银行,接收清算行为人民银行的,其会计分录为:

借：××银行准备金存款
　　贷：大额支付往来——人民银行××行户
借：大额支付往来——人民银行××行户
　　贷：汇总平衡科目——人民银行××行户

(3)发起清算行为人民银行,接收清算行为商业银行的,其会计分录为：

借：汇总平衡科目——人民银行××行户
　　贷：大额支付往来——人民银行××行户
借：大额支付往来——人民银行××行户
　　贷：××银行准备金存款

(4)发起清算行、接收清算行均为人民银行的,其会计分录为：

借：汇总平衡科目——人民银行××行户
　　贷：大额支付往来——人民银行××行户
借：大额支付往来——人民银行××行户
　　贷：汇总平衡科目——人民银行××行户

(5)发起清算行为商业银行的,其清算账户头寸不足时,国家处理中心将该笔业务进行排队处理。

(6)国家处理中心账务处理完成后,将支付信息发往收报中心。

(二)接收支付信息的处理

1.收报中心的处理

收报中心接收国家处理中心发来的支付信息确认无误后,逐笔加编密押实时发送至接收清算行。

2.接收清算行(接收行)的处理

接收行可以为商业银行,也可以为人民银行。接收清算行接到支付信息后,传输给接收行或对本行业务进行处理。其会计分录为：

借：存放中央银行准备金
　　贷：××科目

四、小额支付系统业务的处理

小额支付系统批量处理支付业务,轧差净额清算资金。限于篇幅,以下仅对普通贷记业务和普通借记业务进行介绍。

(一)普通贷记业务

普通贷记支付业务,是指付款行向收款行主动发起的付款业务。包括下列业务种类：

汇兑;委托收款(划回);托收承付(划回);国库贷记汇划业务;网银贷记支付

业务;中国人民银行规定的其他普通贷记支付业务。

1.付款(清算)行的处理

(1)银行业金融机构发起业务的处理。付款(清算)行根据客户提交的普通贷记凭证(或信息),审核无误后进行账务处理。其会计分录为:

　　借:××存款——××户

　　　贷:待清算支付款项

完成账务处理后,付款(清算)行根据行内业务处理系统与前置机直连或间连的不同情况,逐包或组包并加编地方押后发送至城市处理中心。

(2)人民银行(库)发起业务的处理。人民银行会计营业部门和国库部门进行账务处理后,分别在中央银行会计集中核算系统和国家金库会计核算系统按收款清算行组包后,加编地方押发送至城市处理中心。

2.城市处理中心和国家处理中心的处理

(1)付款清算行城市处理中心的处理。城市处理中心收到付款清算行发来的业务包后,进行格式、业务权限等合法性检查并核验地方押。城市处理中心收到中央银行会计集中核算系统和国家金库会计核算系统提交的业务包后,除按上述规定检查外,还要按组包规则进行检查,并对业务包的笔数和金额进行总分核对。

城市处理中心对检查、押押无误的同城业务进行净借记限额检查。检查通过的纳入轧差处理并对业务包标记"已轧差"状态,转发收款清算行,同时向付款清算行返回已轧差信息;检查未通过的,将业务包作排队处理并向付款清算行返回已排队信息。

城市处理中心对检查、核押无误的异地业务加编全国押后转发国家处理中心。

(2)国家处理中心的处理。国家处理中心收到城市处理中心发来的业务包,进行合法性检查并核验全国押。国家处理中心对检查、核押无误的业务包进行净借记限额检查的处理与城市处理中心的处理基本相同。

(3)收款清算行城市处理中心的处理。城市处理中心收到国家处理中心发来的业务包,核验全国押无误后,加编地方押转发收款清算行。

3.收款(清算)行的处理

(1)银行业金融机构接收业务的处理。银行根据行内业务处理系统与前置机直连或间连的不同情况,对收到城市处理中心发来的业务包,逐包确认并核地方押无误后,发送至行内系统拆包并立即进行账务处理抑或先拆包将业务明细转存磁介质或使用人民银行规定格式的来账清单或统一印制的来账凭证打印支付信息,送行内系统进行账务处理。其会计分录为:

借:待清算支付款项

　　贷:××存款——××户

（2）人民银行（库）接收业务的处理。中央银行会计集中核算系统和国家金库会计核算系统收到城市处理中心发来的业务包,逐包确认并核地方押无误后,作相应账务处理。

4.各节点对各类通知的处理

付款（清算）行、城市处理中心、国家处理中心、收款（清算）行等各节点收到已拒绝、已排队、已轧差和已清算通知后,修改相应业务的状态。付款（清算）行收到已拒绝通知后作相应处理。

（1）付款（清算）行收到已清算通知,进行账务处理,其会计分录为:

借:待清算支付款项

　　贷:存放中央银行准备金

收款（清算）行收到已清算通知,进行账务处理,其会计分录为:

借:存放中央银行准备金

　　贷:待清算支付款项

（二）普通借记业务

普通借记支付业务,是指收款行向付款行主动发起的收款业务。包括下列业务种类:

中国人民银行机构间的借记业务;国库借记汇划业务;中国人民银行规定的其他普通借记支付业务。

1.发起借记业务的处理

（1）收款（清算）行的处理。①银行业金融机构发起业务的处理。收款（清算）行行内业务处理系统与前置机直连的,根据客户提交的普通借记凭证（或信息）,确定每笔业务的借记回执信息最长返回时间 N 日,按相同的 N 和付款清算行组包后发送前置机。前置机对包的格式、业务权限进行检查,并对包的笔数和金额总分核对后,逐包登记借记业务登记簿并加编地方押后发送城市处理中心。

收款（清算）行行内业务处理系统与前置机间连的,根据客户提交的普通借记凭证（或信息）,由业务操作员手工录入、复核,或从磁介质导入业务,前置机对提交的业务按相同的 N 和付款清算行组包,逐包登记借记业务登记簿并加编地方押后发送城市处理中心。

②人民银行（库）发起业务的处理。中央银行会计集中核算系统和国家金库会计核算系统对需要发起的借记业务,确定每笔业务的借记回执信息最长返回时间 N,按相同的 N 和付款清算行组包后,逐包登记借记业务登记簿并加编地方押后发送城市处理中心。

（2）城市处理中心和国家处理中心的处理。①收款清算行城市处理中心的处理。城市处理中心收到收款清算行发来的业务包后,进行合法性检查并核验地方押,无误后登记借记业务登记簿。城市处理中心收到中央银行会计集中核算系统和国家金库会计核算系统发来的业务包,除按上述规定检查外,还要按组包规则进行检查,并对业务包的笔数和金额进行总分核对。

城市处理中心对同城业务转发付款清算行,对异地业务加编全国押后发送国家处理中心。

②国家处理中心的处理。国家处理中心收到城市处理中心发来的业务包,进行合法性检查并核验全国押,无误后登记借记业务登记簿并将业务包转发付款清算行城市处理中心。③付款清算行城市处理中心的处理。城市处理中心收到国家处理中心发来的支付业务,核验全国押无误后,登记借记业务登记簿并加编地方押后转发付款(清算)行。

（3）付款(清算)行的处理。①银行业金融机构接收业务的处理。付款(清算)行行内业务处理系统与前置机直连的,前置机收到城市处理中心发来的业务包,逐包确认并核验地方押无误后,登记借记业务登记簿并发送至行内业务处理系统拆包和处理。

付款(清算)行行内业务处理系统与前置机间连的,前置机收到城市处理中心发来的业务包,逐包确认并核验地方押无误后,登记借记业务登记簿并进行拆包。付款(清算)行将业务明细转存磁介质或使用中国人民银行规定格式的来账清单或统一印制的来账凭证打印支付信息,送行内系统进行相应处理。

②人民银行(库)接收业务的处理。中央银行会计集中核算系统和国家金库会计核算系统收到城市处理中心发来的业务包,逐包确认并核验地方押无误后,登记借记业务登记簿并拆包进行相应处理。

（4）各节点收到已拒绝通知的处理。收款(清算)行、城市处理中心、国家处理中心等各节点收到已拒绝通知后,修改相应业务状态并销记登记簿。

2.借记业务回执的处理

（1）付款(清算)行的处理。①银行业金融机构发出业务回执的处理。付款(清算)行收到借记业务后,立即检查协议,执行扣款。付款人当日账户足够支付的进行账务处理;付款人账户不足支付的,于次日直至借记回执信息最长时间的T＋N日(T为轧差节点的转发日期)内执行扣款并作账务处理。付款(清算)行扣款成功时进行账务处理,其会计分录为:

借:××存款——××户

　贷:待清算支付款项

付款(清算)行对原包业务全部扣款成功的应立即返回借记业务回执包;到

期日原包业务无论扣款是否成功,应返回借记业务回执包。

付款(清算)行行内业务处理系统与前置机直连的,将借记业务回执包发送前置机,包中附扣款成功和扣款失败的业务明细。前置机对包的格式、业务权限进行检查,将回执包与原包核对无误后,加编地方押发送城市处理中心。付款(清算)行行内业务处理系统与前置机间连的,行内系统按上述规定执行扣款后,由业务操作员手工录入、复核,或从磁介质导入原包业务的借记回执,前置机对提交的借记回执组包并与原包核对无误后,加编地方押后发送城市处理中心。

②人民银行(库)发出业务回执的处理。中央银行会计集中核算系统和国家金库会计核算系统收到借记业务后,比照银行业金融机构的业务处理程序执行扣款和组包,加编地方押后发送城市处理中心。

(2)城市处理中心和国家处理中心的处理。①付款清算行城市处理中心的处理。城市处理中心收到付款清算行发来的借记业务回执包,进行合法性检查并核验地方押。城市处理中心收到中央银行会计集中核算系统和国家金库会计核算系统提交的业务包,除按上述规定进行检查外,还应按组包规则进行检查,并对借记业务回执包的笔数和金额进行总分核对。

城市处理中心对检查、核押无误的同城借记业务回执包中成功金额进行净借记限额检查。对检查通过的实时纳入轧差处理、销记登记簿,并对包标记"已轧差"状态后转发收款清算行,同时向付款清算行返回已轧差信息;净借记限额检查未通过的,作排队处理并向付款清算行返回已排队信息。

城市处理中心对检查、核押无误的异地借记业务回执包加编全国押后发往国家处理中心。

②国家处理中心的处理。国家处理中心收到城市处理中心发来的借记业务回执包,进行合法性检查并核验全国押。国家处理中心对检查、核押无误的借记业务回执包中成功金额进行净借记限额检查。检查通过的实时纳入轧差处理,销记登记簿,并对包标记"已轧差"状态后转发收款清算行城市处理中心;净借记限额检查未通过的,进行排队处理并向付款清算行城市处理中心返回已排队信息。

③收款清算行城市处理中心的处理。城市处理中心收到国家处理中心发来的借记业务回执包,核验全国押无误后销记登记簿,并加编地方押转发收款(清算)行。

(3)收款(清算)行的处理。①银行业金融机构接收业务的处理。收款(清算)行行内业务处理系统与前置机直连的,前置机收到城市处理中心发来的借记业务回执包,逐包确认并核地方押无误后销记登记簿,发送至行内业务处理系统拆包并立即进行账务处理,其会计分录为:

借:待清算支付款项

贷:××存款——××户

收款(清算)行行内业务处理系统与前置机间连的,前置机收到城市处理中心发来的借记业务回执包,逐包确认并核地方押无误后,销记登记簿并进行拆包,银行将业务明细转存磁介质或使用中国人民银行规定格式的来账清单或统一印制的来账凭证打印支付信息,送行内系统进行相应账务处理。

②人民银行(库)接收业务的处理。中央银行会计集中核算系统和国家金库会计核算系统收到城市处理中心发来的借记业务回执包,逐包确认并核地方押无误后,销记借记业务登记簿并拆包进行相应处理。

(4)各节点对各类通知的处理。付款(清算)行、城市处理中心、国家处理中心、收款(清算)行等各节点收到已排队、已轧差、已拒绝和已清算通知后,修改相应业务状态,收到已轧差通知时需销记登记簿。付款(清算)行收到已拒绝通知后要作相应处理。

付款(清算)行收到已清算通知时进行账务处理,其会计分录为:

借:待清算支付款项

贷:存放中央银行准备金

收款(清算)行收到已清算通知时进行账务处理,其会计分录为:

借:存放中央银行准备金

贷:待清算支付款项

【本章小结】

1.银行往来及资金清算是指商业银行(包括系统内和跨系统)相互之间以及与中央银行之间,因办理支付结算、资金调拨、相互融通资金和中央银行行使金融监管职能等原因引起的资金账务往来及清算。

2.目前,我国已初步建成以中国现代化支付系统为核心,以商业银行行内系统为基础,票据交换系统、银行卡支付系统等共同组成的支付清算网络。

3.资金汇划清算系统是商业银行办理结算资金和内部资金汇划与清算的工具,是一套集汇划业务、清算业务、结算业务等于一体的综合性应用系统。该系统由汇划业务经办行、清算行、省区分行和总行清算中心通过计算机网络组成。其基本做法是:实存资金,同步清算,头寸控制,集中监督。

4.商业银行各级机构为满足通过人民银行存取现金、办理各种存、贷款业务、资金清算以及考核法定存款准备金的需要,都在人民银行开立了准备金存款账户。

商业银行应按规定向中央银行全额缴存财政性存款,按规定的比例向中央银行缴存存款准备金。

5.同城票据交换是指在同城市（区域）范围内,各商业银行之间,按规定的时间,集中到指定的地点（票据交换所）,相互交换代收、代付的票据,然后轧计差额,并清算资金存欠的方法。

6.现代化支付系统是中国人民银行按照我国支付清算需要,利用计算机网络和电子通信技术开发建设,为银行业金融机构和金融市场提供资金清算服务的公共平台。它主要由大额实时支付系统和小额批量支付系统两个业务应用系统,以及清算账户管理系统和支付管理信息系统两个辅助支持系统组成。

【本章练习题】

（一）填空题

1.经办行是具体办理_____和_____汇划业务的行处,汇划业务的_____是发报经办行;汇划业务的接收行是_____。

2.汇划业务主要承担_____、异地托收承付、委托收款、_____、银行卡、储蓄旅行支票、内部_____、其他经总行批准的款项汇划及其_____,对公、储蓄、_____异地通存通兑业务的资金清算,同时办理有关的_____业务。

3.收报经办行收到清算行传来的_____、实时汇划业务,经检查无误后,打印"资金汇划（借方）_____凭证"或"资金汇划（_____）补充凭证"一式两份,并自动进行_____。如贷方汇划业务,会计分录为:借:_____,贷:××科目。

4.如二级分行在总行_____不足,日终又不能立即_____补足,总行清算中心有权主动代_____强行借出资金,弥补二级分行_____,同时通知二级分行和省区分行。

5.商业银行各级机构为满足通过人民银行存取_____、办理各种存、_____业务、资金清算以及考核_____准备金的需要,都在人民银行开立了_____存款账户。

6.人民银行对商业银行开立的准备金存款账户,用"××银行_____"科目核算,它属于_____性质账户。商业银行对在人民银行开立的准备金存款账户,用"_____银行准备金"科目核算,它属于_____性质账户。

7.通过人民银行转汇_____业务时,汇出行应将款项_____人民银行,汇出行开户的人民银行一方面从汇出行_____账户付出款项,一方面通过_____或大额支付系统将款项划往汇入地人民银行。

8.若提出行提出的是在本行开户的付款人委托银行从_____中付出款项,划往在他行开户的收款人账上的各种凭证,称为_____票据;若提出的是在本行开户的收款单位_____的,应由在他行开户的单位付款的凭证,称为_____票据。

9. 现代化支付系统主要由_____支付系统和_____支付系统两个业务应用系统,以及_____管理系统和_____系统两个辅助支持系统组成,建有两级处理中心,即国家_____和全国省会(首府)城市处理中心及深圳城市处理中心。

10. 收款(清算)行行内业务_____与前置机_____的,根据客户提交的普通_____(或信息),确定每笔业务的借记回执信息最长返回时间_____,按相同的 N 和付款清算行组包后发送前置机。

(二)判断题

1. 银行往来及资金清算是指商业银行系统内相互之间,因办理支付结算、资金调拨、相互融通资金等原因引起的资金账务往来及清算。　　　　　　(　　)

2. 清算行是在总行清算中心开立备付金存款账户,办理其辖属行处汇划款项清算的分行,包括直辖市分行、总行直属分行及二级分行(含省分行营业部)。

(　　)

3. "系统内款项存放"科目用于核算和反映各省区分行、直辖市分行、总行直属分行及二级分行存放在上级管辖行的清算(调拨)备付金、定期存款和特种存款等。　　　　　　(　　)

4. 发报清算行收到发报经办行传输来的跨清算行借方汇划业务,其会计分录为:

借:待清算辖内往来

　　贷:上存系统内款项——上存总行备付金户　　　　　(　　)

5. 总行清算中心收到各发报清算行汇划款项,每日营业终了更新各清算行在总行开立的备付金存款账户。如贷方汇划款项,其会计分录为:

借:系统内款项存放——发报清算行存放备付金

　　贷:系统内款项存放——收报清算行存放备付金　　　(　　)

6. 如省区分行在总行备付金存款余额不足向二级分行借出资金,总行清算中心则可直接向二级分行借款,弥补二级分行备付金头寸。　　　　(　　)

7. 商业银行在人民银行的准备金存款余额不足支付,对欠缴存款应对本次能实缴的金额和欠缴的金额要分开填制凭证;对欠缴金额待商业银行调入资金时应一次全额收回或分次扣收。　　　　　　(　　)

8. 日拆性贷款户是商业银行由于汇划款项未达等原因发生临时性资金短缺而从人民银行取得的借款,此种借款的期限一般为 30 天,最长不超过 60 天。

(　　)

9.凡收款人在本行开户,付款人在他行开户的票据为代付款项票据,应填制"票据交换借方汇总表"。 （　　）

10.大额支付系统可以处理规定金额起点(目前为2万元)以上的跨行贷记支付业务。 （　　）

(三)单项选择题

1.资金汇划清算的实存资金是指(　　)。

A.各参与行在清算行开立备付金存款账户

B.以清算行为单位在总行清算中心开立备付金存款账户

C.各存款单位在开户行开立存款户

D.各商业银行在中央银行开立存款账户

2."待清算辖内往来"科目的性质是(　　)。

A.资产类　　　　　　　　　　B.负债类

C.损益类　　　　　　　　　　D.资产负债共同类

3.收报清算行收到总行传来的汇划数据后均传至收报经办行进行处理的方式称为(　　)。

A.集中式　　　B.分散式　　　C.统一式　　　D.汇总式

4.会计分录"借:上存系统内款项——上存总行备付金户;贷:系统内借入——一般借入户"反映的经济内容是(　　)。

A.清算行向管辖行申请借入资金　　B.省区分行向总行借款

C.清算行向管辖行归还借入资金　　D.省区分行向总行归还借款

5.下列属于一般存款缴存范围的是(　　)。

A.中央预算收入　　　　　　　B.地方金库款

C.财政预算外存款　　　　　　D.代理发行国债款

6.下列属于财政性存款缴存范围的是(　　)。

A.机关团体存款　　　　　　　B.财政预算外存款

C.中央预算收入　　　　　　　D.单位存款

7.提出行提出的是在本行开户的付款人委托银行从其账户中付出款项,划往在他行开户的收款人账上的各种凭证,称为(　　)。

A.代收票据　　　B.代付票据　　　C.应收票据　　　D.借方票据

8.下列支付业务属于大额支付系统处理的是(　　)。

A.城市商业银行银行汇票资金的移存和兑付资金的汇划业务

B.普通贷记业务

C.普通借记业务

D.2万元以下的跨行贷记支付业务

9.下列跨行支付业务属于小额支付系统处理的是( )。

A.城市商业银行银行汇票资金的移存和兑付资金的汇划业务

B.特许参与者发起的即时转账业务

C.2万元以上的跨行贷记支付业务

D.定期贷记业务

(四)多项选择题

1.引起商业银行相互之间以及与中央银行之间资金账务往来及资金清算的原因有( )。

A.办理支付结算　　　　　　　　B.进行资金调拨

C.相互融通资金　　　　　　　　D.中央银行行使金融监管职能

E.部门间领导职务调动

2.我国支付清算网络的组成有( )。

A.联行往来系统　　　　　　　　B.人民银行电子联行系统

C.人民银行手工联行系统　　　　D.票据交换系统

E.现代化支付系统

3.资金汇划清算系统的组成有( )。

A.经办行　　　　B.清算行　　　　C.省区分行　　　　D.发报行

E.总行清算中心

4.资金汇划清算的基本做法是( )。

A.实存资金　　　　B.分散核算　　　　C.同步清算　　　　D.头寸控制

E.集中监督

5.资金汇划清算系统的处理办法是( )。

A.汇划数据批量处理　　　　　　B.汇划数据实时发送

C.各清算行控制进出　　　　　　D.总行中心即时处理

E.汇划资金按时到达

6.资金汇划清算系统设置的会计科目有( )。

A.联行往账　　　　　　　　　　B.联行来账

C.上存系统内款项　　　　　　　D.系统内款项存放

E.待清算辖内往来

7.对商业银行各分支机构在人民银行开立的准备金存款账户,下列说法正确的是( )。

A.用于核算向人民银行存取现金、资金调拨、资金清算

B.核算其他日常支付的款项

C.不允许透支

D. 用于考核法定存款准备金

E. 属于备付金和法定存款准备金合一的账户

8. 商业银行需要通过人民银行转账存取款项的业务主要有（　　　）。

A. 异地跨系统结算资金清算　　　　B. 同城票据交换差额清算

C. 商业银行系统内资金调拨　　　　D. 再贷款、再贴现与同业拆借

E. 缴存财政性款项

9. 现代化支付系统由下列系统组成（　　　）。

A. 大额实时支付系统　　　　　　　B. 小额批量支付系统

C. 清算账户管理系统　　　　　　　D. 支付管理信息系统

E. 同城票据交换系统

10. 现代化支付系统的参与者有（　　　）。

A. 直接参与者　　B. 间接参与者　　C. 特许参与者　　D. 工业企业

E. 商业企业

（五）名词解释

1. 银行往来及资金清算

2. 资金汇划清算系统

3. 集中式

4. 分散式

5. 法定准备金

6. 支付准备金

7. 再贴现

8. 商业银行往来

9. 同城票据交换

10. 现代化支付系统

（六）简答题

1. 是什么原因引起相互之间的银行要进行资金清算？

2. 做好银行往来及资金清算的核算工作有什么重要的意义？

3. 我国银行往来与资金清算的模式是怎样的？

4. 资金汇划清算的基本做法是怎样的？

5. 资金汇划清算系统的处理办法是怎样的？

6. 商业银行在人民银行开立的准备金存款账户的性质是什么？如何进行管理？

7. 人民银行对法定存款准备金是如何考核的？

8. 再贷款按照贷款期限的不同主要设置哪些账户？

9.同城票据交换的基本规定有哪些?

10.现代化支付系统的参与者有哪些?

(七)业务题

1.某市工行系统某日发生下列与异省系统内行处的业务,请按资金汇划清算办法逐笔作出发报经办行和清算行的会计分录。

(1)开户单位美海公司提交信汇凭证一份,要求将款项 69 000 元汇往异地的第二化工厂,审查无误,予以办理。

(2)海王医药公司为承兑申请人的到期银行承兑汇票一份,金额 130 000 元,今日划出。

(3)左海家具厂送存异省系统内银行汇票一份及进账单,出票金额 150 000 元,实际结算金额 140 000 元。

2.某市工行系统收报清算行某日收到总行清算中心传来批量汇划数据,计算机自动检测收报经办行均为辖属行处,日终进行挂账处理。请分别按集中式和分散式作出会计分录。

(1)收到在辖属 A 行开户的收款人为天虹百货商场的电汇款 90 000 元。

(2)收到在辖属 B 行开户的收款人为东南电厂划回的托收款项 280 000 元。

(3)收到在辖属 C 行开户的申请人为居安房地产开发公司的结清银行汇票款,出票金额 180 000 元,实际结算金额 175 000 元。

3.工商银行甲省某市二级分行当日不能通过人民银行补足在总行清算中心的备付金存款,经批准,向甲省分行申请借入资金 2 000 000 元。甲省分行经批准向总行清算中心办理资金借出手续。请作出会计分录。

4.某商业银行向开户的人民银行提取现金 500 000 元。请作出会计分录。

5.某城市商业银行(法人)3 月 16 日营业终了报送给开户人民银行的"一般存款科目余额表"的存款余额合计为 762 230 000 元,按 16% 的法定准备率计算,该行当日营业终了"准备金存款账户"的余额最低应为多少?

6.工商银行某市支行 4 月 20 日各财政性存款科目余额如下:

中央预算收入　　　　　　　　　　597 000

地方金库款　　　　　　　　　　8 368 000

代理发行国债(抵减代理兑付国债款)　6 321 000

上旬调整缴存款后,"缴存中央银行财政性存款"科目余额为 14 359 000 元。

4 月 24 日该市支行调整缴存财政性存款(假设准备金存款账户有足够资金可以支付)。

请作出会计分录。

7.建设银行某支行因季节性信贷资金不足,于 5 月 8 日向中央银行申请贷款 2 000 000 元,期限二个月,月利率为 3.15‰,中央银行审查后办理。请作出建设银行取得和归还再贷款的会计分录。

8.工商银行某市支行受理开户单位第二化工股份有限公司承付的托收款项693 500 元,收款人为异省某市的化工原料厂,在农业银行该市支行开户。通过人民银行进行转汇。请作出会计分录。

9.某市票据交换所 3 月 9 日第一场交换各行提出、提入票据如下:

行 别	提出应付票据	提出应收票据	提入应付票据	提入应收票据
工商银行	646 000	833 000	460 000	1 111 000
农业银行	943 000	362 000	743 000	754 000
中国银行	669 000	785 000	838 000	604 000
建设银行	657 000	471 000	410 000	446 000

轧算各行票据交换差额,假设在规定时间内未发生退票,请作出各交换行与人民银行清算票据交换差额的会计分录。(涉及存款科目的用"××存款"表示)

10.工商银行某支行同当地中国银行某支行达成协议,借入资金 300 万元,通过人民银行办理资金拆借手续。请作出有关商业银行和人民银行的会计分录。

11.工商银行福州分行营业部(直接参与者)受理开户单位闽江水利工程局提交的二、三两联银行汇票和进账单,该银行汇票出票行为中国银行大连分行营业部,出票金额 2 000 000 元,实际结算金额 1 850 000 元,申请人为在该行开户的大连海运公司。工商银行福州分行营业部审查无误后,为闽江水利工程局进账,并加编密押后发送发报中心,通过发报中心加编全国密押,实时发送至国家处理中心。请作出会计分录。

12.工商银行福州分行营业部(直接参与者)受理开户单位发电设备厂到期承付在徐州建设银行分行营业部开户的机械厂托收款 580 000 元,转账后加编地方押发送至城市处理中心,城市处理中心检查、核押无误加编全国押后转发国家处理中心。请作出会计分录。

第七章

外汇业务的核算

学习目的

通过本章的学习,要了解外汇业务的主要内容,理解并掌握外汇业务核算的特点,尤其是对外汇分账制的含义、内容和做法,要能在理解的基础上熟练运用;熟练掌握外汇买卖科目的使用方法、外汇买卖科目传票和账簿的填制方法;掌握外汇存款的种类、存期和起存金额,单位外汇存款和个人外汇存款存入支取的规定,存款存入、支取与利息的核算方法,掌握短期外汇贷款的发放、利息计算和收回的会计处理;掌握进口、出口信用证项下各结算环节的会计核算。

第一节　外汇业务概述

一、外汇与汇率

(一)外汇

1. 外汇的概念

要准确地把握外汇的内涵,应从两个方面理解,即外汇有动态外汇和静态外汇之分。动态含义指一种活动或行为,即清算国际债权债务所需的货币兑换的交易过程。从历史上看,外汇最早是指国际汇兑,即通过银行等金融机构把一国货币换成另一国货币,实现资金转移或债权债务清算的一种专门性经营活动或行为。它强调的是"汇"、"兑"的过程或行为。"汇"指资金的移动,"兑"指通过金融机构进行的货币的兑换。外汇的静态含义指以外币表示的用于国际结算的支付手段。即国际债权债务清算过程中使用的支付手段或工具。静态外汇强调的是国际汇兑过程中所使用的支付手段,是外汇以物质形式本身而存在的。其具体内容包括:外国货币(包括外币现钞和铸币);外币有价证券(政府债券、公司债券、股票等);外币支付凭证(汇票、本票、支票、银行存款凭证、邮政存款凭证等);其他外汇资产。广义的静态的外汇是具有普遍意义的外汇的概念,即我们通常所指的外汇。对于一国或地区而言,一国的货币要成为外汇,除了货币发行国的经济实力雄厚,融合于世界经济体系、币值相对稳定外,还应具备完全可自由兑换、普遍接受性和可偿性特征。

目前,世界上已有60多个国家或地区的货币被认为是可自由兑换的,但受普遍接受性限制,作为外汇的外币种类并不多,主要有:美元(USD)、日元(JPY)、英镑(GBP)、瑞士法郎(CHF)、丹麦克朗(DKK)、加拿大元(CAD)、澳大利亚元(AUD)、港元(HKD)、新加坡元(SGD)、欧元(EUR)等。

2.外汇的种类

(1)按照外汇的来源和用途分类,有贸易外汇和非贸易外汇。贸易外汇指由商品的输出入引起收付的外汇。一个国家的商品输出,可以赚取外汇,商品输入则支付外汇。这种由商品输出入而引起的外汇收支,就是贸易外汇收支。贸易外汇收入是一个国家最主要的外汇来源,贸易外汇支出则是外汇的主要用途;非贸易外汇是指由非贸易往来而引起收付的外汇。即经常项目中进出口贸易以外的,如劳务外汇、旅游外汇、投资收益和侨汇等。这种外汇,随着国际经济贸易和其他事务往来的发展,对某些国家已日显重要。

(2)按照外汇买卖交割期限分类,有即期外汇和远期外汇。即期外汇(Spot Foreign Exchange),又称现汇,是指外汇买卖成交后在两个营业日内办理实际交割的外汇。交割是买卖双方钱货两清,外汇交割是指一方付出本币,一方付出外币。即期交割有三种情况:(1)T+0,即买卖成交后立即交割。(2)T+1,即买卖成交后第一个营业日交割。(3)T+2,在买卖成交后第二个营业日交割。远期外汇(Forward Foreign Exchange),又称期汇,是指买卖双方先按商定的汇率签订合同,并预约在未来某一天办理实际交割的外汇。远期外汇的期限一般为1~6个月,也可长达1年。

(3)按持有者的不同分类,有官方外汇和私人外汇。官方外汇指财政部、中央银行或其他政府机构以及国际组织所持有的外汇。各国政府持有的外汇主要用来稳定本国货币汇率、平衡国际收支、偿付到期债务,是一国国际储备的主要部分。国际组织所持有的外汇主要用于对会员国的贷款;私人外汇指自然人地位的居民和非居民所持有的外汇。在不实行外汇管制的国家中,私人对外汇有自行支配的权利。

(4)外汇按形态分类,可分为现钞和现汇。现钞是指各种外币钞票、铸币等。现汇又称转账外汇,是指用于国际汇兑和国际间非现金结算的,用于清偿国际间债权债务的外汇。

(二)汇率

1.汇率的概念

所谓外汇汇率(Foreign Exchange Rate),是两国货币交换时的量的比例关系,即用一定数量的一国货币去交换一定数量的另一国货币。有了货币的兑换率,一种货币才能顺利地兑换成另一种货币,从而实现国际间的货币收支及债权债务的清偿。例如:USD 100=CNY 683.82,即100美元可以兑换683.82元人民币。

2.汇率的标价方法

确定汇率的标价方法,首先要区分"基准货币"和"标价货币"两个概念。按国际惯例,凡在汇率标价中,其数量固定不变的货币则称为基准货币,其数量会发生变动的货币叫标价货币或报价货币。在外汇交易中,这两种货币经常要进行换算,换算公式如下:

(1)已知基准货币数,求报价货币数,则:

$$报价货币数=基准货币数\times汇率$$

(2)已知报价货币数,求基准货币数,则:

$$基准货币数=报价货币数\div汇率$$

目前,国际上常用的标价方法有:直接标价法、间接标价法以及美元标价法和非美元标价法。需要特别强调的是,只有指明报价银行所在国家或地区时,即能确定标价中的两种货币哪种是本币时,谈论直接标价法和间接标价法才有意义,如不能确定哪种是本币,谈论美元标价法和非美元标价法才更有意义。

(1)直接标价法。又称应付标价法(giving quotation),即用若干数量的本币表示一定单位的外币,或是以一定单位(如1、100、1 000、10 000等)的外币为标准,折算成若干单位本币的一种汇率表示方法。我国采用的是直接标价法。在人民币与各种外币的比价中,英镑、港币、美元、日元和欧元均为基准货币,单位为100,人民币为标价货币。人民币外汇牌价表(见表7-1)。

表 7-1　人民币外汇牌价表

单位:人民币/100 外币　　　　　　　　　报价时间:2009-12-3　12:24:37

货币名称	现汇买入价	现钞买入价	卖出价	中间价
美元 USD	681.3200	675.8600	684.0600	682.6900
瑞士法郎 CHF	680.4400	659.4300	685.9000	683.1700
新加坡元 SGD	492.3500	477.1500	496.3000	494.3250
瑞典克朗 SEK	99.1900	96.1300	99.9900	99.5900
丹麦克朗 DKK	137.8800	133.6200	138.9900	138.4350
挪威克朗 NOK	121.6100	117.8600	122.5900	122.1000
日元 JPY	7.7378	7.4989	7.8000	7.7689
加拿大元 CAD	648.4400	628.4300	653.6500	651.0450
澳大利亚元 AUD	633.0400	613.5000	638.1300	635.5850
欧元 EUR	1 026.0900	994.4100	1 034.3300	1 030.2100
澳门元 MOP	85.3800	84.6600	85.7100	85.5450
菲律宾比索 PHP	14.6100	14.1600	14.7300	14.6700
泰国铢 THB	20.5100	19.8800	20.6800	20.5950
新西兰元 NZD	494.8100		498.7800	496.7950
英镑 GBP	1 134.3100	1 099.2900	1 143.4200	1 138.8650
港币 HKD	87.9100	87.2100	88.2500	88.0800

(2)间接标价法。间接标价法又称应收标价法(receiving quotation),是用若干数量的外币表示一定单位的本币,或是以一定单位的本币为标准,折算成若干单位外币的一种汇率表示方法。目前只有英、美、欧元区的外汇市场等少数国家和地区采用该标价法。例如在欧元区外汇市场上,EUR/USD=1.2588/91,欧元是基准货币,美元是标价货币。

(3)美元标价法与非美元标价法。美元标价法是指以一定单位的美元为标准来计算应兑换多少其他货币的汇率表示方法,即美元作为基准货币,其他货币是标价货币。非美元标价法是指以一定单位的其他货币为标准来计算应兑换多少美元的汇率表示方法。其他货币作为基准货币,美元是标价货币。随着外汇市场的迅速发展和外汇交易的全球化,对于外汇交易的双方来说,一笔交易所涉及的两种货币可能没有一种属于本币,传统的用于各国的直接标价法和间接标价法已无法适应国际外汇市场的发展,全球化的外汇交易需要一种统一的汇率表示方法即美元标价法和非美元标价法。

3.汇率的种类

从银行买卖外汇的角度划分,汇率可分为买入汇率、卖出汇率、中间汇率和现钞汇率。

(1)买入汇率与卖出汇率。买入汇率(Buying Rate)也称汇买价,指银行向同业或客户买入外汇时所使用的汇率。因为其客户主要是出口商,所以买入汇率常称为出口汇率(Export Rate)。卖出汇率(Selling Rate)又称汇卖价,指银行向同业或客户卖出外汇时所使用的汇率。由于客户多为进口商,故卖出汇率常被称为进口汇率(Emport Rate)。

(2)中间汇率。中间汇率(Middle Rate)也叫中间价,是银行外汇买入价与卖出价的算术平均值。中间汇率的计算公式为:

$$(买入价+卖出价)÷2=中间汇率$$

各种新闻媒体报道的外汇行情通常为中间价。

(3)现钞汇率。一般来说,外国现钞不能在本国流通,只有将外钞兑换成本币,才能够购买本国的商品和劳务。把外币现钞换成本币,就出现了买卖外币现钞的兑换率,即现钞汇率(Bank Notes Rate)。现钞汇率不等于外汇汇率,这是因为银行收兑的外国现钞存放在本国银行没有意义,需要存放到外国银行生息,或运到各发行国去,才能充当流通或支付手段。银行运送外币现钞必须花费一定的运费、保险费等,且要承担一定风险,因此,银行在收兑外币现钞时的汇率(即买价),要稍低于外汇汇率,而卖出外币现钞时的汇率(即卖价),则等于外汇汇率,因为银行卖出外钞不承担相应的费用。

在银行公布的外汇牌价中,买卖差价顺序排列为:

$$钞买价<汇买价<中间价<汇卖价=钞卖价$$

二、外汇业务的主要内容

商业银行的外汇业务是指以记账本位币以外的货币进行收付、结算的业务。目前我国外汇指定银行经营的外汇业务主要有:外币存款业务,外汇贷款业务,外汇汇款业务,外汇兑换业务,外汇同业拆借,发行或代理发行股票以外的外币有价证券,外币票据的承兑和贴现,贸易和非贸易结算,外汇担保业务,自营及代客外汇买卖业务,国家外汇管理局批准的其他外汇业务。

三、外汇业务会计核算的特点

(一)记账方法采用借贷复式记账法

借贷复式记账法就是以借、贷为记账符号,以有借必有贷,借贷必相等为记账规则,在两个或两个以上相互联系的账户中进行金额相等、方向相反记录的一种记账方法。借方登记资产增加,负债减少,所有者权益减少,损失增加,收益结转。贷方登记负债增加,所有者权益增加,资产减少,收益增加,损失结转。

(二)记账方式采用外汇分账制

外汇银行经营的货币种类较多,为了完整反映各类外汇资金的增减变化情况,保护各类外汇资金的安全,外汇银行采用外汇分账制。外汇分账制又叫原币记账法,指按业务发生时的货币记账,不折成本位币入账的一种记账方式。其主要内容是:

1.人民币与外币分账

对有外汇牌价的各类外汇收支要求以原币记账,不折成本位币入账。以原币填制凭证,登记账簿,编制报表,每一种货币各自成立一套完整的账务系统。

2.专门设置"外汇买卖"科目,起桥梁和平衡作用

当一项银行业务涉及两种或两种以上的货币时,必须通过有关外汇买卖科目核算。外汇买卖科目是外汇分账制的一个特定科目,在不同的外汇业务之间,起一个桥梁的平衡和联系作用。如出口结汇、进口售汇、套汇业务核算,外汇银行均通过外汇买卖科目核算。

3.年终决算时,编制汇总的人民币报表

各种外币除编制各自的报表外,美元以外的其他外币要按年终决算牌价折成美元报表,合并的美元报表按年终决算牌价折成人民币报表,同以人民币报表按会计科目归口合并,编制一张汇总的人民币报表。

(三)记账基础采用权责发生制

权责发生制又称应收应付制,只要债权债务一经产生,不管有无实际的资金收付行为,都应记账。权责发生制对于本期内实际发生,应属于本期的收益和费用,不论其款项是否收到或付出都作为本期的收益和费用处理。反之,凡不属于本期实际发生,不应属于本期的收益和费用,即使款项已经收到或付出,都不作为本期的收益和费用处理。例如,一笔3年期的美元定期存款到期时的利息为1 500美元,这笔1 500美元的利息虽到期后支付,但应属于3个年度,需均衡分摊。商业银行应在第一年、第二年年终都应对当年承担的利息费用列作损失,进行账务处理,这样才能准确计算各年的损益。否则1 500美元的利息支出都由第三年承担,第三年的支出就被扩大了,而第一年、第二年的支出则被缩小了,显然不能正确反映每年的经营成果。

第二节 外汇买卖核算

一、外汇买卖科目的使用

当一项银行业务涉及两种或两种以上的货币时,必须通过有关外汇买卖科目核算。外汇买卖科目是外汇分账制的一个特定科目,在不同的外汇业务之间,起一个桥梁的平衡和联系作用。如出口结汇、进口售汇、套汇业务核算,外汇银行均通过外汇买卖科目核算。

外汇买卖科目是共同类会计科目,买入外币时,外币金额应贷记此科目,同时,人民币金额应借记此科目。卖出外币时,外币金额应借记此科目,同时,人民币金额应贷记此科目。

二、外汇买卖业务的核算

(一)买入外汇的会计核算

买入外汇包括结汇及外币兑本币业务。所谓结汇是指境内企事业单位、机关和社会团体按国家的外汇政策规定,将各类外汇收入按银行挂牌汇率卖给外汇指定银行,即银行买进这部分外汇,同时付给对方相应的人民币。利息找零业务比照结汇处理,即商业银行在支付储户本息时,元以下辅币不能支付外币零头,可以按牌价以人民币折付。买入外汇的基本会计分录为:

借:有关科目　　　　　　　　　　　　　　外币××
　　贷:外汇买卖(钞买价或汇买价)　　　　　　　　外币××
借:外汇买卖(中间价)　　　　　　　　　　人民币××
　　贷:有关科目　　　　　　　　　　　　　　　人民币××
　　　外汇买卖价差　　　　　　　　　　　　　人民币××

【例7-1】当天,外汇银行从国内居民手中买入200美元现钞,结付人民币现金。当日美元的钞买价是676.76%,中间价是683.60%。其会计分录为:

借:现金　　　　　　　　　　　　　　　USD 200.00
　　贷:外汇买卖(钞买价676.76%)　　　　　　USD 200.00

借:外汇买卖(中间价 683.60％)

CNY 1 367.20(USD 200×683.60％)

贷:现金　　　　　　　　　　CNY 1 353.52(USD 200×676.76％)

外汇买卖价差　　　　　　　　　　　　　　　CNY 13.68

在以上会计分录中,人民币外汇买卖账户应该以中间价折算确认,而支付给客户的人民币资金则应按钞买价折算,差额部分为银行柜台部门的收益。这种处理是外币兑换收益逐笔确认的模式。

【例 7-2】外汇银行 A 行收到纽约某银行(与 A 行有美元账户关系)的汇入销货款 USD 50 000 收款方为工艺进出口公司,转入公司单位存款账户。当日美元兑人民币的汇买价为 682.23％,中间价为 683.60％。其会计分录为:

借:汇入汇款　　　　　　　　　　　USD 5 000.00

贷:外汇买卖(汇买价 681.15％)　　　　USD 5 000.00

借:外汇买卖(中间价 683.60％)

CNY 34 180(USD 5 000×683.60％)

贷:单位活期存款　　CNY 34 057.50(USD 5 000×681.15％)

外汇买卖价差　　　　　　　　　　　CNY 122.50

在以上会计分录中,人民币外汇买卖账户应该以中间价折算确认,而支付给工艺进出口公司的人民币资金则应按汇买价折算,差额部分为银行柜台部门的收益。这种处理也是外币兑换收益逐笔确认的模式。

(二)卖出外汇的会计核算

卖出外汇包括本币兑外币业务和售汇。售汇是指境内企事业单位、机关和社会团体的经常项目下的正常付汇,持有关有效凭证,用人民币到商业银行办理兑换,商业银行收进人民币,支付等值外汇。卖出外汇的基本会计分录为:

借:外汇买卖(卖出价)　　　　　　　外币××

贷:有关科目　　　　　　　　　　　　外币××

借:有关科目　　　　　　　　　　　人民币××

贷:外汇买卖(中间价)　　　　　　　人民币××

外汇买卖价差　　　　　　　　　　人民币××

【例 7-3】外汇银行按客户刘华的要求按规定卖出 500 美元现钞,收入人民币现金。当日美元兑人民币的卖出价为 683.89％,中间价为 682.52％。其会计分录为:

借:外汇买卖(卖出价 683.89％)　　　USD 500.00

贷:现金　　　　　　　　　　　　　USD 500.00

借:现金　　　　　　　　CNY 3 419.45(USD 200×683.89%)

　　贷:外汇买卖(中间价 682.52%)

　　　　　　　　　　　　　CNY 3 412.60(USD 200×682.52%)

　　外汇买卖价差　　　　　　　　　　　　　　CNY 6.85

在以上会计分录中,人民币外汇买卖账户应该以中间价折算确认,而卖出 500 美元现钞收入的人民币现金则应按卖出价折算,差额部分为银行柜台部门的收益。

【例 7-4】某家电进出口公司持有关有效凭证向外汇银行 M 行购汇 EUR 10 000 汇往德国,当日欧元兑人民币的卖出价为 903.43%,中间价为 899.83%。其会计分录为:

借:外汇买卖　　　　(卖出价 903.43%)EUR 10 000.00

　　贷:汇出汇款　　　　　　　　　　　　　EUR10 000.00

借:单位活期存款　CNY 90343.00(EUR 10 000×903.43%)

　　贷:外汇买卖(中间价 899.83%)

　　　　　　　　　CNY 89 983.00(EUR 10 000×899.83%)

　　外汇买卖价差　　　　　　　　　　　　　CNY 360

(三)套汇业务的会计核算

套汇业务主要有两类:一是同种货币之间的套汇,主要指钞买汇卖和汇买钞卖。钞买汇卖是银行从客户手里买进外币现钞,卖给对方外币现汇。汇买钞卖是银行从客户手中买进外汇现汇,卖给对方外币现钞。二是两种外币之间的套汇,是银行按买入价买进一种外汇,按卖出价卖出另一种外汇。套汇业务的基本会计分录为:

借:有关科目　　　　　　　　　　A 种外币××

　　贷:外汇买卖(汇买价)　　　　　A 种外币××

借:外汇买卖(中间价)　　　　　　人民币××

　　贷:外汇买卖(中间价)　　　　　人民币××

　　外汇买卖价差　　　　　　　　　人民币××

借:外汇买卖(卖出价)　　　　　　B 种外币××

　　贷:有关科目　　　　　　　　　B 种外币××

【例 7-5】某外商投资企业从其美元账户中兑取 HKD 100 000 汇往国外。当日美元汇买价为 680.80%,中间价为 682.42%,港币卖出价为 88.18%,中间价为 88.01%。其会计分录为:

　　HKD 100 000×88.18%÷680.80%=USD 12 952.41

借:单位活期存款 　　　　　　　　　　　USD 12 952.41

　　贷:外汇买卖(汇买价 680.80％) 　　　　　　　　USD 12 952.41

借:外汇买卖(中间价 682.42％)

　　　　　　　CNY 88 389.84(USD 12 952.41×682.42％)

　　贷:外汇买卖(中间价 88.01％)

　　　　　　　　　CNY 88 010(HKD 100 000×88.01％)

　　　外汇买卖价差 　　　　　　　　　　　CNY 379.84

借:外汇买卖(卖出价 88.18％) 　　　　　HKD 100 000

　　贷:汇出汇款 　　　　　　　　　　　　HKD 100 000

【例 7-6】某外商投资企业持 USD 2 000 现钞要求存入其美元现汇存款户。当日美元钞买价为 675.69％,卖出价为 683.89％,中间价为 682.52％。其会计分录为:

$$USD \ 2\ 000×675.69％÷683.89％＝USD \ 1\ 976.02$$

借:现金 　　　　　　　　　　　　　　　USD 2 000

　　贷:外汇买卖(钞买价 675.69％) 　　　　　　　USD 2 000

借:外汇买卖(中间价 682.52％)

　　　　　　　CNY 13 650.40(USD 2 000×682.52％)

　　贷:外汇买卖(中间价 682.52％)

　　　　　　　CNY 13 486.73(USD 1 976.02×682.52％)

　　　外汇买卖价差 　　　　　　　　　　　CNY 163.67

借:外汇买卖(卖出价 88.18％) 　　　　　USD 1 976.02

　　贷:单位活期存款 　　　　　　　　　　USD 1 976.02

三、外汇买卖凭证及分户账

(一)外汇买卖业务的传票

外汇买卖科目凭证分外汇买卖借方传票(见表 7-2)和外汇买卖贷方传票(见表 7-3)两种,每种均由两联套写传票构成(一般加一联外汇兑换水单和一联外汇买卖统计卡),其中一联为外币外汇买卖传票,另一联为人民币外汇买卖传票。

银行买入外汇(结汇和兑入外币)时,使用外汇买卖贷方传票(一式三联);银行卖出外汇(售汇和兑出外币)时,使用外汇买卖借方传票(一式三联)。外汇买卖传票的外币金额、人民币金额和外汇牌价,必须同时填列,以反映一笔外汇买卖业务的全貌。外汇买卖传票必须同时与对方有关科目转账,不得只转一方。

外汇买卖的外币一联传票应与对应的外币传票自行平衡；外汇买卖的人民币一联传票应与对应的人民币传票自行平衡。

表7-2 外汇买卖借方传票样式

中国 银行
外汇买卖借方传票

总字第	号
字第	号

（借）外汇买卖　　　　　　　　　年　月　日

外币金额	牌　价	人民币金额
（百亿位）		（百亿位）
货币	摘要	

会计　　　　　　复核　　　　　　记账　　　　　　制票

表7-3 外汇买卖贷方传票样式

① 外汇买卖贷方传票（外币）
年　月　日

传票编号

结汇单位	全　称		（贷）　　　外汇买卖
	账号或地址		（对方科目：　　　）

外汇金额	牌　价	人民币金额
		￥
摘要		会计 复核 记账 制票

（附件　张）

（二）套汇业务的传票

银行在办理外汇买卖的套汇业务时，使用外汇买卖套汇传票（见表7-4）。由于套汇包括买入和卖出两种行为，所以套汇传票为一式六联，其中四联分别用于登记不同外币的外汇买卖科目，两联用于登记人民币的外汇买卖科目。套汇传票的折合率栏应填明套汇时使用的两个价格，一般规定左上方填写买入价，右下方填写卖出价。

表 7-4　外汇买卖套汇传票样式

① 　　　　　　　外汇买卖套汇贷方传票（外　　币）

传票编号
日期＿＿＿

（贷）　　　　　　外汇买卖

　　　　　（对方科目：　　　　　）

摘要

外汇金额	人民币金额	牌价	外汇金额	
				（附件　张）

会计　　　　　　复核　　　　　　记账　　　　　　制票

（三）外汇买卖分户账

外汇买卖科目分户账（见表 7-5），以各分账货币立账，人民币不设外汇买卖分户账。它的格式比较特殊（把本、外币分户账结合在一起）。外汇银行结汇时，外币反应在贷方，人民币反应在借方，两者都应计入买入栏；外汇银行售汇时，外币反映在借方，人民币反应在贷方，两者都应记入卖出栏。对于套汇业务，如是不同种货币套汇，则应分别在各自货币外汇买卖分户账上登记；如是同一种货币套汇，则在同一货币账户里平行登记。外汇买卖分户账的结余数额以外币和人民币分别结计，同时反映，方向正好相反。当结余中的外币金额反应在借方时，表明卖出外币多于买入外币，称为"空头"；当外币金额反应在贷方时，表明买入外币多于卖出外币，称为"多头"。可见，外汇买卖分户账的这种区别于一般账簿的特种格式，既便于记账，又便于了解两种货币资金的增减情况和外币头寸的多头、空头情况。

表 7-5　外汇买卖科目分户账

中国　　　　银行（　　　）

外汇买卖科目账

货币：　　　　　　　　　　账户：

公元年		摘要	买　入			卖　出			结　余			
月	日		外币（贷）（十亿位）	牌价	人民币（借）（十亿位）	外币（借）（十亿位）	牌价	人民币（贷）（十亿位）	借或贷	外币（十亿位）	借或贷	人民币（十亿位）

会计　　　　　　　　　　　　记账

登记外汇买卖科目分户账,只根据外汇买卖科目传票外币联登记外汇买卖发生额,人民币外汇买卖传票不记账,只用来编制科目日结单。

外汇买卖科目总账,按各种货币分别设置,其格式及登记方法与一般科目总账相同。

四、经办行与上级行平仓

1.当经办行某种外币结汇大于售汇,经办行应向上级行卖出此种外币。

经办行:

借:内部平仓往来　　　　　　　　　　　　　　CNY

　贷:外汇买卖(平仓汇率)　　　　　　　　　　　　　CNY

借:外汇买卖(平仓汇率)　　　　　　　　外币××

　贷:内部平仓往来　　　　　　　　　　　　外币××

会计凭证:交易单、交易证实书

上级行作相反的会计分录。

2.当经办行某种外币结汇小于售汇,经办行应向上级行买入此种外币。

经办行:

借:内部平仓往来　　　　　　　　　　　外币××

　贷:外汇买卖(平仓汇率)　　　　　　　　　　外币××

借:外汇买卖(平仓汇率)　　　　　　　　CNY

　贷:内部平仓往来　　　　　　　　　　　　CNY

会计凭证:交易单、交易证实书

上级行作相反的会计分录。

第三节　外汇存款业务的核算

一、外汇存款的种类

外汇存款是商业银行以信用方式吸收的国内外单位和个人在经济活动中暂时闲置或结余的并能自由兑换或在国际上获得偿付,并于以后随时或约定期限支取的外币资金。

1.按存款管理的特点的不同将外汇存款分为甲种外汇存款、乙种外汇存款、

丙种外汇存款

2.按存款对象可分为单位外汇存款和个人外汇存款

单位外汇存款是存款者以单位或经济组织的名义存入银行的外汇。个人外汇存款是存款者以个人名义存入银行的外币存款。单位外汇存款包括甲种外币存款及外债专户存款,个人外汇存款包括乙种、丙种外币存款。国内一般居民开立丙种外币存款。

3.按存款货币不同分为港币、美元、日元、英镑、欧元等外汇存款

如果以其他可自由兑换的外币存入,可按存入日的牌价套算成上述货币,按规定,存入什么货币就支付什么货币。

4.外汇存款按期限可分为活期外汇存款和定期外汇存款

5.按支取方式的不同,活期外汇存款分为支票户存款和存折户存款

6.按存入资金形态的不同分为现汇存款户和现钞存款户

目前,单位外汇存款均为现汇户,现汇户可直接汇出国外。现钞户须经过钞买汇卖处理后方可支取汇出,现钞户可直接支取现钞。

二、个人外汇存款的核算

个人外汇存款可开立现汇账户也可开立现钞账户。按存取方式分为活期和定期两种。个人外汇定期存款的起存金额不低于人民币 500 元等值外汇,个人外汇活期存款不低于人民币 100 元等值外汇。凡是从国外或港澳地区汇入和携入的可自由兑换外汇,可存入现汇存款户。现汇户可支取外币现钞,也可汇往国外。凡从国外携入的可自由兑换的外币现钞,可存入现钞存款户。外币现钞户可支取外币现钞,也可汇往港澳地区或国外。

(一)存入的核算

1.个人活期外汇存款开户的处理

开户时,存款人填写"外币存款申请书",写明户名、地址、存款种类、金额等,连同外汇或现钞交存银行。银行审核无误后办理存折户或支票户的开户手续。通过"活期外汇存款"科目核算,登记存折和开销户登记簿,出售支票。以外币现金或汇入汇款存入时,其会计分录为:

借:现金或汇入汇款　　　　　　　　　　　　　　外币××

贷:活期外汇存款　　　　　　　　　　　　　　　外币××

2.个人活期外汇存款续存的处理

存款人须填存款凭条,连同存折、外币票据交银行,银行审核认可后办理续存,会计分录与开户相同。

3.个人定期外汇存款开户

个人定期外汇存款分为 1 个月、3 个月、半年、1 年、2 年等种类,是存款人以个人名义将外汇资金存入银行,并约定期限,到期一次性支取本息的一种外币存款,分外币现汇户和现钞户两种。通过"定期外汇存款"科目核算。

开户时,存款人应填制"外币存款申请书",写明户名、地址、存款种类、期限及金额等,连同外币现钞或票据交银行,银行根据存款人的要求,开立定期存折或外汇定期存款单一式三联。经复核后,第二联单交存款人,第三联代分户账(存折或卡片账),凭以登记"开销户登记簿"后专夹保管,第一联代该科目的贷方传票凭以记账。其会计分录为:

借:现金或汇入汇款 外币××

　贷:定期外汇存款 外币××

(二)支取的核算

1.个人活期外汇存款支取的处理

支取活期外汇存款时,支票存款人须填写支票,存折户存款人须填写取款凭条,连同存折交银行。从现汇户支取现汇或从钞户支取现钞时,其会计分录为:

借:活期外汇存款 外币××

　贷:现金或汇出汇款 外币××

存款人从现汇户支取款项汇往国外时,还需填制汇款凭证,并计收手续费、汇费和邮费。若乙种存款人从现汇户提取现钞或从钞户提取现汇时,一律按当日牌价套汇处理。国内居民办理此业务,按中间价计收人民币手续费,不需套汇。

2.个人定期外汇存款支取的处理

支取定期外汇存款时,存款人须凭存单或存折及取款凭条办理。银行审核无误后,取款人输入密码或查验身份证办理付款手续,定期存单加盖"结清"字样。其会计分录为:

借:定期外汇存款 外币××

　应付利息 外币××

　贷:现金或活期外汇存款 外币××

三、单位外汇存款的核算

(一)开户及存入的核算

各单位在银行办理存款时,必须开立外汇存款账户,由单位填写申请书,并凭盖有公章、财务专用章及主管人员名章的印鉴卡及"外汇账户使用证"、"外债登记证"、"外汇(转)贷款登记证"等开立外汇存款账户,按规定的收支范围办理外汇收支。目前,单位外汇存款主要有:美元、日元、港币、英镑、欧元等多种货币,其他自由外币可以按存入日的外汇牌价折算成上述币种之一开立存款账户。

商业银行对单位外汇存款通过"单位活期存款"、"外侨合资企业存款"、"外事企业存款"、"驻华机构活期存款"、"外债专户存款"和"单位定期存款"等科目核算。

1. 单位活期外汇存款开户及存入的处理

(1)若以结算专用凭证转账存入外币时,其会计分录为:

借:汇入汇款或有关科目　　　　　　　　　　外币××

　　贷:单位活期存款　　　　　　　　　　　　　　外币××

(2)若以外币现钞存入,或以不同于开户货币的币种存入时,需要通过套汇处理,其会计分录为:

借:现金　　　　　　　　　　　　　　　　　外币××

　　贷:外汇买卖(钞买价)　　　　　　　　　　　　外币××

借:外汇买卖(中间价)　　　　　　　　　　人民币××

　　贷:外汇买卖(中间价)　　　　　　　　　　　　人民币××

　　　　外汇买卖价差　　　　　　　　　　　　　　人民币××

借:外汇买卖(卖出价)　　　　　　　　　　外币××

　　贷:单位活期存款　　　　　　　　　　　　　　外币××

2. 单位定期外汇存款开户的处理

单位定期外汇存款,一律采取账户式,期限分 7 天、1 个月、3 个月、半年、1 年、2 年等档次,金额一般不低于人民币 5 千元至 1 万元的等值外汇,一般不允许提前支取。通过"单位定期外汇存款"科目核算,该科目下分货币按存款单位立户,会计核算与活期存款类似。

(二)支取存款的核算

支取存款时,存折户填写取款凭条,支票户填写支票,并加盖预留印鉴,经银行审查后,办理取款手续。

1. 支取原币汇出时,其会计分录为:

借:单位活期存款　　　　　　　　　　　　外币××

　　贷:汇出汇款　　　　　　　　　　　　　　　　外币××

2. 支取外币现钞或支取不同于开户货币的外币币种时,单位外汇存款最多只能支取 5 万美元,5 万美元以上现金支取必须经外汇管理局批准,其会计分录为:

借:单位活期存款　　　　　　　　　　　　外币××

　　贷:外汇买卖(汇买价)　　　　　　　　　　　　外币××

借:外汇买卖(中间价)　　　　　　　　　　人民币××

　　贷:外汇买卖(中间价)　　　　　　　　　　　　人民币××

　　　　外汇买卖价差　　　　　　　　　　　　　　人民币××

借:外汇买卖(卖出价)　　　　　　　　　　　　外币××
　　贷:现金　　　　　　　　　　　　　　　　　　　外币××

(三)利息计算

除国库款项和属于财政预算拨款性质的经费预算单位存款不计息外,其他性质的单位存款均计付利息。计息方法与人民币相同,按不同币种活期存款利息,采用积数计息法计算利息。

第四节　外汇贷款业务的核算

一、外汇贷款的概念与特点

外汇贷款是指商业银行办理的以外币为计量单位的放款。外汇贷款业务是外汇银行的主要业务之一,它不同于人民币贷款业务,外汇银行发放外汇贷款还要承受外汇汇率的风险,为了减少汇率风险对银行的影响,商业银行主要发放短期外汇贷款,而长期外汇贷款目前主要由政策性银行如进出口银行办理,所以本节主要介绍短期外汇贷款。

短期外汇贷款是外汇银行办理的以外币为计量单位的短期贷款,它是外汇银行一项重要的信贷业务。外汇银行目前发放的是短期外汇浮动利率贷款,凡生产出口商品,有偿还能力的企业,都可以申请短期外汇贷款。

外汇银行目前发放的短期外汇贷款货币主要有美元、港币、日元、英镑、欧元五种。贷款贷什么货币,还什么货币,计收原币利息。

外汇贷款与人民币贷款相比,有其自身独有的特点,主要包括:

(一)利率确定不同

人民币贷款的利率相对固定。外汇贷款利率则是以浮动为主,贷款利率由总行不定期公布,利率按伦敦银行同业拆放利率(LIBOR)加上银行管理费用实行浮动制。期限通常有1个月、3个月和6个月浮动三种。

(二)贷款的发放不同

人民币贷款在借款单位实际用款之前,可以转存;而短期外汇贷款一般是指借款单位实际对外支付外汇的同时发放,即什么时候用,什么时候发放。外汇贷款经批准后,具体的发放使用办法是按国际惯例处理的。贷款发放是从贷款账户直接对外支付,目的是为了加强外汇管理,提高外汇资金的使用效益。由于不存在贷款转作存款后对外支付,因而不会形成借款单位的派生性存款。借款单位借款时,无论是以信用证、代收或汇款方式办理结算,均需填具短期外汇借款凭证,银行核准后,据以开立外汇贷款账户。

二、短期外汇贷款业务核算

短期外汇贷款是指商业银行发放的期限在一年以内,实行浮动利率计息的现汇贷款。利率按伦敦银行同业拆放利率(LIBOR)加上银行管理费用实行浮动制。短期外汇贷款通过"短期外汇贷款"科目核算,核算程序主要包括贷款的发放、计收利息和收回贷款三个环节。

(一)贷款发放的核算

发放贷款时,借款单位填写"短期外汇贷款借款凭证"一式五联,第一联借款申请书,第二联借款凭证,第三联借款凭证副本,第四联支款通知,第五联备查卡。经银行信贷部门同意批准后,第一、五联由信贷部门保管,将第二、三、四联借款凭证转交银行会计部门。会计部门审查凭证无误后,对外付款,其会计分录为:

1. 以贷款货币对外支付时

借:短期外汇贷款——短期外汇浮动利率贷款　　　　外币××

　　贷:港澳及国外联行往来或存放国外同业或汇出汇款　　外币××

核销:即期信用证项下进口付汇

借:应付开出信用证款项　　　　　　　　　　　　外币××

　　贷:应收开出信用证款项　　　　　　　　　　　　外币××

远期信用证项下进口付汇

借:承兑汇票　　　　　　　　　　　　　　　　　外币××

　　贷:应收承兑汇票款　　　　　　　　　　　　　　外币××

进口代收方式下付汇

借:进口代收款项　　　　　　　　　　　　　　　外币××

　　贷:应收进口代收款项　　　　　　　　　　　　　外币××

2. 以贷款货币以外的其他外币对外支付款项时

借:短期外汇贷款　　　　　　　　　　　　　贷款货币××

　　贷:外汇买卖(贷款货币汇买价)　　　　　　　贷款货币××

借:外汇买卖(贷款货币中间价)　　　　　　　人民币××

　　贷:外汇买卖(支付外币中间价)　　　　　　　人民币××

　　　　外汇买卖价差　　　　　　　　　　　　　人民币××

借:外汇买卖(支付外币汇卖价)　　　　　　　支付外币××

　　贷:港澳及国外联行往来等　　　　　　　　　支付外币××

核销同上。

(二)计收利息的核算

外汇贷款利息计算的基本规定为:

1. 计息公式。

利息＝贷款本金×利率×期限

2. 实行按季结息,每季末 20 日营业终了为结息日。贷款期限按实际天数计算,有一天,算一天,"算头不算尾",即贷款日计息,还款日不计息。

3. 贷款本金按实际发放的金额计算,合同金额不等于实际发放的金额;贷款本金还和利息的支付方式有关,如果采用息转本,则下一次计息的贷款本金要加上上一次的利息,以此类推。如果采用按期支付利息,则每次计息的贷款本金相同。

4. 利率采用浮动利率计算为主。浮动利率分一个月、三个月、六个月浮动三个档次,所谓按一个月、三个月、六个月浮动,就是指企业在使用银行贷款那天确定的利率在一个月、三个月或六个月内不管利率变动多大都固定不变,过了一个月、三个月或六个月后,按浮动的利率计收利息。

收息时填制一式三联贷款结息凭证,第一联代某某科目借方传票,第二联代利息收入贷方传票,第三联代结息通知单,交借款人。

1. 按契约规定将利息转入贷款本金,其会计分录为:

借:短期外汇贷款 外币××

贷:利息收入——外汇贷款利息收入 外币××

2. 借款人按期偿付利息时,其会计分录为:

借:单位活期存款 外币××

贷:利息收入——外汇贷款利息收入 外币××

当存款货币和贷款货币不同时,要通过有关外汇买卖科目核算。

(三)收回贷款的核算

贷款期满,借款企业归还贷款时,填写一式两联的进账单和转账支票,也可填制还款凭证,办理还款手续,其会计分录为:

1. 息转本

借:单位活期存款 原始本金＋每次的利息××

贷:利息收入 最后一次结息日至还款日的贷款利息××

短期外汇贷款 原始本金＋除最后一次的前几次利息和××

2. 按期支付利息

借:单位活期存款　　　　　　　　　　原始本金＋最后一次利息××

　　贷:利息收入　　　　　　　　　　　　　　最后一次利息××

　　　　短期外汇贷款　　　　　　　　　　　　　原始本金××

当偿还货币和贷款货币不同时,要通过外汇买卖科目核算

借:单位活期存款　　　　　　　　　　存款货币××

　　贷:外汇买卖(存款货币汇买价)　　　　　存款货币××

借:外汇买卖(存款货币中间价)　　　　人民币××

　　贷:外汇买卖(贷款货币中间价)　　　　　人民币××

　　　　外汇买卖价差　　　　　　　　　　　人民币××

借:外汇买卖(贷款货币汇卖价)　　　　贷款货币××

　　贷:利息收入　　　　　　　　　　　　　贷款货币××

　　　　短期外汇贷款　　　　　　　　　　　贷款货币××

【例 7-7】某合资企业与某外汇银行 A 行订立短期浮动利率贷款合同,贷款 30 万美元,向美国某公司进口零部件,期限半年,按 3 个月浮动,利息转入贷款本金。贷款行 4 月 8 日发放贷款,全额支付美国某代理行的托收款,4 月 8 日美元 3 个月浮动利率为 4.9375％,6 月 5 日为 4.88％,7 月 1 日为 4.875％,10 月 8 日借款人从其美元存款户偿还贷款全部本息。

要求:列出 A 行计算外汇贷款利息的计算过程并列出全套会计分录。

4 月 8 日,发放贷款

借:短期外汇贷款　　　　　　　　　　USD 300 000

　　贷:存放国外同业——美国某代理行　　　USD 300 000

借:进口代收款项　　　　　　　　　　USD 300 000

　　贷:应收进口代收款项　　　　　　　　USD 300 000

6 月 20 日计息

利率档次 4 月 8 日－7 月 7 日 4.9375％

7 月 8 日－10 月 7 日 4.875％

4 月 8 日－6 月 20 日 4.9375％,74 天

　　　USD 300 000×4.9375％÷360×74＝USD 3 044.79

借:短期外汇贷款　　　　　　　　　　USD 3 044.79

　　贷:利息收入　　　　　　　　　　　　USD 3 044.79

9 月 20 日第二次计息

　　　(USD 300 000＋3 044.79)×(4.9375％÷360×17＋4.875％÷36 075)

　　　＝USD 3 784.38

借:短期外汇贷款　　　　　　　　　　　USD 3 784.38
　贷:利息收入　　　　　　　　　　　　　USD 3 784.38
10 月 8 日借款人偿还本息

　　(USD 300 000＋3 044.79＋3 784.38)×4.875%÷360×17
　　＝USD 706.35

借:单位活期存款　　　　　　　　　　　USD 307 535.52
　贷:短期外汇贷款　　　　　　　　　　　USD 306 829.17
　　利息收入　　　　　　　　　　　　　　USD 706.35

第五节　国际贸易结算业务的核算

一、出口信用证结算业务的核算

(一)信用证结算概述

1.信用证特点

信用证简称 L/C,是由开证行根据进口商的申请,向受益人(出口商)开立的具有一定金额,并在一定期限内凭规定的符合要求的单据付款或作付款承诺的书面保证文件。也就是说是银行有条件保证付款的凭证。其特点有:

(1)信用证是一种银行信用作担保的凭证。开证行负第一性付款责任,在单证相符的条款下,开证行不管进口商是否能够偿付给他,他都必须付款给受益人或被指定银行,这是信用证所具有的银行信用的体现。

(2)只对单证负责,不对商品负责。信用证是一项独立、自主的文件,并不依附于贸易合同,不受贸易合同条款的约束,开证行只对信用证负责,信用证的有关当事人也只能依据信用证的规定办事。出现信用证业务纠纷时,有关各方不能援引合同条款作为为自己辩护的依据。

(3)信用证业务处理的是单据。在信用证业务中,银行处理的是单据,而不是货物,只要受益人或其指定人能提交符合信用证条款的单据,开证行就必须承担付款、承兑之责,假如收到的货物不符合合同要求,开证人只能根据贸易合同向受益人进行交涉或索赔,与开证行无关。因此,信用证交易把合同的货物交易转变为只管单证是否相符的单据交易。

(4)银行对于信用证项下不能控制的一切事故免责。UCP 600 条款明确规定了银行的免责内容。银行虽有合理谨慎地审核单据的义务,但这种审核只是用以确定单据在表面上是否符合信用证条款的规定,开证行只根据表面上符合信用证条款的单据承担付款责任。

因此,银行对任何单据的形式、完整性、准确性、真实性,单据中规定的或附加的一般及或特殊条件,不承担任何责任或义务。对任何单据代表的货物之描述、数量、重量、质量、状况、包装、交付、价值或其他任何人的诚信、行为及疏忽、清偿能力、执行能力或资信状况,不承担任何义务或责任。

2.信用证结算会计处理环节

在办理信用证出口业务时,我国经办银行作为出口方银行,替国内出口企业进行结算,充当国外信用证的通知行、议付行。其会计核算主要分为:(1)受证与通知;(2)审单议付,寄单索汇;(3)收妥出口款项三个环节。

在办理信用证进口业务时,我国经办银行作为进口方银行,替国内进口企业进行结算,充当开证行、付款行。其会计核算主要分为:(1)进口开证;(2)审单与付汇两个环节。

(二)信用证出口业务的核算

1.受证与通知的处理

(1)收到信用证。在出口业务中,我国银行充当受证行、通知行角色。收到国外进口方银行开来的信用证时,首先应严格审核信用证内容、开证行经营作风、资信状况及货币金额、支付方式等,审核无误后编流水号,输入电脑打印出通知书,及时通知受益人(出口商),缮打国外来证记录卡,匡算待收外汇资金数。同时记表外科目,其分录为:

收入:国外开来保证凭信 　　　　　　　　　　　　　　　外币××

当国外银行开来委托本行代为通知各出口单位办理的信用证等保证凭信时,用表外科目"国外开来保证凭信"核算。它反映了一定时期我国信用证项下出口业务情况,是匡算待收外汇资金的基础,也是监督出口单位备货出运的依据。

如果因修改信用证或转让、退证、注销等原因而使信用证金额增减时,需登记表外科目。

当信用证金额增加时,其分录为:

收入:国外开来保证凭信 　　　　　　　　　　　　　　　外币××

(2)发放出口打包贷款。出口商接到信用证后,按信用证要求备货出运时,若资金有困难,可申请人民币出口打包放款。发放出口打包贷款时,其会计分录为:

借:出口打包贷款 　　　　　　　　　　　　　　　人民币××

　贷:进出口企业活期存款 　　　　　　　　　　　　　人民币××

备货出运后,必须及时清偿打包放款的全部本息,无本币资金偿还时,在单证相符的条件下,转做出口押汇,从结汇款中扣还。

2.审单议付,寄单索汇的处理

(1)审单、寄单。我国出口方银行接到出口公司交来的全套出口单据议付时,应严格按信用证要求审单,达到单单一致,单证一致的要求,促使开证行承担第一性付款责任。审单相符后,寄单索汇,编制"出口寄单议付通知书"随单据寄发,并向开证行计收通知费、议付费、修改费、邮费等从属费用。根据权责发生制的原理,出口银行在寄出议付单据后,一方面对国外银行拥有了收取货款的权益,另一方面对出口商承担了代收的责任。其会计分录为:

借:应收即期信用证出口款项　　外币(货款＋从属费用)××

　　贷:代收即期信用证出口款项　　　　　外币(货款＋从属费用)××

付出:国外开来保证凭信　　　　　　　　　　　　　外币××

(2)出口押汇的核算。若出口商提出押汇申请,应填写出口押汇申请书一式四联,银行经审核符合规定后,办理出口押汇手续。出口押汇是出口商发运商品后,以提货单据为抵押,向银行融通资金的一种业务。承做出口押汇的银行,实际上是以出口方提交的与信用证项下或托收项下的单据为抵押,向出口商发放的一笔抵押贷款,对抵押银行来说,是预先垫款买下一笔尚未收妥的外汇,因此,担负着一定风险。实务工作中所说的出口押汇实际上就是 UCP600 所定义的"议付"。是同一种业务的两种不同称谓。其会计分录为:

借:出口押汇　　　　　　　　　　　　押汇金额××

　　贷:利息收入——押汇利息收入

　　　　　　　　　　押息(押汇金额×押汇天数×利率)××

　　　外汇买卖(汇买价)　实付外币金额(押汇金额－押汇利息)××

借:外汇买卖(中间价)

　　　　　　　　人民币金额(实付外币金额×中间价)××

　　贷:单位活期存款　实付人民币金额(实付外币金额×汇买价)××

　　外汇买卖价差　　　　　　　　人民币金额××

3.收妥出口款的处理

根据《结售汇及付汇管理规定》的要求,外商投资企业的收汇款,在扣除银行费用或抵偿出口押汇后,超出外币账户额度的部分,按当天的国家外汇牌价,全部卖给外汇指定银行,结付人民币入账。中资企业的收汇款,在扣除银行费用或抵偿出口押汇后,按当天的外汇牌价结付人民币入账。出口商收到到款通知书,持出口收汇核销单、海关申报单、涉外收入申报单办理结汇(涉外收入申报单于当日通过计算机传外汇管理局,于每月 8 日内汇总交外管局),外汇指定银行在向出口单位出具结汇水单或收账通知时,必须注明核销单编号及 BP 单号,作为出口核销及退税的有效依据。

（1）寄单索汇环节没有叙作押汇。议付行收到国外行寄来的已贷记报单，审核无误后，办理出口结汇。

借：代收即期信用证出口款项　　　　　　　　　　外币××

　贷：应收即期信用证出口款项　　　　　　　　　　外币××

借：港澳及国外联行往来或存放国外同业等　　　　外币××

　贷：手续费收入——国外银行费用收入　　　　　　外币××

　　外汇买卖（汇买价）　　　　　　　　　　　　　外币××

借：外汇买卖（中间价）　　　　　　　　　　　　人民币××

　贷：单位活期存款　　　　　　　　　　　　　　　人民币××

　　外汇买卖价差　　　　　　　　　　　　　　　　人民币××

（2）寄单索汇环节叙作了出口押汇。收到已贷记报单后，经核对无误后，抽出出口押汇申请书的该科目的贷方传票，办理转账。

借：代收即期信用证出口款项　　　　　　　　　　外币××

　贷：应收即期信用证出口款项　　　　　　　　　　外币××

借：港澳及国外联行往来或存放国外同业等　　　　外币××

　贷：手续费收入——国外银行费用收入　　　　　　外币××

　　出口押汇　　　　　　　　　　　　　　　　　　外币××

【例7-8】某外汇银行8月15日接到美国某代理行开来即期信用证，金额为USD 8 000，受益人为市土产公司，来证规定单到开证行验单付款，该分行审证后当天通知受益人。9月10日受益人备货出运，送全套出口单据及跟单汇票USD 8 000，分行审单合格，于9月12日寄单索汇并加计通知费、议付费 USD 120 向开证行计收。9月28日分行接到代理行的已贷记报单，金额为 USD 8 120，当天对土产公司结汇，该分行在开证行有美元账户关系。当日美元汇买价为681.23%，中间价为682.60%。其会计分录为：

8月15日受证通知

收入：国外开来保证凭证　　　　　　　　　　　USD 8 000

9月12日议付寄单索汇

借：应收即期信用证出口款项　　　　　　　　　USD 8 120

　贷：代收即期信用证出口款项　　　　　　　　　USD 8 120

付出：国外开来保证凭信　　　　　　　　　　　USD 8 000

9月28日收妥结汇

借：存放国外同业　　　　　　　　　　　　　　USD 8 120

　贷：手续费收入——国外银行费用收入　　　　　USD 120

　　外汇买卖（汇买价681.23%）　　　　　　　　USD 8 000

借:外汇买卖(中间价 682.60%)

CNY 54 608(USD 8 000×682.60%)

贷:进出口企业活期存款　CNY 54 498.40(USD 8 000×681.23%)

外汇买卖价差　　　　　　　　　　　　CNY 109.60

借:代收即期信用证出口款项　　　　　　USD 8 120

贷:应收即期信用证出口款项　　　　　　USD 8 120

【例 7-9】某合资企业 4 月 11 日把即期信用证项下全套单据金额 USD 10 000,连同押汇申请书送交银行,经审核符合押汇的要求,该行当天即按 7.2%利率扣收 15 天的贴息,将余额收入受益人的美元存款账户。4 月 26 日议付行收到开证行(纽约中行,与议付行有美元账户关系)的已贷记报单,金额 USD 100 100,其中 USD 100 为国外银行费用收入。其会计分录为:

4 月 11 日办理押汇:

押汇利息＝USD 10 000×15×7.2%÷360＝USD 300

借:出口押汇　　　　　　　　　　　　USD 10 000

贷:利息收入——押汇息　　　　　　　　USD 300

单位活期存款　　　　　　　　　USD 99 700

借:应收即期信用证出口款项　　　　　　USD 10 100

贷:代收即期信用证出口款项　　　　　　USD 10 100

付出:国外开来保证凭信　　　　　　　USD 10 000

4 月 26 日

借:港澳及国外联行往来——纽约中行　　USD 10 100

贷:手续费收入——国外银行费用收入　　USD 100

出口押汇　　　　　　　　　　　USD 10 000

借:代收即期信用证出口款项　　　　　　USD 10 100

贷:应收即期信用证出口款项　　　　　　USD 10 100

二、出口托收结算业务的核算

(一)出口托收结算概述

1.出口托收结算特点

出口托收是由债权人或收款人开立汇票或提供索汇凭据,委托银行向债务人或付款人收取款项的一种结算方式。出口托收结算方式,由于没有信用证作为付款保证,通常又无证托收,属于商业信用。实际工作中,以跟单托收为主。

跟单托收是指收款人(出口单位)开立汇票并附有货运单据,凭跟单汇票,委托银行向付款人(进口方)收取货款的一种贸易结算方式。

2. 交单方式

(1)付款交单(D/P)。付款交单是指代收行必须在进口商付清票款后,才能将货运单据交进口商的一种交单方式。

(2)承兑交单(D/A)。承兑交单是指代收行当付款人承兑远期汇票后,把货运单据交付给付款人,于汇票到期时,由付款人履行付款业务的一种交单方式。

3. 托收方式

(1)光票托收。光票托收是卖方仅开立汇票而不附带任何货运单据,委托银行收取款项的一种托收方式。主要用于非贸易结算,在贸易结算方面,一般用于收取货款尾款、代垫费、佣金、样品费或其他贸易从属费用。有的汇票托收虽然也附有单据,但并不是整套货运单据,只是发票和垫款清单等,也属于光票托收。

(2)跟单托收。跟单托收由卖方开立跟单汇票(即汇票连同一套货运单据)交给银行,委托银行代为收款的托收方式。

(二)出口托收结算业务的核算

作为出口方的托收行,主要有寄单托收和收汇结汇两个环节。

1. 寄单托收的核算

出口单位备货并取得货运单据后应填制"出口托收申请书"一式两联,连同全套出口单据一并送交银行。银行审单后,编列托收号码,将申请书一联作为回单给出口单位,另一联留存,并据以填制"出口托收委托书"第一、二联分两次附单据航空邮寄代收行;第三联作为应收出口托收款项借方传票;第四联作为代收出口托收款项;第五联作为留底卡片账。其会计分录为:

借:应收出口托收款项　　　　　　　　　　　外币××

　　贷:代收出口托收款项　　　　　　　　　　　　　　外币××

增加金额会计分录同上,减额做相反的会计分录。同时按规定的费率向主动提出修改原因的一方计收修改费。

2. 收妥托收款项核算

(1)出口托收款项一律实行收妥进账的做法,即根据国外银行的已贷记报单办理收汇或结汇。

(2)实际收到的金额与应托收的款项不一致时,按实际收到的金额办理结汇;但按应收到款项核销应收出口托收款项和代收出口托收款项。

(3)国外银行扣收的银行费用,原则上由委托人负担。其会计分录为:

借:代收出口托收款项   外币××

 贷:应收出口托收款项   外币××

借:港澳及国外联行往来等   外币××

 贷:外汇买卖(汇买价)   外币××

借:外汇买卖(中间价)   人民币××

 贷:单位活期存款××   人民币××

  外汇买卖价差   人民币××

3.催收

托收行寄出托收单据后,应根据付款期限的长短和正常邮程的估计,对超过正常期限尚未收到的托收款项,应按规定办法催收;甚至可以要求出口单位与进口单位直接恰询,以防代收行收妥托收货款后无偿占有我方资金。对远期汇票,要认真检查是否承兑,如发现有未承兑的应及时催收,对已收到的"已承兑通知书"必须专夹保管,以便在到期日凭以监督收汇。

【例7-10】某外汇银行9月5日受理某企业交来的全套出口托收单据,金额为GBP 14 050,交单方式为即期付款交单,代收行为伦敦某代理行(与托收行有英镑账户关系)。托收行当天寄出托收单证并向进口商计收手续费CNY 250,邮费人民币CNY 50。9月28日接到代收行划回的款项(已贷记报单),内扣GBP 50银行费用,余额GBP 14 000对出口企业办理结汇。当日英镑汇买价为1 040.13‰,中间价为1 044.31‰。其会计分录为:

9月5日:发出托收

借:应收出口托收款项   GBP 14 050

 贷:代收出口托收款项   GBP 14 050

借:单位活期存款   CNY 250

 贷:手续费收入   CNY 200

  营业费用   CNY 50

9月28日收妥入账

借:存放国外同业——伦敦某代理行 GBP 14 000

 贷:外汇买卖(汇买价1 040.13‰) GBP 14 000

借:外汇买卖(中间价1 044.31‰)

     CNY 146 203.40(GBP 14 000×1 044.31‰)

 贷:单位活期存款 CNY 145 618.20(GBP 1 4000×1 040.13‰)

  外汇买卖价差   CNY 14 585.20

借:代收出口托收款项   GBP 14 050

 贷:应收出口托收款项   GBP 14 050

三、进口信用证结算业务的核算

(一)进口开证的核算

1.开证申请书

国内进口公司根据合同条款向我国进口方银行申请信用证,填具开证申请书。开证申请书内容包括两部分:一是开立信用证的具体内容;二是进口公司向开证行应负责的声明。开证行在收到申请人递交的开证申请书后,要认真审查,通常审查以下几方面:

(1)检查申请单位公章与申请人名称是否相符。对于第一次来我行办理开证业务的单位,须要求提供营业执照影印件和进口经营的批文,以确定申请人具有进出口权。

(2)内容要完整、清楚。开证申请书必须用英文缮打,申请书内容一定要完整、清楚,条款要正确且不相互矛盾,若申请书内容不完整,条款不正确或存在其他问题,必须在征得申请人同意后方可改动,且须申请人签字确认。

(3)信用证条款必须收取符合 UCP 600 的有关要求。

(4)货运目的港必须是我国的口岸,避免出现套取国家外汇的现象。

2.收取信用证保证金

(1)原则上收取足额的保证金。开立信用证原则上要收取足额的保证金,特别对于资信情况没有把握或资信情况不佳不能保证按期资金到位的开证申请人,或属代理进口项下开证业务,应收取足额保证金后方能开证。不能以申请人自身付款保证或进账计划作为开证保证。

(2)免收保证金开证,但对免保部分要落实好担保措施。开证行对于一些资信良好、实力雄厚,且经常发生业务往来的进出口企业可以实行免收保证金开证,但对免保部分要落实好担保措施。有的银行采取签订进口开证授信合同或凭金融机构出具保函开证。原则上只接受本市市级以上有权叙作担保业务的分行或金融机构出具的保函,确定担保的有效性,落实好资金划拨途径。如果以银行承兑汇票等有价证券抵押开证的,要办妥抵押合同并列明抵押品变现的有关权利及手续。

银行可收取外币保证金,也可收取人民币保证金。其会计分录为:

借:单位活期存款　　　　　　　　　　外币(人民币)××

　　贷:存入保证金　　　　　　　　　　　　　　外币(人民币)××

收取开证手续费。开证行按规定向开证申请人收取开证手续费,其会计分录为:

借:单位活期存款——开证申请人　　　　　　　　人民币××

　　贷:手续费收入——担保费收入　　　　　　　　人民币××

3.开出信用证

收到开证申请,银行审核申请人各种开证手续齐备,经各级领导批准同意开证,进口开证经办员按规定对信用证进行编号,并在开证登记簿登记有关内容,然后严格按照已经审核的开证申请书缮打信用证一式六联,各联的用途为:

第一联信用证正本,经有权签字人员签字后航寄国外通知行;

第二联信用证副本,第二次寄开证行;

第三联信用证副本,开证行代统计卡;

第四联信用证副本,第五联信用证副本,加盖进口业务公章后,退回进口单位;

第六联随开证行申请书留存。

根据权责发生制的原理,信用证一经开出,开证行就拥有了对进口商收取货款的权利,并承担了对国外银行付款的责任,因此,登记或有资产、或有负债,其会计分录为:

借:应收开出信用证款项　　　　　　　　　　　外币××

　　贷:应付开出信用证款项　　　　　　　　　　　外币××

这两个科目的数字经常被有关方面作为国家外汇使用情况的重要参考数据之一,开证行必须经常检查核对以保证账卡一致,对信用证已过期失效的未用金额应及时撤销,尽可能使该科目数据真实。

4.修改信用证

不可撤销的信用证一经开出,未经开证行、保对行(如有的话)及受益人的同意,信用证既不能修改也不能撤销。修改信用证增加额时,其会计分录为:

借:应收开出信用证款项　　　　　　　　　外币(增额)××

　　贷:应付开出信用证款项　　　　　　　　　外币(增额)××

减少金额时,其会计分录相反。

按规定,每修改一次,须按规定费率计收修改手续费。

(1)开证申请人主动提出修改。其会计分录为:

借:单位活期存款　　　　　　　　　　　　　　人民币××

　　贷:手续费收入　　　　　　　　　　　　　　人民币××

(2)受益人主动提出修改,计收等值外汇修改费。其会计分录为:

借:存放港澳及国外同业或有关科目　　　　　　外币××

　　贷:手续费收入——国外银行费用　　　　　　　外币××

(3)撤证的账务处理同修改减额,但还要返还保证金。其会计分录为:

借:存入保证金　　　　　　　　　　　　　　外币××

　利息支出　　　　　　　　　　　　　　　　外币××

　贷:单位活期存款或有关科目　　　　　　　　　　　　外币××

(二)审单与付款的核算

1.收单审单

开证行在收到国外议付行寄来的单据,经过审核无误后,缮打"进口信用证单据通知书"一式三联。各联的用途为:第一联收到单据通知书,第二联付款赎单通知书,第二联通知书银行不留存备查,第一、第二联进口全套单据送进口商审单后(一般三个工作日),在第二联上签注确认承付或拒付理由,并加盖公章退银行。对于即期信用证,要求申请人付款赎单;对远期信用证,根据开证行与申请人之间的协议,将单据交给公司,或要求公司交纳一定的保证金。由于单据往往代表了物权,因而须与申请人办好单据交接手续。

2.对外付汇

进口商提交海关申报单,涉外付汇申报单及外管局批文,付汇确认书,审核无误后,在付款登记簿上,详细登记信用证号码、付款日期、金额、账户行名称、寄单行名称行及业务编号,以备查阅。

(1)单到国内审单付款。单到国内审单付款是指国外议付行寄来的进口单据,经进口商确认承付后,银行即填制付款报单对外付汇和对进出口商扣款。付汇金额应包括由进口商负担的银行费用。其会计分录为:

借:单位活期存款或存入保证金　　　　　　人民币××

　贷:外汇买卖(中间价)　　　　　　　　　　　　人民币××

　　外汇买卖价差　　　　　　　　　　　　　　　人民币××

借:外汇买卖(卖出价)　　　　　　　　　　外币××

　贷:存放国外同业或其他科目　　　　　　　　　　外币××

进口付汇后,开证行与进口商及境外银行的债权债务关系已消除,故应转销或有资产、或有负债科目。

借:应付开出信用证款项　　　　　　　　　　外币××

　贷:应收开出信用证款项　　　　　　　　　　　　外币××

【例7-11】外汇银行 M 行根据外贸机电进口公司申请,于 8 月 11 日对纽约某中行开出即期信用证向某外商购买机电产品 10 500 美元,支付方式为单到国内审单付款开证时从其中 0180900261 账户支取 50 000 元人民币,存入其保证金,并收取 1.5‰的开证费(按美元卖出价折约人民币,但不通过外汇买卖科目核算,由公司人民币 0180900261 账户支出)8 月 13 日,公司因故要求减少开证金额 500 美元,征得受益人同意后银行作了修改开证金额手续。8

月 25 日,接到纽约中行寄来该证项下全套单据,金额 10 000 美元,同时加收银行费用 200 美元,公司于 8 月 27 日送来确认承付书,全额承付,银行当日对外付款。即从企业保证金账户中转出款项,不足部分另从企业美元存款户支取(1482400750)。假设当天美元卖出价为 683.97%,中间价为 682.60%。

其会计分录为:

8 月 11 日开证

借:应收开出信用款项　　　　　　　　　　　　USD 10 500

　贷:应付开出信用证款项　　　　　　　　　　　　　USD 10 500

借:单位活期存款(0180900261)　　　　　　　　CNY 50 000

　贷:存入保证金　　　　　　　　　　　　　　　　　CNY 50 000

借:单位活期存款(0180900261)

　　　　　　CNY 107.73(USD 10 500×683.97%×1.5‰)

　贷:手续费收入——担保费收入　　　　　　　　　　CNY 107.73

8 月 2 日修改开证金额

借:应付开出信用证款项　　　　　　　　　　　USD 500

　贷:应收开出信用证款项　　　　　　　　　　　　　　USD 500

8 月 27 日对外付汇

补付美元数:USD 10 200－CNY 50 000÷683.97%＝USD 2 889.74

借:存入保证金　　　　　　　　　　　　　　　CNY 50 000

　贷:外汇买卖(中间价 682.60%)

　　　　　　　CNY 49 899.83(USD 7 310.26×682.60%)

　　外汇买卖价差　　　　　　　　　　　　　　　　　CNY 100.17

借:外汇买卖(汇卖价 683.97%)　　　　　　　USD 7 310.26

　　单位活期存款(1482400750)　　　　　　　USD 2 889.74

　贷:港澳及国外联行往来——纽约中行　　　　　　　USD 10 200

借:应付开出信用证款项　　　　　　　　　　　USD 10 000

　贷:应收开出信用证款项　　　　　　　　　　　　　USD 10 000

(2)国外审单主动借记。国外审单主动借记是指议付行审单后主动借记进口方银行在议付行开立的账户,并将单据连同已借记报单一并寄开证行。开证行把进口单据交进口商后,不必再由进口商承付。议付行审单后主动借记日到国内开证行向进口商收款日之间的垫款外币利息,开证行应一并向进口商计收。账务处理与国内开证行审单方式相同。如国外议付行 8 月 21 日发出单据和已借记报单 USD 200 000,那么我行在议付行开立的账户存款 USD 200 000 从 8 月 21 日开始就没有升息了,国内开证行 8 月 31 日才收到已借记报单,办理售汇。其中开证行垫付了 10 天的外币利息。公司之所以同意采用这种方式,有的因为进口商品在市场上比较紧俏,有的是因为这种方式可以获得及格上的若干优惠,情况不一。

【例 7-12】外汇银行 M 行根据某合资企业的申请于 8 月 1 日对纽约中行开出即期信用证向某外商购配件,金额 USD 11 500,支付条款注明"国外验单相符,主动借记我行账",开证时企业从其美元账户(1482500502)支取 80% 存入保证金,并交 1.5‰ 的开证费(按美元卖出价折的人民币,用企业人民币存款户0182500271 支出)。此后,该企业因故要求增加开证金额 USD 500,征得受益人同意于 8 月 10 日修改开证金额。议付行议付单据后,8 月 21 日寄单到开证行,金额为 USD 12 000,同时加收银行费用 USD 40。M 中行于 8 月 31 日才收到已借记报单,即从企业保证金账户中转出款项,不足部分另从其美元账户(1482500502)中支取,同时按 5‰ 的利率计算收 10 天垫款利息,保证金账户按 2% 利率计付企业利息收其存款户。假设美元卖出价 683.97%,中间价为682.60%。其会计分录为:

8 月 1 日开出信用证

借:应收开出信用证款项　　　　　　　　　　　　　USD 11 500

　贷:应付开出信用证款项　　　　　　　　　　　　　　　　USD 11 500

借:单位活期存款(1482500502)

　　　　　　　　　USD 9 200(USD 11 500×80%)

　贷:存入保证金　　　　　　　　　　　　　　　　　　　USD 9 200

借:单位活期存款(0182500271)

　　　　　　　　　CNY 117.99(USD 11 500×683.97%×1.5‰)

　贷:手续费收入　　　　　　　　　　　　　　　　　　CNY 117.99

8 月 10 日修改开证金额

借:应收开出信用证款项　　　　　　　　　　　　　USD 500

　贷:应付开出信用证款项　　　　　　　　　　　　　　　　USD 500

8 月 31 日

　　　垫款利息＝USD 12 040×5‰×10＝USD 60.20

　　　保证金账户利息＝USD 9 200×2%÷360×30＝USD 15.33

借:存入保证金　　　　　　　　　　　　　　　　　USD 9 200

　单位活期存款　　　　　　　　　　　　　　　　　USD 2 900.20

　贷:利息收入　　　　　　　　　　　　　　　　　　　USD 60.20

　　港澳及国外联行往来——纽约中行　　　　　　　　　USD 12 040

借:利息支出 USD 15.33

  贷:单位活期存款(1482500502) USD 15.33

核销

借:应付开出信用证款项 USD 12 000

  贷:应收开出信用证款项 USD 12 000

(3)国外审单电报索汇。这种支付方式下,议付行审单后不能主动借记我账户,而必须用加押电报向我方索偿。开证行收到电报核押相符,即用电汇方式对国外付汇并向进口商收取货款。开证行应注意,如国外来电说明单据某些不符点,应如实通知进口商,经进口商确认后办理付汇。在付汇的同时缮打"进口信用证单据通知书",注明"已凭电索付款",待收到单据核对相符,再送进口商,防止重复付款。这种支付方式下,开证行没有垫付外汇资金,故不能向进口商收取垫款利息。会计分录与单到国内审单付款方式相同。

(4)授权国外议付行向我账户行索汇。这种方式适用境外议付行与开证行及其总行均无账户关系,只得指定偿付行(第三家银行)办理三角清算。开出信用证时,必须加列指定"偿付行"的特别条款,同时必须将信用证副本一份寄偿付行,以便该行凭议付行 BP 联核对拨款。议付行审单相符后,即将 BP 单寄出向偿付行索汇,同时将单据寄开证行,偿付行收到 BP 单与信用证副本核对相符并验对议付行签章后,即主动借记开证行账,贷记议付行账。我行凭国外账户行(偿付行)已借记报单计算外汇垫款利息。如国外偿付行 10 月 15 日主动借记我开证行账,开证行 10 月 20 日收到已借记报单,银行垫款利息 5 天。

总之,国外审单主动借记和授权国外议付行向我账户行索汇,进口公司要承担国外付款日至单到国内这段时间银行垫付的外币垫款利息。

(5)远期信用证项下进口付汇的处理。远期信用证项下付汇分承兑和付汇两个阶段。

①承兑。承兑是指远期汇票的付款人,以其签名表示同意按照出票人的命令付款。在远期信用证项下,开证行决定接受寄单行提交的单据,必须在接到单据次日起的 7 个工作日内,作出承兑行为。办理承兑手续后,应把或有资产、或有负债科目进行调整,以反映承兑确定下来的权责关系。其会计分录为:

借:应付开出信用证款项 外币××

  贷:应收开出信用证款项 外币××

借:应收承兑汇票款 外币××

  贷:承兑汇票 外币××

②付汇。付款到期日要及时付款,决不能发生迟付或拒付现象。若申请人资金未到位,开证行应以备用垫款垫付。银行应抽出"承兑汇票"科目卡片账注

明销账日期后办理转账。在账务处理上同单到国内审单付款的会计分录。同时转销承兑登记的或有资产、或有负债科目。其会计分录为：

借:承兑汇票 外币××

　贷:应收承兑汇票 外币××

例 7-13:11 月 5 日,某公司提供申请开立以荷兰阿姆斯特丹通用银行为议付行的远期 60 天付款信用证,金额为 USD 32 700,11 月 10 日公司因故减少开证金额 USD 700。12 月 5 日,通用银行寄来全套单据,要求通知承兑汇票,并在到期日将款项交纽约大通行(中间行)贷记其在该行账户。12 月 8 日,该公司确认承兑后于第二年到期付款,即通知通用银行。第二年 2 月 6 日,汇票到期,我行向公司办理结算,并且发出借记报单授权纽约大通行借记我总行开在该行的账户,同时我行以"全国联行往来"报单划收总行账。其会计分录为:

11 月 5 日开证

借:应收开出信用证款项 USD 32 700

　贷:应付开出信用证款项 USD 32 7000

11 月 10 日缮打进口信用证下的单据通知书。

12 月 5 日修改信用证

借:应付开出信用证款项 USD 500

　贷:应收开出信用证款项 USD 500

12 月 8 日承兑

借:应收承兑汇票款 USD 32 000

　贷:承兑汇票 USD 32 000

借:应付开出信用证款项 USD 32 000

　贷:应收开出信用证款项 USD 32 000

第二年 2 月 6 日到期付款

借:单位活期存款 USD 32 000

　贷:全国联行往来——总行 USD 32 000

借:承兑汇票 USD 32 000

　贷:应收承兑汇票款 USD 32 000

四、进口代收结算业务的核算

进口代收,是指国外出口商根据托收的规定,不经银行开立信用证,于货物装运后,将全套单据经由托收银行寄往进口方银行向进口商代收货款或其从属费用的方式。

(一)收到进口代收单据

代收行收到托收行寄来的托收单据时,须认真清点委托书上所列单证种类及份数,确认无误后,编列顺序号,登记"进口单据通知书"(格式与进口信用证单据通知书相同),通知进口商备款赎单、同时通过或有资产、或有负债账户反映代收行与进口商及托收行的权责关系。其会计分录为:

借:应收进口代收款项　　　　　　　　　　　　　　外币××

　　贷:进口代收款项　　　　　　　　　　　　　　　　外币××

若进口商不同意承付时,应提出拒付理由,连同单据退交代收行转告托收行;如部分拒付,则在征得托收行同意后再按实际金额付款。

在账务处理方面,如果是全部拒付时应反方向冲减收到进口代收单据时所做或有资产、或有负债账户的记录;如果是部分拒付时,则在征得托收行同意后再按拒付金额调整或有资产、或有负债账户记录。

(二)进口商确认后对外付汇

进口商确认付款(交回付款确认书)或对远期汇票承兑并到期付款时,其会计分录为:

借:单位活期存款　　　　　　　　　　　　　　　　人民币××

　　贷:外汇买卖(中间价)　　　　　　　　　　　　　人民币××

　　　　外汇买卖价差　　　　　　　　　　　　　　　　人民币××

借:外汇买卖(汇卖价)　　　　　　　　　　　　　　外币××

　　贷:港澳及国外联行往来或存放国外同业　　　　　　外币××

同时销记或有资产和或有负债账户的记录。

借:进口代收款项　　　　　　　　　　　　　　　　外币××

　　贷:应收进口代收款项　　　　　　　　　　　　　　外币××

按国际惯例,代收行须按规定费率计收进口代收手续费。此项费用若按规定由进口商负担,当然向进口商计收;若托收委托书上没有明确由谁负担,则由收妥的进口代收款项中扣收等值外汇。出口商如有异议,由交易双方直接交涉,代收行不必过问。

【例7-14】某外汇银行8月20日收到香港某代理行寄来的进口代收单据,交单方式为即期付款交单,金额HKD 6 000,委托向某公司收取货款,该行通知进口商后,进口商于8月22日确认付款,银行办理售汇付汇手续,扣收HKD 60手续费后把余款划收给香港某代理行,当日港币汇卖价为88.20%,中间价为88.035%。其会计分录为:

8月20日收到进口单据,通知进口商

借:应收进口代收款项　　　　　　　　　　　　　　HKD 6 000

　　贷:进口代收款项　　　　　　　　　　　　　　　　HKD 6 000

8月22日售汇付汇

借:单位活期存款　　　CNY 52 920(HKD 60 000×88.20％)

　　贷:外汇买卖(中间价 88.035％)

　　　　　　　　　　　CNY 52 821(HKD 60 000×88.035％)

　　　外汇买卖价差　　　　　　　　　　　　CNY 99

借:外汇买卖(汇卖价 88.20％)　　　　　　HKD 60 000

　　贷:手续费收入　　　　　　　　　　　　HKD 60

　　　存放国外同业——香港某代理行　　　　HKD 59 940

同时销记或有资产、或有负债

借:进口代收款项　　　　　　　　　　　　HKD 60 000

　　贷:应收进口代收款项　　　　　　　　　HKD 60 000

【本章小结】

1.外汇有动态外汇和静态外汇之分。动态含义指一种活动或行为,即清算国际债权债务所需的货币兑换的交易过程。外汇的静态含义指以外币表示的用于国际结算的支付手段。即国际债权债务清算过程中使用的支付手段或工具。外汇汇率是两国货币交换时的量的比例关系,即用一定数量的一国货币去交换一定数量的另一国货币。目前,国际上常用的标价方法有:直接标价法、间接标价法以及美元标价法和非美元标价法。我国采用的是直接标价法。在人民币与各种外币的比价中,英镑、港币、美元、日元和欧元均为基准货币,单位为100,人民币为标价货币。

2.商业银行外汇业务会计记账方法采用借贷复式记账法,记账方式采用外汇分账制,记账基础采用权责发生制。外汇分账制又叫原币记账法,指按业务发生时的货币记账,不折成本位币入账的一种记账方式。其主要内容是人民币与外币分账,专门设置"外汇买卖"科目,起桥梁和平衡作用,年终决算时,编制汇总的人民币报表。权责发生制又称应收应付制,只要债权债务一经产生,不管有无实际的资金收付行为,都应记账。

3.当一项银行业务涉及两种或两种以上的货币时,必须通过有关外汇买卖科目核算。外汇买卖科目是外汇分账制的一个特定科目,在不同的外汇业务之间,起一个桥梁的平衡和联系作用。外汇买卖科目是共同类会计科目,买入外币时,外币金额应贷记此科目,同时,人民币金额应借记此科目。卖出外币时,外币金额应借记此科目,同时,人民币金额应贷记此科目。商业银行外汇买卖业务的核算包括买入外汇的核算、卖出外汇的会计核算和套汇业务的会计核算。

4.外汇存款是商业银行以信用方式吸收的国内外单位和个人在经济活动中

暂时闲置或结余的并能自由兑换或在国际上获得偿付,并于以后随时或约定期限支取的外币资金。

5.短期外汇贷款是外汇银行办理的以外币为计量单位的短期贷款,它是外汇银行一项重要的信贷业务。外汇银行目前发放的是短期外汇浮动利率贷款,期限有按1个月、3个月和6个月浮动3种。外汇银行目前发放的短期外汇贷款货币主要有美元、港币、日元、英镑、欧元五种。贷款贷什么货币,还什么货币,计收原币利息。短期外汇贷款是借款单位实际对外支付外汇的同时发放,即什么时候用,什么时候发放。一般不发生派生性存款。利率采用浮动利率计算为主。短期外汇贷款通过"短期外汇贷款"科目核算,核算程序主要包括贷款的发放、计收利息和收回贷款三个环节。

6.在办理信用证出口业务时,我国经办银行作为出口方银行,替国内出口企业进行结算,充当国外信用证的通知行、议付行,其会计核算主要分为受证与通知、审单议付,寄单索汇和收妥出口款项三个环节;在办理出口托收业务时,我国经办银行充当托收行,其会计核算主要分为发出托收和收妥托收款两个环节;在办理信用证进口业务时,我国经办银行作为进口方银行,替国内进口企业进行结算,充当开证行、付款行,其会计核算主要分为进口开证、审单与付汇两个环节;在办理进口代收业务时,我国经办银行充当代收行,其会计核算主要分为收到进口代收单据和进口商确认后对外付汇两个环节。

【本章练习题】

(一)填空题

1.外汇按照外汇的来源和用途分类,有＿＿＿＿＿＿＿＿＿＿＿＿＿＿＿;按照外汇买卖交割期限分类,有＿＿＿＿＿＿＿＿＿＿＿＿＿＿＿＿;按形态分类,可分为＿＿＿＿＿＿＿＿,＿＿＿＿＿＿＿＿又称转账外汇,是指用于国际汇兑和国际间非现金结算的,用于清偿国际间债权债务的外汇。

2.我国汇率采用的是＿＿＿＿＿＿＿＿＿,＿＿＿＿＿＿＿＿为基准货币,单位为100,＿＿＿＿＿＿＿＿＿为标价货币。从银行买卖外汇的角度划分,汇率可分为＿＿＿＿＿＿、＿＿＿＿＿＿、＿＿＿＿＿＿和＿＿＿＿＿＿。

3.对有外汇牌价的各类外汇收支要求以＿＿＿＿＿＿＿＿记账,不折成＿＿＿＿＿＿＿＿入账。当一项银行业务涉及两种或两种以上的货币时,必须通过有关＿＿＿＿＿＿＿科目核算。

4.套汇业务主要有两类:一是同种货币之间的套汇,主要指＿＿＿＿＿＿＿＿和＿＿＿＿＿＿＿＿;二是两种外币之间的套汇,是银行按＿＿＿＿＿＿＿＿买进一种外汇,按＿＿＿＿＿＿＿＿卖出另一种外汇。

5.外汇买卖分户账的结余数额以外币和人民币分别结计,同时反映,方向正好相反。当结余中的外币金额反映在_____时,表明卖出外币多于买入外币,称为"_____";当外币金额反映在_____时,表明买入外币多于卖出外币,称为"_____"。

（二）判断题

1.外汇银行年终公布的美元报表仅反映了银行经营美元业务的情况。

（　　）

2.单位外汇存款只有现汇户,没有现钞户,因此,以外币现钞存入时,应通过外汇买卖科目进行钞买汇卖处理。　　　　　　　　　　（　　）

3.单位外汇活期存款只能采用支票户形式。　　　　　　　（　　）

4.在外汇分账制下,外汇银行经营的外币都有自己一套完整的账务系统。

（　　）

5.外汇买卖是外汇分账制下的一个特定科目,在不同的货币间起联系平衡的桥梁作用。　　　　　　　　　　　　　　　　　　　（　　）

6.权责发生制对于本期内实际发生,应属于本期的收益和费用,不论其款项是否收到或付出,都作为本期的收益和费用处理。反之,凡不属于本期实际发生,不应属于本期的收益和费用,即使款项已经收到或付出,都不作为本期的收益和费用处理。　　　　　　　　　　　　　　　　（　　）

7.外汇存款现钞户既可直接支取汇出国外,也可直接支取现钞。（　　）

8.目前,单位外汇存款均为现汇户,现汇户可直接汇出国外。现钞户须经过钞买汇卖处理后方可支取汇出,现钞户可直接支取现钞。　　　（　　）

9.个人外汇存款只可开立现钞账户,不可开立现汇账户。　（　　）

10.外汇银行目前发放的短期外汇贷款货币主要有美元、港币、日元、英镑、欧元五种,贷款贷什么货币,还什么货币,计收原币利息。　　　（　　）

11.短期外汇贷款一般随借款单位实际对外支付外汇的同时发放,即什么时候用,什么时候发放,和人民币贷款一样,也会发生派生性存款。　（　　）

12.短期外汇贷款本金按实际发放的金额计算,合同金额不等于实际发放的金额。　　　　　　　　　　　　　　　　　　　　　　　（　　）

（三）单项选择题

1.丙种存款是为（　　）开办的一种外汇存款种类。

A.国外企业　　　B.国内单位　　　C.外籍居民　　　D.国内居民

2.银行买入外币现钞时应选用的价格是（　　）。

A.钞买价　　　B.钞卖价　　　C.汇买价　　　D.汇卖价

3.客户买入外币现汇时应选用的价格是（　　）。

A. 钞买价　　　　　B. 中间价　　　　　C. 汇买价　　　　　D. 汇卖价

4. 银行向同业或客户买入外汇时使用（　　）。

A. 钞买价　　　　　B. 中间价　　　　　C. 汇买价　　　　　D. 汇卖价

5.（　　）是供国内居民使用的外汇存款种类。

A. 甲种存款　　　　B. 乙种存款　　　　C. 丙种存款　　　　D. 丁种存款

6. 单位定期外汇存款,一律采取账户式,金额一般不低于人民币 5 000 元至 10 000 元的等值外汇。单位活期外汇存款的起存金额为人民币（　　）的等值外汇。

A. 3 000～5 000 元　　　　　　　　　B. 5 000～10 000 元

C. 10 000～30 000 元　　　　　　　　D. 30 000 元以上

7. 单位活期外汇存款是（　　）

A. 甲种存款　　　　B. 乙种存款　　　　C. 丙种存款　　　　D. 丁种存款

（四）多项选择题

1. 目前我国外汇指定银行经营的外汇业务主要有（　　）。

A. 外币存款、贷款业务　　　　　　　B. 外汇汇款业务

C. 外币票据的承兑和贴现　　　　　　D. 外汇兑换业务

E. 贸易和非贸易结算

2. 下列有关外汇买卖科目正确使用的有（　　）。

A. 买入外币时,外币金额应借记此科目,人民币金额应贷记此科目。

B. 卖出外币时,外币金额应贷记此科目,人民币金额应借记此科目。

C. 买入外币时,外币金额应贷记此科目,人民币金额应借记此科目。

D. 卖出外币时,外币金额应借记此科目,人民币金额应贷记此科目。

3. 外汇买卖分户账上当（　　）时,表明买入外币金额大于卖出外币金额。

A. 外币余额为借方　　　　　　　　　B. 外币余额为贷方

C. 空头　　　　　　　　　　　　　　D. 多头

4. 按存款管理特点的不同,将外汇存款分为（　　）。

A. 甲种外汇存款　　　　　　　　　　B. 单位外汇存款

C. 乙种外汇存款　　　　　　　　　　D. 个人外汇存款

E. 丙种外汇存款

5. 外汇存款户按存入资金形态的不同分为（　　）。

A. 现汇存款户　　　　　　　　　　　B. 单位外汇存款户

C. 现钞存款户　　　　　　　　　　　D. 个人外汇存款户

6. 信用证项下出口结算主要包括（　　）等环节。

A. 出口结汇　　　B. 受证与通知　　　C. 审单付款　　　D. 审单议付

7.进口结算主要包括(　　)等环节。

A.受理与通知　　　B.开立信用证　　　C.审单付款　　　D.审单议付

8.(　　)付款方式下,进口公司要承担国外付款日至单到国内这段时间银行垫付的外币垫款利息。

A.单到国内审单付款　　　　　B.国外审单主动借记

C.国外审单电报索汇　　　　　D.授权国外议付行向我账户行索汇

9.个人外汇存款包括(　　)。

A.甲种外币存款　　　　　　　B.乙种外币存款

C.丙种外币存款　　　　　　　D.丁种外币存款

E.戊种外币存款

(五)名词解释

1.外汇分账制

2.权责发生制

3.结汇

4.售汇

(六)简答题

1.什么是外汇汇率?汇率有哪些标价法?我国采用哪种标价法?

2.商业银行外汇业务会计有哪些特点?

3.什么是外汇分账制?主要内容是什么?

4.外汇存款有哪些分类?

5.商业银行外汇贷款与人民币贷款的主要区别是什么?

6.什么是信用证结算方式?在进出口业务中主要有哪些核算环节?

(七)业务题

1.练习目的:掌握外汇买卖及套汇业务的核算。

要求:将下列业务登入"外汇买卖"账,并计算出当日美元户外汇买卖损益并平仓上划,列出相关会计分录。(该章练习中的货币汇率均按下列牌价表)

货币名称	现汇买入价	现钞买入价	卖出价	中间价
英　镑	986.06%	965.27%	993.98%	990.02%
港　币	87.99%	87.28%	88.32%	88.155%
美　元	682.23%	676.76%	684.97%	683.60%
日　元	7.5892%	7.4292%	7.6502%	7.6197%
欧　元	875.49%	857.03%	882.52%	879.01%

外汇银行S分行发生下列经济业务:

（1）客户李华持美钞 USD 2 000，要求兑换成美元现汇，并开立活期外汇存款户。

（2）客户要求从其美元账户（148250028）中兑取 1 000 英镑汇往国外，银行同意并办理此业务。

（3）某客户持有关文件要求从其现汇户（148250012）中支取 500 美元现钞。

（4）当天，外汇银行从国内居民手中买入 200 美元现钞，结付人民币现金。

2.练习目的：掌握短期外汇浮动利率贷款业务和进口信用证结算业务的核算。

某三资企业经批准与 A 中行签订借款合同，借得短期外汇浮动利率贷款 USD 220 000，用于进口原材料，期限半年，利率按 3 个月浮动，利息转入贷款本金。

要求：就下列业务全过程列出 A 中行的全套会计分录，并列出 A 行计算利息的全过程。

（1）2 月 22 日，A 中行根据借款人的申请对美国某联行开出不可撤销即期信用证，金额为 USD 402 000，开证时，从某 148250026 账户中支取 200 000 美元存入其保证金，并收取 1.5％的开证费（按美元的汇卖价折收，从其 018250012 账户中支取），2 月 25 日，企业因故减少开证金额 2 000 美元，征得受益人同意后，于 A 行作了修改手续。

（2）A 中行收到美国某联行寄来的全套单据。3 月 26 日企业确认承付，先从企业保证金账户中转出，其余部分用短期外汇贷款支付，A 行按规定办理贷款支付手续，对外付汇金额为 USD 401 000（其中包括 1 000 美元支付给美国某联行的通知、议付、修改费）。

（3）6 月 20 日和 9 月 20 日为结息日，A 中行按规定办法计息，利息转入贷款本金（假设该行公布的利率表上，半年期和 3 个月浮动美元贷款利率变动情况：2 月 1 日为 4.5％，2 月 26 日 4.41％，3 月 15 日 4.26％，4 月 26 日 4.23％，6 月 25 日 4.17％，8 月 28 日为 4.35％，按实际天数计算）。

（4）9 月 26 日期满，借款人办理偿还贷款手续，所需款项从其存款户（148250026）中支付。

3.练习目的：掌握出口业务各种结算方式下的会计核算方法。

（1）外汇银行 M 行于 9 月 5 日收到纽约某联行开来的不可撤销即期信用证，金额为 USD 10 000，受益人为外贸工艺品公司。9 月 15 日，M 行又接到纽约联行来电，要求修改信用证，减少金额 USD 2 000，经受益人同意，当天复电。9 月 22 日，公司交来全套出口单据，随同信用证送来议付，经审单相符后，当天寄出，计收通知费、议付费、修改费共 USD 600 向开证行索偿。10 月 5 日，收到纽约联行已贷记报单后，即对公司结汇。

要求：列出外汇银行 M 行全套会计分录。

(2)M 行受理某进出口公司托收出口货款业务一笔，全过程如下：9 月 3 日，公司交来全套单据，金额为 USD 10 020，交单方式为 D/P 即期，委请纽约某联行代收（该行与 M 行有美元账户关系），当天填发出口托收委托书并寄出全套单据。9 月 5 日，公司因故要求增加托收金额 USD 500，按规定办妥手续。9 月 24 日，接到代收行已贷记报单及委托书回单，内扣银行费用 USD 20，余额 USD 10 500 结汇，同时 M 行扣收 1.25‰的托收手续费（结汇金额按牌价折算成人民币的 1.25‰）。

要求：列出外汇银行 M 行全套会计分录。

4.练习目的：掌握进口业务各种结算方式下的会计核算方法。

(1)外汇银行 A 行应某外贸公司的申请，8 月 5 日对香港联行开出不可撤销远期信用证购买货物，金额是 USD 30 500，支付条款规定"承兑后 30 天付款"。8 月 8 日，公司因故要求减少开证金额 USD 500，A 行按规定办理了修改手续。8 月 28 日开证行收到议付行全套单据及跟单汇票，金额 USD 30 000，A 行审单后即通知公司。8 月 31 日公司承兑，开证行即对议付行发出承兑通知书，确认 9 月 30 日为付款日。9 月 30 日，A 行向公司办理售汇，向议付行发出请借记报单，对外付款。

要求：列出外汇银行 A 行全套会计分录。

(2)外汇银行 M 行 8 月 10 日收到某代理行寄来进口代收单据一套，交单方式为 D/P 即期，金额 USD 20 000，委托向某合资企业收取货款，该行把单据签送进口商后，8 月 12 日进口商确认承付，款项由其美元外汇存款账户支取，该行按规定扣收 USD 25 手续费后，将余款划收委托行（托收行与代收行有美元账户关系）。

要求：列出外汇银行 M 行全套会计分录。

第八章
所有者权益及损益的核算

通过本章的学习,要了解实收资本、资本公积、盈余公积和未分配利润各项目所包含的内容以及会计核算,掌握构成收入、成本费用的项目,每个项目所包含的内容及其与收入、成本形成的关系,掌握营业税金及附加的计提和缴纳,掌握利润的组成,包括营业利润、利润总额、净利润及其相互关系,掌握本年利润分配的核算。

第一节 所有者权益的核算

银行的所有者权益是所有者在银行资产中享有的经济利益,是银行投资者对银行净资产的所有权,它是金融企业资金的主要来源之一。从数量上看,它等于全部资产减去全部负债后的余额。所有者权益包括实收资本(或股本)、资本公积、盈余公积、一般准备和未分配利润等。

一、实收资本的核算

实收资本是指投资者按照银行章程,或合同、协议的约定,实际投入银行的资本。按照我国法律规定:企业必须拥有一定的注册资本或法定资本,方可设立开业,且这部分资本不得随意抽减。按其来源不同实收资本可分为国家资本金、法人资本金、个人资本金和外商资本金等。投资者可以用现金进行投资,也可以用现金以外的其他有形资产和无形资产进行投资。

根据《金融企业会计制度》第79条的规定,股份制企业的股本,应按以下规定核算:

1.股份制金融企业的股本应当在核定的股本总额及核定的股份总额的范围内发行股票或股东出资取得。发行的股票,应按其面值作为股本,超过面值发行取得的收入,其超过面值的部分,作为股本溢价,计入资本公积。

2.境外上市公司以及在境内发行外资股的上市公司,按确定的人民币股票面值和核定的股份总额的乘积计算的金额,作为股本入账,按收到股款当日的汇率折合的人民币金额与按人民币计算的股票面值总额的差额,作为资本公积处理。

非股份制金融企业的实收资本应按以下规定核算:

1.投资者以现金投入的资本,应当以实际收到或者存入企业开户银行的金额作为实收资本入账。实际收到或者存入企业开户银行的金额超过其在该金融企业注册资本中所占份额的部分,计入资本公积。

2.投资者以非现金资产投入的资本,应按投资各方确认的价值作为实收资本入账。

3.投资者投入的外币,合同没有约定汇率的,按收到出资额当日的汇率折合;合同约定汇率的,按合同约定的汇率折合。因汇率折合不同产生的折合差额,作为资本公积处理。

对于实收资本,除股份制银行以"股本"科目核算外,其他银行以"实收资本"科目核算。股本和实收资本科目性质属于所有者权益类,银行收到投资者投入的货币或非现金资产投资时,贷记这两个科目,在银行按法定程序报经批准减少注册资本时,借记这两个科目,期末贷方余额表示银行实际拥有的资本金总额。

(一)投资者以现金、银行存款投入的核算

国家、企业、外商、个人以人民币现钞或银行存款进行投资时,以实际收到或者存入企业开户银行的金额作为实收资本入账。其会计分录为:

借:现金(或××存款、存放中央银行准备金)

贷:实收资本(或股本)

(二)投资者以实物投入的核算

银行收到投资者以实物形态的投资时,需按照评估确认的价值或合同、协议约定的价值记账。其会计分录为:

借:固定资产(或无形资产等)

贷:实收资本(或股本)

【例8-1】甲商业银行(股份制银行)收到国家投入的房屋一栋,价值8 000万元。其会计分录如下:

借:固定资产   80 000 000

 贷:股本   80 000 000

(三)投资者以外币投入的核算

投资者投入的外币,合同没有约定汇率的,按收到出资额当日的汇率折合;合同约定汇率的,按合同约定的汇率折合。因汇率不同产生的折合差额,作为资本公积处理。其会计分录为:

借:××科目

 贷:实收资本(或股本)

二、资本公积的核算

资本公积是指金融企业取得的所有者共有的、非收益转化而形成的资本。根据《金融企业会计制度》第81条的规定,资本公积主要包括以下项目:

1.资本溢价,是指投资者投入的资金超过其在注册资本中所占份额的部分。

2.接受非现金资产捐赠准备,是指商业银行因接受非现金资产捐赠而增加的资本公积。

3.接受现金捐赠,是指商业银行因接受现金资产捐赠而增加的资本公积。

4.股权投资准备,是指商业银行对被投资单位的长期股权投资采用权益法核算时,因被投资单位接受捐赠等原因增加的资本公积。

5.外币资本折算差额,是指商业银行接受外币投资因所采用的汇率不同而产生的资本折算差额。

6.关联交易差价,是指上市的商业银行与关联方之间的交易,对显失公允的交易价格部分而形成的资本公积。这部分资本公积不得用于转增资本或弥补亏损。

7.其他资本公积,是指除上述各项资本公积以外所形成的资本公积,以及从资本公积各准备项目转入的金额。债权人豁免的债务,也在本项目核算。

为反映银行资本公积的增减变动情况,银行设置"资本公积"科目。该科目性质属于所有者权益类,贷方登记资本公积的增加数,借方登记弥补亏损或转赠资本等原因减少的资本公积,余额在贷方,反映银行实有的资本公积。该科目应按资本公积形成的类别设置明细账。

(一)资本溢价的核算

资本(或股本)溢价,是指银行投资者投入的资金超过其在注册资本中所占份额的部分。当发生资本(或股本)溢价时,按溢价数额纳入资本公积核算。其会计分录为:

借:××科目

　贷:实收资本(或股本)

　　资本公积——资本溢价户

【例8-2】甲商业银行发行普通股股票1 000 000股,每股面值6元,以每股8元的价格溢价发行,股票全部认购足额,并如数收到股本,全部存入银行。其会计分录为:

借:存放中央银行准备金　　　　　　　　　8 000 0000

　贷:股本　　　　　　　　　　　　　　　　　　6 000 0000

　　资本公积　　　　　　　　　　　　　　　　　2 000 0000

(二)接受捐赠资产的核算

捐赠人捐赠资产,是一种对银行投资行为,但捐赠人的投入并无对企业资产提出要求的权力,也不会由于捐赠资产行为对企业形成责任。所以捐赠者不是企业所有者,这种投资也不形成银行的实收资本,但其毕竟是对银行的一种投入行为,其结果也会形成银行的权益增加。按规定,银行接受捐赠的资产价值作为资本公积,属于所有者权益。接受捐赠的资产又可分为现金资产和非现金资产。

1.接受现金资产捐赠的处理

银行接受现金资产捐赠时,按实际捐赠额入账。其会计分录为:

借:现金(或有关科目)

　贷:资本公积——接受现金捐赠户

2.接受非现金资产捐赠的处理

银行接受非现金资产捐赠时,按规定价款入账。以接受固定资产捐赠为例,其会计分录为:

借:固定资产

　贷:资本公积——接受非现金资产捐赠准备户

　　递延税款(固定资产净值×33%)

　　累计折旧

(三)外币资本折算差额的核算

外币资本折算差额是指银行实际收到外币投资时,由于汇率变动而发生的有关以本账户与实收资本账户折合记账本位币时出现的差额。以外币投资时,除记录外币账外,资产账户还应按当日国家外汇牌价折合成人民币记账。这样,由于银行实际收到外币投资时的汇率与合同、协议约定的汇率不同而产生的资本汇率应计入资本公积,以准确反映投资者的权利和义务。

如果实际收到外币时的汇率高于约定的汇率,其会计分录为:

借:银行存款——外汇户

　　贷:实收资本——××户

　　　　资本公积——外币资本折算差额

如果实际收到外币时的汇率低于约定的汇率,其会计分录为:

借:银行存款——外汇户

　　资本公积——外币资本折算差额

　　贷:实收资本——××户

三、盈余公积的核算

盈余公积是商业银行按照有关规定从税后利润中提取的公积金。根据《金融企业会计制度》第 82 条的规定,盈余公积包括法定盈余公积金、任意盈余公积金和法定公益金。

1.法定盈余公积,是指银行按照规定的比例从净利润中提取的盈余公积,按税后利润的 10% 提取,当此项公积金达到注册资本的 50% 时,可不再提取。

2.任意盈余公积,是指银行经股东大会或类似机构批准按照规定的比例从净利润中提取的盈余公积。

3.法定公益金,是指银行按照规定的比例从净利润中提取的用于职工集体福利设施的公益金。一般按税后利润的 5%～10% 提取。

商业银行的盈余公积可用于弥补亏损、转增资本,符合条件的商业银行,也可用盈余公积分派现金股利。

为加强对盈余公积的核算和管理,设置"盈余公积"科目,该科目性质属于所有者权益类,贷方登记按规定比例从税后利润中提取的盈余公积数额,借方登记盈余公积的支用和减少的数额,期末贷方余额为提取的盈余公积结余数。

(一)提取法定盈余公积金、任意盈余公积金和公益金的核算

按规定标准和比例提取法定和任意盈余公积金、公益金时,其会计分录为:

借:利润分配

　　贷:盈余公积——法定盈余公积

　　　　盈余公积——法定公益金

【例 8-3】甲商业银行按规定比例从税后利润中提取法定盈余公积 200 万元,提取法定公益金 100 万元。其会计分录为:

借:利润分配　　　　　　　　　　　　　　　　3 000 000

　　贷:盈余公积——法定盈余公积　　　　　　　　2 000 000

　　　　盈余公积——法定公益金　　　　　　　　　1 000 000

(二)盈余公积补亏的核算

银行经批准用盈余公积弥补亏损时,其会计分录为:

借:盈余公积——法定盈余公积

　贷:利润分配

【例8-4】甲商业银行按规定以盈余公积260万元弥补上年度亏损,其会计分录为:

借:盈余公积——法定盈余公积　　　　　　　　2 600 000

　贷:利润分配　　　　　　　　　　　　　　　　　　2 600 000

(三)盈余公积转增资本金的核算

根据国家有关规定,银行盈余公积按规定程序批准后转增资本金时,其会计分录为:

借:盈余公积

　贷:实收资本(或股本)

【例8-5】甲商业银行(股份制银行)经有关部门批准,决定以盈余公积300万元转增资本金。其会计分录为:

借:盈余公积　　　　　　　　　　　　　　　　3 000 000

　贷:股本　　　　　　　　　　　　　　　　　　　3 000 000

(四)用公益金支付福利费的核算

用公益金支付职工福利费时,应先转入"应付福利费"科目,使用时,再从该科目支付。其会计分录为:

借:盈余公积——公益金

　贷:应付福利费

借:应付福利费

　贷:现金(或银行存款)

(五)用公益金购建固定资产的核算

用公益金购建固定资产,在购建过程中,以"在建工程"科目核算,交付使用时,从"在建工程"科目转入"固定资产"科目,同时将公益金转为法定盈余公积金。其会计分录为:

借:盈余公积——公益金

　贷:盈余公积——法定盈余公积金

四、未分配利润的核算

未分配利润是商业银行留待以后年度进行分配的结存利润,其属于所有者权益的组成部分。

年度终了,银行将各财务收入、财务支出科目的余额通过"本年利润"科目结转出当年的净利润,再将"本年利润"科目余额转入"利润分配——未分配利润户"。在按规定作了各种分配后,将"利润分配"科目其他各账户的余额转入"未分配利润"账户。结转后,"未分配利润"账户的贷方余额是未分配利润,如出现借方余额,则表示为未弥补亏损。

第二节　银行损益的核算

一、收入的核算

(一)收入的内容及确认

收入,是指企业在销售商品、提供劳务及让渡资产使用权等日常活动中所形成的经济利益的总流入。日常活动是指银行为完成其经营目标而从事的所有活动以及与之相关的其他活动。如银行提供的贷款服务、支付结算服务等。经济利益是指现金或最终能转化为现金的非现金资产。

银行的收入主要是指银行提供金融商品服务所取得的各项收入,由营业收入和非营业收入构成,而营业收入是财务收入的主要组成部分。银行的收入主要包括:利息收入、金融企业往来收入、中间业务收入、贴现利息收入、买入返售证券收入、汇兑收益和其他业务收入。

银行应当根据收入的性质,按照收入确认的条件,合理确认和计量各项收入。商业银行提供金融产品服务取得的收入,应当在以下条件均能满足时予以确认:

(1)与交易相关的经济利益能够流入企业;

(2)收入的金额能够可靠地计量。

(二)收入的核算

1.利息收入

利息收入是银行发放各项贷款与办理贴现而取得的收入。利息收入在银行的整个营业收入中占有很大的比重,是银行损益的重要内容之一。利息收入应按让渡资金使用权的时间和适用利率计算确定。

银行发放的各项贷款,应按贷款本金规定的利率及计息期限计算应收利息。取得利息时,根据计算清单编制借、贷方记账传票办理转账。利息收入的核算已在第四章"贷款业务的核算"中叙述,此处不再重复。

2.金融企业往来收入

金融企业往来收入是指商业银行与其他金融机构发生业务往来而形成的利息收入。金融企业往来收入,应按让渡资金使用权的时间和适用利率计算确定。它在营业收入中占较大的份额,应设置"金融企业往来收入"科目予以反映,并按往来单位设明细账。

发生金融企业往来收入时,根据有关利息通知或划款凭证,进行账务处理。其会计分录为:

借:存放中央银行准备金

　　贷:金融企业往来收入——××利息收入户

【例8-6】甲商业银行收到存入当地人民银行款项利息30万元,其会计分录为:

借:存放中央银行准备金　　　　　　　　　　　300 000

　　贷:金融企业往来收入——中央银行利息收入　　　300 000

3.中间业务收入

中间业务收入是指商业银行在办理支付结算、咨询、担保、委托贷款业务时取得的手续费收入。对于其核算,银行应设置"中间业务收入"账户,并按其种类分设明细账。

计收手续费时,其会计分录为:

借:××科目

　　贷:中间业务收入

【例8-7】华盛机电公司向其开户的甲银行申请办理银行承兑汇票,甲银行按规定收取500元承兑手续费。甲银行会计分录为:

借:单位活期存款——华盛机电公司　　　　　　500

　　贷:中间业务收入——银行承兑汇票承兑收入　　　500

4.汇兑收益

汇兑收益是指商业银行在经营外汇买卖和外币兑换等业务过程中,因汇率变动而取得的收入。银行通过"汇兑收益"科目进行核算,同时按外汇买卖外币种分设明细账。

银行发生汇兑收益时,其会计分录为:

借:外汇买卖

　　贷:汇兑收益——××币种

5.其他业务收入

其他业务收入是指银行从主营业务以外取得的营业收入。银行应设置"其他营业收入"科目进行核算,并按其种类设置明细账。

银行收到各项其他业务收入时,其会计分录为:

借:现金(或××科目)

贷:其他营业收入——××收入户

二、成本费用的核算

(一)成本与费用的含义及管理

成本是指企业为提供劳务而发生的各种耗费;费用是指企业为销售商品、提供劳务等日常活动所发生的经济利益的流出。

对业务成本核算与管理必须做到:

1. 严格按照规定如实反映成本支出,不准随意摊提成本费用,不准擅自提高开支标准,不准扩大开支范围,不准截留收入,要正确计算本期损益,以保证经营成果的真实性。

2. 需要待摊和预提的费用,根据实际需要,按权责发生制和成本与收入配比原则确定办理。

3. 划清成本界限,正确计算成本。在成本核算中,要严格划清以下成本界限:一是划清本期成本与下期成本界限,不得提前或延后列支;二是划清成本支出与营业外支出的界限,不属于成本开支范围的,不得列入成本,应在成本开支的费用,也不得列入营业外支出。

4. 成本核算要以季(月)、年为成本计算期,同一计算期内的成本与营业收入核算的起讫日期,计算范围和口径必须一致。

5. 要加强基础工作,保证成本真实可靠。在进行成本核算时,必须严格执行会计制度,确保成本核算资料的完整、真实、准确。有关成本核算的原始凭证、账册、成本汇总表、统计资料,必须按规定格式和内容真实记载、填写和汇总,不得弄虚作假。

(二)成本和费用的核算

1. 利息支出

利息支出是指银行对以负债形式筹集的各种资金按国家规定的适用利率提取、支付的利息。

关于利息支出的核算已在"第三章存款业务的核算"中叙述了,此处不再重复。

2. 金融企业往来支出

金融企业往来支出是指各金融系统内以及与中央银行、与同业之间资金往来发生的利息支出。

(1)实际发生金融企业往来利息支付的核算。本期发生、本期支付利息时,

其会计分录为:

借:金融企业往来支出——××利息支出户

贷:存放中央银行准备金(或其他有关科目)

(2)预提金融企业往来应付利息的核算。金融企业对跨年度的各项借款可按实际情况进行预提,预提时的会计分录为:

借:金融企业往来支出——××利息支出户

贷:应付利息——应付××利息户

【例8-8】甲商业银行向中央银行借款200万元,第二季度结息日次日,收到借款利息通知回单,借款利息100 000元已扣,则甲银行会计分录为:

借:金融企业往来支出——与中央银行往来支出　　　　100 000

贷:存放中央银行准备金　　　　　　　　　　　　　　　100 000

3.手续费支出

手续费支出是指银行委托其他单位代办业务所支付的手续费以及参加票据交换的管理费支出等。

支付某项代办业务的手续费时,其会计分录为:

借:营业费用——手续费支出户

贷:现金(或××科目)

4.汇兑损失

汇兑损失与汇兑收益是相对而言的,是指银行在经营外汇买卖和外币兑换中由于汇率变动而产生的汇兑损失。

当发生汇兑损失时,其会计分录为:

借:汇兑损失

贷:外汇买卖

5.营业费用

营业费用是银行在业务经营及管理工作中发生的各种费用,主要包括业务宣传费、业务招待费、业务管理费等。各项营业费用的开支必须符合规定的列支标准,并须经过审批才能列账。如按《金融保险业务财务制度》规定,业务宣传费在营业收入(扣除金融企业往来利息收入)的规定比例内掌握使用。银行为2‰,保险及其他非银行金融企业为5‰,业务宣传费一律按实列支,不得预提。营业费用采取直接列账的会计分录为:

借:营业费用——××户

贷:现金(或其他有关科目)

【例8-9】甲商业银行全年营业收入为1 500万元,(不包括金融企业往来收入)。按2‰掌握,则该行全年业务宣传费不得超过30 000元。该行实际发生宣

传费 5 000 元,则甲银行会计分录为:

借:营业费用——业务宣传费   5 000

  贷:现金(或其他有关科目)   5 000

营业费用采取间接列账的,会计部门可向行政部门拨付周转金,并为行政部门开立存款户。行政部门在开支各项费用时,从存款账户支付款项,定期向会计部门报销,年底将周转金划还会计部门。

三、营业外收支的核算

(一)营业外收支的内容

营业外收支是指银行发生的与其经营业务活动无直接关系的各项收入和各项支出。

(二)营业外收支的核算要求

对营业外收支的核算要求有:第一,各项营业外收入必须按国家有关规定,认真核实,据实列账,不得转移、截留和作其他财务收入处理;第二,营业外收支在核算上采用收付实现制处理;第三,要划清营业外支出与成本支出以及利润分配的界限,避免相互挤占。

1.营业外收入

营业外收入是指银行发生的与其经营业务活动无直接关系的各项收入。主要包括固定资产盘盈、处置固定资产净收益、处置无形资产净收益、处置抵债资产净收益、罚款收入等。发生的营业外收入,应根据收入项目按实际发生数作账务处理,其会计分录为:

借:××科目

  贷:营业外收入——××户

【例 8-10】甲商业银行在经营过程中,发生出纳长款 20 元,经批准作为营业外收入。其会计分录为:

借:其他应付款——待处理出纳长款   20

  贷:营业外收入——出纳长款收入   20

2.营业外支出

营业外支出是指发生在银行业务经营以外又与银行经营活动无直接联系的各项支出。主要包括固定资产盘亏、处置固定资产净损失、处置抵债资产净损失、债务重组损失、罚款支出、捐赠支出、出纳短款、非常损失等。

银行发生营业外支出应通过"营业外支出"科目核算,该科目借方登记发生的各项营业外支出数,平时余额在借方,期末将其结转到本年利润后无余额。

【例 8-11】甲商业银行在办理现金收付业务活动中发生现金短款 50 元,当天未能查清和找回。其会计分录为:

借:其他应收款——应收出纳短款　　　　　　　　50

　贷:现金　　　　　　　　　　　　　　　　　　　　　　50

后来经调查确认该笔短款无法找回,按照规定的审批权限,转为营业外支出,其会计分录为:

借:营业外支出——出纳短款　　　　　　　　　　50

　贷:其他应收款——应收出纳短款　　　　　　　　50

四、营业税金及附加的核算

银行的营业税是按照各项利息收入(金融企业往来利息除外)与其他营业收入之和及规定税率计算后交纳的;城市维护建设税、教育费附加是按实际交纳的营业税额,与规定的税率和费率计算后交纳的。

每季末按该季纳税项目收入净增额计算应缴营业税额,并在此基础上计算城市维护建设税及教育费附加。其会计分录为:

借:营业税金及附加

　贷:应交税金——营业税户

　　　应交税金——城市维护建设税户

　　　其他应付款——教育费附加户

实际缴纳时,其会计分录为:

借:应交税金——营业税户

　　应交税金——城市维护建设税户

　　其他应付款——教育费附加户

　贷:存放中央银行准备金

五、利润与利润分配的核算

(一)利润的组成

银行的利润是指银行在一定会计期间的经营成果,包括营业利润、利润总额和净利润。其中,营业利润,是指营业收入减去营业成本和营业费用加上投资净收益后的净额。利润总额,是指营业利润减去营业税金及附加,加上营业外收入,减去营业外支出后的金额。净利润,是指扣除资产损失后利润总额减去所得税后的金额。

计算公式如下:

营业利润＝营业收入－营业成本－营业费用＋投资净收益

利润总额＝营业利润－营业税金及附加＋营业外收入－营业外支出

净利润＝扣除资产损失后利润总额－所得税

(二)净利润的核算

所得税是以应纳税所得额与适用所得税税率相乘而计算求得的。应纳税所得额与利润总额不同,利润总额是一个会计概念,也可称为税前会计利润。由于会计准则、会计制度与税法两者的目的不同,对收益、费用、资产、负债等的确认时间和范围也不同,从而导致税前会计利润与应纳税所得额之间产生差异。因此税前会计利润还需要按照税法的规定进行纳税调整,经调整后再进行计算。银行根据计算出的应纳所得税额,进行账务处理,其会计分录为:

借:所得税

　　贷:应交税金————应交所得税

对于税前会计利润和应纳税所得额之间的差异,在会计核算中可采用"应付税款法"和"纳税影响会计法"。采用纳税影响会计法核算时,有些情况下,对一些差异,需要通过"递延税款"科目核算。

(三)本年利润结转的核算

银行利润在会计期末进行结转。具体做法是:

1.将收入类各科目按账户编制转账传票转入"本年利润"科目的贷方。其会计分录为:

借:利息收入

　　金融企业往来收入

　　中间业务收入

　　其他营业收入

　　汇兑收益

　　投资收益

　　营业外收入

　贷:本年利润

2.将支出类各科目按账户编制转账传票转入"本年利润"科目的借方。其会计分录为:

借:本年利润

　贷:利息支出

　　金融企业往来支出

　　营业费用

　　营业税金及附加

　　其他营业支出

　　汇兑损失

　　营业外支出

　　所得税

结转后,各收入、支出类科目应无余额。"本年利润"科目应与上述各收支类科目结转前的轧差数一致。"本年利润"科目如为贷方余额则为纯益,表示实现的净利润;如为借方余额,则为纯损,表示出现的亏损。

年度终了,应将"本年利润"科目结平,转入"利润分配"科目。如为净利润,其会计分录为:

借:本年利润

　　贷:利润分配——未分配利润户

如为亏损,则会计分录为:

借:利润分配——未分配利润户

　　贷:本年利润

(四)利润分配的核算

利润分配是指银行所实现的利润总额,按照有关法规和投资协议所确认的比例,在国家、银行、投资者之间进行分配。

1.利润分配的顺序

(1)抵补银行已缴纳的在成本和营业外支出中无法列支的有关惩罚性或赞助性支出。包括:被没收的财物损失,延期缴纳各项税款的滞纳金和罚款,少交或迟交中央银行准备金的加息等。

(2)弥补银行以前年度亏损。如银行在 5 年限期不能用税前利润弥补完的部分,可用税后利润进行弥补,银行历年提取的法定盈余公积金和任意公积金也可以用于弥补亏损。

(3)提取法定盈余公积金。银行按照税后利润加上上年末未分配利润减去弥补以前年度亏损和罚没支出后的余额,按规定比例的10%提取法定盈余公积金。法定盈余公积金可用于弥补亏损,也可用于转增资本金。但法定盈余公积金弥补亏损和转增资本金后的剩余部分,不得低于注册资本的25%。

(4)提取公益金。银行提取的公益金主要用于职工食堂、宿舍、浴室、幼儿园等福利设施的建设支出。国有商业银行提取公益金比例由国家核定;股份制银行由董事会、股东大会决定提取比例。

(5)提取一般准备。银行按规定可按贷款余额的一定比例从税后利润中提取一般准备。

(6)向投资者分配利润。银行可供投资者分配的利润减去提取的法定盈余公积金、法定公益金等后,应作如下分配:应付优先股股利;提取任意盈余公积;应付普通股股利;转作资本(或股本)的普通股股利。

(7)未分配利润。未分配利润可留待以后年度进行分配。银行未分配的利润(或未弥补的亏损)应当在资产负债表的所有者权益项目中单独反映。

2.利润分配的处理

(1)提取盈余公积金及补亏。银行从税后利润提取法定盈余公积时,其会计分录为:

借:利润分配——提取盈余公积

贷:盈余公积——法定盈余公积

银行用盈余公积弥补亏损时,其会计分录为:

借:盈余公积——法定盈余公积

贷:利润分配——盈余公积补亏

(2)银行按规定提取公益金时,其会计分录为:

借:利润分配——提取公益金

贷:盈余公积——公益金

(3)银行按规定提取一般准备时,其会计分录为:

借:利润分配——提取一般准备

贷:一般准备金

(4)向投资者分配利润。银行计算应付投资者或其他单位、个人的利润时,其会计分录为:

借:利润分配——应付利润

贷:应付利润

当银行实际支付应付利润时,其会计分录为:

借:应付利润

贷:存放中央银行准备金

(5)未分配利润。年度终了将"利润分配"科目下所有明细科目的余额转到"未分配利润"明细科目中,其会计分录为:

借:利润分配——未分配利润

贷:利润分配——提取盈余公积

——应付利润

借:利润分配——盈余公积补亏

贷:利润分配——未分配利润

经过利润分配后,如利润分配科目还有贷方余额时,即为当年的未分配利润,可作留存收益,与新年度的利润一并进行分配。如为借方余额,表示未弥补的亏损。

【本章小结】

1.银行的所有者权益是所有者在银行资产中享有的经济利益,是银行投资者对银行净资产的所有权,它是金融企业资金的主要来源之一。从数量上看,它等于全部资产减去全部负债后的余额。所有者权益包括实收资本(或股本)、资本公积、盈余公积、一般准备和未分配利润等。

2.实收资本是指投资者按照银行章程或合同、协议的约定,实际投入银行的资本。按其来源不同可分为国家资本金、法人资本金、个人资本金和外商资本金等。投资者可以用现金进行投资,也可以用现金以外的其他有形资产和无形资产进行投资。资本公积是指金融企业取得的所有者共有的、非收益转化而形成的资本。盈余公积是商业银行按照有关规定从税后利润中提取的公积金。未分配利润是商业银行留待以后年度进行分配的结存利润,其属于所有者权益的组成部分。

3.商业银行的收入主要是指银行提供金融商品服务所取得的各项收入,由营业收入和非营业收入构成,而营业收入是财务收入的主要组成部分。商业银行的成本是指在业务经营过程中发生的与业务经营有关的支出。营业外收入是指银行发生的与其经营业务活动无直接关系的各项收入。银行的利润是指银行在一定会计期间的经营成果,包括营业利润、利润总额和净利润。

【本章练习题】

(一)填空题

1.所有者权益包括_____、_____、_____和_____等。

2.股份制金融企业的股本应当在核定的股本总额及核定的股份总额的范围内发行股票或股东出资取得。发行的股票,按其_____作为股本,超过面值部分,作为_____,计入_____。

3.对于实收资本,除股份制银行以_____科目核算外,其他银行以_____科目核算。

4.根据现行的《金融企业会计制度》规定,盈余公积包括_____、_____和_____。

5.银行的利润是指银行在一定会计期间的经营成果,包括_____、_____和_____。

6.银行利润在会计期末进行结转时,将收入类各科目按账户编制转账传票转入"本年利润"科目的_____,将支出类各科目按账户编制转账传票转入"本年利润"科目的_____。

(二)判断题

1.实际收到或者存入企业开户银行的金额,超过其在该金融企业注册资本中所占份额的部分,计入盈余公积。 ( )

2.投资者投入的外币,合同没有约定汇率的,按收到出资额当日的汇率折合;合同约定汇率的,按合同约定汇率折合。因汇率折合不同产生的折合差额,作为资本公积处理。 （　　）

3.关联交易差价这部分资本公积可以用于转增资本或弥补亏损。 （　　）

4.捐赠人捐赠资产,是一种对银行投资行为,这种投资形成银行的实收资本。 （　　）

5.商业银行年末结转后,"未分配利润"账户的贷方余额是未分配利润,如出现借方余额,则表示为未弥补亏损。 （　　）

6.商业银行与其他金融机构发生业务往来而形成的利息收入属于银行利息收入一部分。 （　　）

7.商业银行业务宣传费可以预提。 （　　）

8.银行历年提取的法定盈余公积金和任意公积金也可以用于弥补亏损。
（　　）

9.银行的所有者权益是所有者在银行资产中享有的经济利益,是银行投资者对银行资产的所有权。 （　　）

10.城市维护建设税、教育费附加是按实际交纳的营业税额、规定的税率和费率计算后交纳的。 （　　）

（三）单项选择题

1.法定盈余公积达到注册资本的（　　）时,可不再提取。

A.30%　　　　　B.40%　　　　　C.50%　　　　　D.60%

2.法定公益金,是指银行按照规定的比例从净利润中提取的用于职工集体福利设施的公益金。一般按税后利润的（　　）提取。

A.5%～10%　　B.10%～15%　　C.15%～20%　　D.20%以上

3.按《金融保险业务财务制度》规定,业务宣传费在营业收入(扣除金融企业往来利息收入)的规定比例内掌握使用,商业银行为（　　）。

A.1‰　　　　　B.2‰　　　　　C.3‰　　　　　D.5‰

4.法定盈余公积金可用于弥补亏损,也可用于转增资本金。但法定盈余公积金弥补亏损和转增资本金后的剩余部分,不得低于注册资本的（　　）。

A.15%　　　　　B.20%　　　　　C.25%　　　　　D.30%

5.下列收入属于金融企业往来收入的是（　　）

A.银行发放贷款计收的利息　　　B.银行办理贴现计收的利息

C.银行收取的手续费　　　　　　D.向同业拆借资金收取的利息

（四）多项选择题

1.根据现行的《金融企业会计制度》规定,资本公积主要包括（　　）。

A. 资本溢价

B. 接受现金捐赠和非现金资产捐赠准备

C. 股权投资准备

D. 外币资本折算差额

E. 关联交易差价

2. 商业银行的盈余公积可用于（　　）。

A. 弥补亏损　　　B. 转增资本　　　C. 分派股票股利　　D. 分派现金股利

3. 商业银行提供金融产品服务取得的收入，应当在以下（　　）条件均能满足时予以确认：

A. 与交易相关的经济利益能够流入企业

B. 与交易相关的经济利益不能够流入企业

C. 收入的金额能够可靠地计量

D. 收入的金额不能够可靠地计量

4. 银行的收入主要包括（　　）。

A. 利息收入、贴现利息收入　　　　　B. 金融企业往来收入

C. 手续费收入　　　　　　　　　　　D. 买入返售证券收入

E. 汇兑收益

5. 其他业务收入是指银行从主营业务以外取得的营业收入，主要包括（　　）等。

A. 咨询服务收入　　　　　　　　　　B. 汇兑收益

C. 结算手续费收入　　　　　　　　　D. 无形资产转让收入

6. 营业外收入是指银行发生的与其经营业务活动无直接关系的各项收入，主要包括（　　）等。

A. 固定资产盘盈　　　　　　　　　　B. 处置固定资产净收益

C. 处置抵债资产净收益　　　　　　　D. 罚款收入

·7. 营业外支出是指发生在银行业务经营以外又与银行经营活动无直接联系的各项支出，主要包括（　　）等。

A. 固定资产盘亏　　　　　　　　　　B. 处置固定资产净损失

C. 罚款支出　　　　　　　　　　　　D. 汇兑损失

E. 出纳短款

（五）名词解释

1. 银行的所有者权益

2. 银行实收资本

3. 银行资本公积

4.银行盈余公积

5.银行未分配利润

6.银行的收入

7.银行营业外收支

8.银行利润分配

（六）简答题

1.什么是所有者权益？所有者权益包括哪些内容？

2.商业银行的收入主要包括哪些？它是如何确认的？

3.商业银行的营业外收入和营业外支出主要包括哪些内容？

4.什么是银行的利润？利润由哪些部分组成？如何计算？

5.商业银行利润分配的顺序是什么？

（七）业务题

列出甲商业银行下列业务会计分录。

1.甲商业银行（股份制银行）收到国家投入的房屋一栋，价值1 000万元。

2.甲商业银行发行普通股股票2 000 000股，每股面值5元，以每股7元的价格溢价发行，股票全部认购足额，并如数收到股本，全部存入银行。

3.甲商业银行按规定比例从税后利润中提取法定盈余公积200万元，提取法定公益金100万元。

4.甲商业银行按规定以盈余公积300万元弥补上年度亏损，以盈余公积500万元转增资本金。

5.甲商业银行收到存入当地人民银行款项利息50万元，收到其管辖分行划来的第二季度省辖联行利息收入6万元。

6.甲商业银行向中央银行借款200万元，第二季度结息日次日，收到借款利息通知回单，借款利息200 000元已扣。

7.甲商业银行在经营过程中，发生出纳长款100元，经批准作为营业外收入。

8.年度终了，某银行各项收支科目的余额如下：

利息收入500万元，金融企业往来收入32万元，中间业务收入40万元，汇兑收益26万元，其他营业收入38万元，营业外收入5万元。

利息支出290万元，金融企业往来支出35万元，手续费支出36万元，营业费用135万元，其他营业支出23万元，营业外支出12万元，营业税金及附加31万元。

要求：结转本年利润，并作会计分录。

第九章

年度决算

　　通过本章的学习,要掌握年度决算的准备工作、年度决算日的工作,掌握银行年度财务报表的种类,了解各财务报表的概念和作用,了解资产负债表的格式、内容及数字填列方法,了解利润表的格式、内容及数字填列的方法,了解现金流量表的格式、内容及编制方法。

第一节　　年度决算的准备工作

　　银行的年度决算是指每年年度终了,各行处在对本年度内的业务、账务和财务进行全面核实整理的基础上,运用会计核算资料,进行数字总结和文字说明的一项综合性工作。会计年度自公历 1 月 1 日起至 12 月 31 日止,12 月 31 日为年度决算日。年度决算工作大体上可分为两个步骤进行:一是年度决算准备工作,二是决算日及决算日后的工作。

一、总、分行的准备工作

　　为了保证年度决算工作的顺利进行,决算的准备工作一般从每年第四季度开始着手。由总行根据当年业务工作的新情况,及时下发办理当年决算工作的通知,明确提出当年决算中应注意的事项和相应的处理原则或要求。如果当年在会计制度或财务管理体制方面发生变更,新设或修订会计科目,则要在通知中详细指出在年度决算中的处理方法,以便统一口径。

各管辖机构应根据总行的通知精神,结合辖内具体情况,提出年度决算的具体要求和补充办法,组织和督促各附属机构做好决算准备,正确及时地办理决算。对某些力量相对薄弱的基层机构,还必须给予必要的指导和帮助,以保证全辖年度决算工作顺利进行。

二、基层机构的准备工作

基层机构是具体办理年度决算的单位,是全系统年度决算的基础环节。基层单位的决算准备工作主要包括:清理资金、核对账目、盘点财产和审核损益等。

(一)清理资金

1.清理贷款资金

对到期贷款,应当争取如期收回。对非正常贷款,应弄清情况,积极进行清理收回或按照规定程序申请予以核销。对于收不回的抵押贷款,应根据合同对抵押品依法处置,以保证贷款资金的流动性、效益性。

2.清理存款资金

对连续一年未发生资金收付、经联系又查找不到存款户的,可按规定转入其他应付款账户下管理。对长期未发生资金收付的,要主动联系督促办理并户或销户手续。对确实无法联系的,则转作收益处理。

3.清理结算资金

对应解汇款资金应积极联系解付,若超过2个月仍无法解付的,则应办理退汇手续。对逾期未付的托收承付款项,应积极联系付款单位付款,若超过3个月仍未支付或未付清的,应通知付款人将有关单证退回,并退还给收款人开户行。对本行开出的超过提示付款期的票据,应与有关单位联系,按照规定认真处理。

4.清理内部资金

对其他应收、应付款项,要在日常严格控制的基础上逐笔进行清理,该收回、上缴、摊销、报损、转收益、核销的,应按规定认真清理,使这部分资金压缩到最低限度。经过清理暂时无法解决的,要注明原因,以备日后查考。

5.清理其他资金

如到期的信托贷款是否收回;委托贷款若已收回的,应将委托存款资金及时划还给委托人;代发行证券的资金应全部划缴发行单位;应收的租赁款尽可能收回等。

(二)清点财产

1.清查实物库存

对现钞、铸币、金银、有价单证、空白重要凭证、收费单证、代保管有价值品等,应根据有关账簿进行盘点,账面余额要与实际库存保持一致。表内外科目、总账、明细账、登记簿(卡)实物都要一一核对相符。

2.清理固定资产及低值易耗品

对房屋、器具、设备等固定资产以及各种低值易耗品,应配合有关部门进行清查。凡未入账的应登记入账,已入账、设卡的要逐一核对清楚,若发现多缺情况,应按规定进行处理,以保证账、卡、实物完全相符。

(三)清查账务

1.全面检查会计科目使用情况

在年度决算前应根据会计科目的变动情况,结合会计科目使用说明及当年本行有关科目调整的文件规定,检查会计科目的归属和运用情况。

2.全面核对内外账务

确定各科目总账与分户账的金额是否相符,金银、外币等账面记载与库存实物是否相符,内部账务与客户账是否相符,库存现金账面结存数与实际库存现金结存数是否相符。

3.全面核对往来账务

银行之间往来项目较多,系统内往来、金融企业之间跨系统往来、商业银行与中央银行往来等,都要认真清理和核对,如有差错应及时更正,以保证各种金融机构往来之间相互平衡。

(四)核实损益

1.检查与核实各项存、贷款的利息

存、贷款利息是银行财务收支的主要内容,要求做到内容真实、数字准确。对存、贷款利息计算应根据计算范围、利率、积数和调整等内容,进行逐户复查或抽查。发现问题要立即纠正,以确保利息收支的完整与正确。

2.检查与核实各项费用开支

对各项业务费用,应按照开支范围和费用标准进行复查。对超过范围和标准开支的,应查明情况,若发现差错或问题,应及时进行更正。

(五)试算平衡

为了检查账务的正确与否,保证年度决算工作的顺利进行,各基层行处应于每年11月底根据总账各科目累计发生额和借贷方余额编制试算平衡表。

第二节　年度决算日工作

我国银行以每年的12月31日为年度决算日,这一天无论是否属于法定休假日,均应办理年度决算。各行应具体做好以下几项工作:

一、全面处理和核对账务

(一)办好票据交换及托收入账

决算日票据交换所应延长工作时间,增加票据交换的次数。参加票据交换的行处,凡当天柜面受理的票据、凭证,应按时提出交换,做到不遗漏、不误递、不误场。提回的交换票据、凭证,全部入当日账。托收票据如有退票,应电话通知对方行,说明票据退回的时间、场次,并须在当日解付。

(二)及时处理异地结算资金

当日受理的各种结算凭证,必须通过有关联行全部划收(付)对方。需通过人民银行转汇的大额汇款,应按时办理转汇手续。

(三)现金收付全部入账

当日现金收付、各类外币收付及延长营业时间的收款,均应全部纳入当日账务。

(四)及时处理并结平当天的账务

营业终了,应将各科目总账与所属分户账进行总分核对,做到发生额、余额完全一致,以保证账务绝对正确,顺利轧平当日全部账务。全日账务处理完毕后,对全年账务进行一次全面核对,做到账账相符。

二、检查各项库存

决算日营业终了,为保证账实相符,对当日的库存现金、金银、外币、有价单证以及重要空白凭证、有价实物,进行一次全面检查、盘点、核实,以保证账款、账实相符。

三、调整金银、外币记账价格

决算日,金银的牌价如有变动,应按当日牌价调整账面余额,其差额转入有关损益账户。将各种外币买卖账户余额,按决算日外汇牌价折成人民币,并与原币外汇买卖账户的人民币余额进行比较,其差额作为本年度外汇买卖的损益,列入有关损益账户。

四、核实应交税款

按规定的税率,核实各项税款缴纳情况,先计算本年应缴纳的各种税款总数,然后减去一至三季度已交税款,即为第四季度应交数,在决算日当日办理转账。

五、结转本年利润

结转利润时,将各项收入类账户的余额转入"本年利润"账户的贷方,将各项支出类账户的余额转入"本年利润"账户的借方,结平各损益类账户余额。结转后,若"本年利润"账户的余额在贷方,则为盈利(净利润);若"本年利润"账户的余额在借方,则为亏损。然后将"本年利润"账户余额转入"利润分配"账户,结平"本年利润"账户。

六、办理新旧账簿的结转

新年度开始各行必须启用新账。在办理新旧账簿结转时,除卡片账、储蓄分户账,因数量多、工作量大,可继续沿用外,其余分户账以及总账均应办理结转,更换新账页。

第三节　年度财务报表列报

一、年度财务报表的种类

年度财务报表是综合反映银行全年财务状况、经营成果和现金流量等会计信息的书面文件。银行的法定代表人、主管会计工作的行长及会计部门负责人应对财务报表的真实性、完整性负责。

为了达到财务报表有关决策有用和评价银行管理层受托责任的目标,银行年度财务报表应包括四张报表和一个附注,即资产负债表、利润表、现金流量表、所有者权益变动表以及附注。

二、年度财务报表的列报

(一)资产负债表

资产负债表(见表 9-1)是反映银行在某一特定日期的财务状况的会计报表。它主要提供有关银行财务状况方面的信息,即某一特定日期关于银行资产、负债、所有者权益及其相互关系。资产负债表反映的会计信息,对于各种不同使用者都有重要的作用。

1. 资产负债表的列报格式

资产负债表的列报格式有报告式和账户式两种。根据我国财务报表列报准则的规定,银行资产负债表采用账户式的格式,即左侧列报资产方,一般按资产的流动性大小排列;右侧列报负债方和所有者权益方,一般按要求清偿时间的先后顺序排列。各项目又再分为"年初余额"和"年末余额"两栏分别填列。

表 9-1 资产负债表

会商银 01 表

编制单位：　　　　　　　　　年　　　月　　　日

单位：元

资　产	期末余额	年初余额	负债和所有者权益（或股东权益）	期末余额	年初余额
资产：			负债：		
现金及存放中央银行款项			向中央银行借款		
存放同业款项			同业及其他金融机构存放款项		
贵金属			拆入资金		
拆出资金			交易性金融负债		
交易性金融资产			衍生金融负债		
衍生金融资产			卖出回购金融资产款		
买入返售金融资产			吸收存款		
应收利息			应付职工薪酬		
发放贷款和垫款			应交税费		
可供出售金融资产			应付利息		
持有至到期投资			预计负债		
长期股权投资			应付债券		
投资性房地产			递延所得税负债		
固定资产			其他负债		
无形资产			负债合计		
递延所得税资产			所有者权益（或股东权益）：		
其他资产			实收资本（或股本）		
			资本公积		
			减：库存股		
			盈余公积		
			一般风险准备		
			未分配利润		
			所有者权益（或股东权益）合计		
资产总计			负债和所有者权益（或股东权益）总计		

资产负债表中的资产各项目的合计等于负债和所有者权益各项目的合计，即资产负债表左方和右方平衡。因此，通过账户式资产负债表，可以反映资产、负债、所有者权益之间的内在关系，即"资产＝负债＋所有者权益"。

2.资产负债表的编制

(1)年初余额栏的列报方法。资产负债表"年初余额"栏内各项数字，应根据上年末资产负债表"期末余额"栏内所列数字填列。如果上年度资产负债表规定的各个项目的名称和内容同本年度不相一致，应对上年年末资产负债表各项目的名称和数字按照本年度的规定进行调整，填入表中"年初余额"栏内。

(2)期末余额栏的列报方法。资产负债表"期末余额"栏内各项数字，一般应根据资产、负债和所有者权益类科目的期末余额填列，有的需要进行分析、计算后填列。

为减少篇幅，现仅对下列项目的填列进行说明，其他项目可以比照一般企业资产负债表的列报方法进行填列。

①"现金及存放中央银行款项"项目，反映银行期末持有的现金、存放中央银行款项等总额，应根据"库存现金"、"存放中央银行款项"等科目的期末余额合计填列。

②"存放同业款项"、"买入返售金融资产"等资产项目，一般直接反映银行持有的相应资产的期末价值，应根据"存放同业"、"买入返售金融资产"等科目的期末余额填列。买入返售金融资产计提坏账准备的，还应减去"坏账准备"科目所属相关明细科目的期末余额。

③"贵金属"项目，反映银行期末持有的贵金属价值按成本与可变现净值孰低计量的黄金、白银等，应根据"贵金属"科目的期末余额填列。

④"衍生金融资产"项目，反映银行期末持有的衍生工具、套期工具、被套期项目中属于衍生金融资产的金额，应根据"衍生工具"、"套期工具"、"被套期项目"等科目的期末借方余额分析计算填列。

⑤"发放贷款和垫款"项目，反映银行发放的贷款和贴现资产扣减贷款损失准备期末余额后的金额，应根据"贷款"、"贴现资产"等科目的期末借方余额合计，减去"贷款损失准备"科目所属明细科目期末余额后的金额分析计算填列。

⑥"拆出资金"项目，反映银行拆借给境内、境外其他金融机构的款项，应根据"拆出资金"科目的期末余额，减去"贷款损失准备"科目所属相关明细科目期末余额后的金额分析计算填列。

⑦"其他资产"项目，反映银行期末持有的存出保证金、应收股利、其他应收

款等资产的账面余额,应根据有关科目的期末余额填列。已计提减值准备的,还应扣减相应的减值准备。

长期应收款账面余额扣减累计减值准备和未实现融资收益后的净额、抵债资产账面余额扣减累计跌价准备后的净额、"代理兑付证券"减去"代理兑付证券款"后的借方余额,也在本项目反映。

⑧"向中央银行借款"、"同业及其他金融机构存放款项"、"拆入资金"、"卖出回购金融资产款"、"吸收存款"等项目,反映银行从中央银行借入在期末尚未偿还的借款、尚未偿付的债券金额等,应根据"同业存放"、"向中央银行借款"、"拆入资金"、"卖出回购金融资产款"、"吸收存款"等科目的期末余额填列。

⑨"衍生金融负债"项目,反映衍生工具、套期项目、被套期项目中属于衍生金融负债的金额,应根据"衍生工具"、"套期项目"、"被套期项目"等科目的期末贷方余额分析计算填列。

⑩"其他负债"项目,反映银行存入保证金、应付股利、其他应付款、递延收益等负债的账面余额,应根据有关科目的期末余额填列。

长期应付款账面余额减去未确认融资费用后的净额、"代理兑付证券"减去"代理兑付证券款"后的贷方余额,也在本项目反映。

⑪"一般风险准备"项目,反映银行从净利润中提取的一般风险准备金额,应根据"一般风险准备"科目的期末余额填列。

(二)利润表

利润表(见表9-2)是反映银行在一定会计期间的经营成果的会计报表。它的列报必须充分反映银行经营业绩的主要来源和构成,有助于使用者判断净利润的质量及其风险,有助于使用者预测净利润的持续性,从而做出正确的决策。通过利润表,可以反映银行一定会计期间收入的实现情况、费用的耗费情况和银行业务经营活动的成果。将利润表中的信息与资产负债表中的信息相结合,还可以提供进行财务分析的基本数据,便于报表使用者判断银行未来的发展趋势,做出经济决策。

表 9-2 利润表

会商银 02 表

编制单位：　　　　　　　　　　　　　　　　_____年_____月　　　　　　　　　　　　　　　　单位:元

项　目	本期金额	上期金额
一、营业收入		
利息净收入		
利息收入		
利息支出		
手续费及佣金净收入		
手续费及佣金收入		
手续费及佣金支出		
投资收益(损失以"—"号填列)		
其中:对联营企业和合营企业的投资收益		
公允价值变动收益(损失以"—"号填列)		
汇兑收益(损失以"—"号填列)		
其他业务收入		
二、营业支出		
营业税金及附加		
业务及管理费		
资产减值损失		
其他业务成本		
三、营业利润(亏损以"—"号填列)		
加:营业外收入		
减:营业外支出		
四、利润总额(亏损总额以"—"号填列)		
减:所得税费用		
五、净利润(净亏损以"—"号填列)		
六、每股收益		
(一)基本每股收益		
(二)稀释每股收益		

1.利润表列报格式

利润表的格式一般有两种:单步式利润表和多步式利润表。根据财务报表列报准则规定,银行应当采用多步式列报利润表,将不同性质的收入和费用类别进行对比,从而可以得出一些中间性的利润资料,便于使用者理解银行经营成果的不同来源。同时,为了使报表使用者通过比较不同期间利润的实现情况,判断银行经营成果的未来发展趋势,利润表各项目再分为"本期金额"和"上期金额"两栏分别填列。

2.利润表的编制

(1)上期金额栏的列报方法。利润表"上期金额"栏内各项数字,应根据上年该期利润表"本期金额"栏内所列数字填列。如果上年该期利润表规定的各个项目的名称和内容同本期不相一致,应对上年该期利润表各项目的名称和数字按本期的规定进行调整,填入利润表"上期金额"栏内。

(2)本期金额栏的列报方法。现仅对下列项目的填列进行说明,其他项目可以比照一般企业利润表的列报方法进行填列。

①"营业收入"项目,反映"利息净收入"、"手续费及佣金净收入"、"投资收益"、"公允价值变动收益"、"汇兑收益"、"其他业务收入"等项目的金额合计。

②"利息净收入"项目,应根据"利息收入"项目金额,减去"利息支出"项目金额后的余额计算填列。

"利息收入"、"利息支出"项目,反映银行经营存贷款业务等确认的利息收入和发生的利息支出,应根据"利息收入"、"利息支出"等科目的发生额分析填列。

企业债券投资的利息收入、发行债券的利息支出,也可以分别在该项目反映。

③"手续费及佣金净收入"项目,反映"手续费及佣金收入"项目余额减去"手续费及佣金支出"项目金额后的金额。"手续费及佣金收入"、"手续费及佣金支出"等项目,反映银行确认的包括办理结算业务等在内的手续费、佣金收入和发生的手续费、佣金支出,应根据"手续费及佣金收入"、"手续费及佣金支出"等科目的发生额分析填列。

④"汇兑收益"项目,反映银行外币货币性项目因汇率变动形成的净收益,应根据"汇兑损益"科目的发生额分析填列。如为净损失,以"一"号列示。

⑤"营业支出"项目,反映"营业税金及附加"、"业务及管理费"、"资产减值损失"、"其他业务成本"等项目的金额合计。

⑥"业务及管理费"项目,反映银行在业务经营和管理过程中发生的电子设备运转费、安全防范费、物业管理费等费用,应根据"业务及管理费"科目的发生额分析填列。

(三)现金流量表

现金流量表(见表9-3)是反映银行一定会计期间现金和现金等价物流入和流出的会计报表。它可以为财务报表使用者提供银行一定会计期间内现金和现金等价物流入和流出的信息,以便于财务报表使用者了解和评价银行获取现金和现金等价物的能力,并据以预测银行未来现金流量。

现金流量表以现金及现金等价物为基础编制,划分为经营活动、投资活动和筹资活动,按照收付实现制原则编制,将权责发生制下的盈利信息调整为收付实现制下的现金流量信息。

表9-3 现金流量表

会商银03表

编制单位： _____年____月 单位:元

项 目	本期金额	上期金额
一、经营活动产生的现金流量		
客户存款和同业存放款项净增加额		
向中央银行借款净增加额		
向其他金融机构拆入资金净增加额		
收取利息、手续费及佣金的现金		
收到其他与经营活动有关的现金		
经营活动现金流入小计		
客户贷款及垫款净增加额		
存放中央银行和同业款项净增加额		
支付手续费及佣金的现金		
支付给职工以及为职工支付的现金		
支付的各项税费		
支付其他与经营活动有关的现金		
经营活动现金流出小计		
经营活动产生的现金流量净额		
二、投资活动产生的现金流量		
收回投资收到的现金		
取得投资收益收到的现金		

续表

项　目	本期金额	上期金额
收到其他与投资活动有关的现金		
投资活动现金流入小计		
投资支付的现金		
购建固定资产、无形资产和其他长期资产支付的现金		
支付其他与投资活动有关的现金		
投资活动现金流出小计		
投资活动产生的现金流量净额		
三、筹资活动产生的现金流量		
吸收投资收到的现金		
发行债券收到的现金		
收到其他与筹资活动有关的现金		
筹资活动现金流入小计		
偿还债务支付的现金		
分配股利、利润或偿付利息支付的现金		
支付其他与筹资活动有关的现金		
筹资活动现金流出小计		
筹资活动产生的现金流量净额		
四、汇率变动对现金及现金等价物的影响		
五、现金及现金等价物净增加额		
加：期初现金及现金等价物余额		
六、期末现金及现金等价物余额		

　　编制现金流量表时,列报经营活动现金流量的方法有直接法和间接法两种。根据我国现金流量表准则规定银行应当采用直接法编报现金流量表,即按现金收入和现金支出的主要类别直接反映银行经营活动产生的现金流量。同时要求在附注中提供以净利润为基础调节到经营活动现金流量的信息。

　　在具体编制现金流量表时,可以采用工作底稿法或 T 型账户法,也可以根据有关科目记录分析填列。

　　下面对下列项目的编制进行说明,其他项目可以比照一般企业现金流量表的编制方法进行填列。

1.客户存款和同业存放款项净增加额

本项目反映银行本期吸收的境内外金融机构以及非同业存放款项以外的各种存款的净增加额。本项目可以根据"吸收存款"、"同业存放"等科目的记录分析填列。

银行可以根据需要增加项目,例如,本项目可以分解成"吸收活期存款净增加额"、"吸收活期存款以外的其他存款"、"支付活期存款以外的其他存款"、"同业存放净增加额"等项目。

2.向中央银行借款净增加额

本项目反映银行本期向中央银行借入款项的净增加额。本项目可以根据"向中央银行借款"科目的记录分析填列。

3.向其他金融机构拆入资金净增加额

本项目反映银行本期从境内外金融机构拆入款项所取得的现金,减去拆借给境内外金融机构款项而支付的现金后的净额。本项目可以根据"拆入资金"和"拆出资金"等科目的记录分析填列。本项目如为负数,应在经营活动现金流出类中单独列示。

4.收取利息、手续费及佣金的现金

本项目反映银行本期收到的利息、手续费及佣金,减去支付的利息、手续费及佣金的净额。本项目可以根据"利息收入"、"手续费及佣金收入"、"应收利息"等科目的记录分析填列。

5.客户贷款及垫款净增加额

本项目反映商业银行本期发放的各种客户贷款,以及办理商业票据贴现、转贴现融出及融入资金等业务的款项的净增加额。本项目可以根据"贷款"、"贴现资产"、"贴现负债"等科目的记录分析填列。

银行可以根据需要增加项目,例如,本项目可以分解成"收回中长期贷款"、"发放中长期贷款"、"发放短期贷款净增加额"、"垫款净增加额"等项目。

6.存放中央银行和同业款项净增加额

本项目反映银行本期存放于中央银行以及境内外金融机构的款项的净增加额。本项目可以根据"存放中央银行款项"、"存放同业"等科目的记录分析填列。

7.支付手续费及佣金的现金

本项目反映银行本期支付的利息、手续费及佣金。本项目可以根据"手续费及佣金支出"等科目的记录分析填列。

8.发行债券收到的现金

本项目反映银行发行债券收到的现金,本项目可以根据"应付债券"等科目的记录分析填列。

(四)所有者权益变动表

所有者权益变动表(见表9-4)是反映构成所有者权益的各组成部分当期的增减变动情况的会计报表。它应当全面反映一定时期所有者权益变动的情况,不仅包括所有者权益的增减变动,还包括所有者权益增减变动的重要结构性信息,特别是要反映直接计入所有者权益的利得和损失,让报告使用者准确理解所有者权益增减变动的根源。

所有者权益变动表应当以矩阵的形式列示。同时各项目再分为"本年金额"和"上年金额"两栏分别填列。

银行所有者权益变动表各项目应当根据"实收资本(或股本)"、"资本公积"、"盈余公积"、"一般风险准备"、"利润分配"、"库存股"等科目的发生额分析填列。

表 9-4 所有者权益变动表

会商银:04 表

编制单位:_____年度　　　　　　　　　　　　　　　单位:元

项目	本年金额						上年金额					
	实收资本(或股本)	资本公积	减:库存股	盈余公积	一般风险准备	未分配利润	所有者权益合计	实收资本(或股本)	资本公积	减:库存股	盈余公积	一般风险准备	未分配利润	所有者权益合计
一、上年年末余额												
加:会计政策变更												
前期差错更正												
二、本年年初余额												
三、本年增减变动金额(减少以"一"号填列)												
(一)净利润												
(二)直接计入所有者权益的利得和损失												
1.可供出售金融资产公允价值变动净额												
(1)计入所有者权益的金额												
(2)转入当期损益的金额												
2.现金流量套期工具公允价值变动净额												
(1)计入所有者权益的金额												
(2)转入当期损益的金额												

续表

项目	本年金额					上年金额				
	实收资本（或股本）	资本公积	减：库存股	盈余公积	一般风险准备	未分配利润	所有者权益合计	实收资本（或股本）	资本公积	减：库存股	盈余公积	一般风险准备	未分配利润	所有者权益合计
（3）计入被套期项目初始确认金额中的金额										
3.权益法下被投资单位其他所有者权益变动的影响										
4.与计入所有者权益项目相关的所得税影响										
5.其他										
上述（一）和（二）小计										
（三）所有者投入和减少资本										
1.所有者投入资本										
2.股份支付计入所有者权益的金额										
3.其他										
（四）利润分配										
1.提取盈余公积										
2.提取一般风险准备										
3.对所有者（或股东）的分配										
4.其他										
（五）所有者权益内部结转										
1.资本公积转增资本（或股本）										
2.盈余公积转增资本（或股本）										
3.盈余公积弥补亏损										
4.一般风险准备弥补亏损										
5.其他										
四、本年年末余额										

(五)会计报表附注

会计报表附注是对在资产负债表、利润表、现金流量表和所有者权益变动表等会计报表中列示项目的文字描述或明细数据,以及对未能在这些报表中列示项目的说明等。它是财务报表不可或缺的组成部分。

财务报表中的数字是经过分类与汇总后的结果,是对银行发生的经济业务的高度简化和浓缩的数字,如有没有形成这些数字所使用的会计政策、理解这些数字所必需的披露,财务报表就不可能充分发挥效用。因此,会计报表附注与资产负债表、利润表、现金流量表、所有者权益变动表等会计报表具有同等的重要性,是财务报表的重要组成部分。报表使用者了解银行的财务状况、经营成果和现金流量,应当全面阅读附注。

银行披露会计报表附注信息,主要包括下列内容:

1. 银行的基本情况

2. 财务报表的编制基础

3. 遵循企业会计准则的声明

4. 重要会计政策和会计估计

5. 会计政策和会计估计变更以及差错更正的说明

6. 报表重要项目的说明

7. 或有事项

8. 资产负债表日后事项

9. 关联方关系及其交易

10. 风险管理

【本章小结】

1. 银行的年度决算是指每年年度终了,各行处在对本年度内的业务、账务和财务进行全面核实整理的基础上,运用会计核算资料,进行数字总结和文字说明的一项综合性工作。

2. 基层机构是具体办理年度决算的单位,是全系统年度决算的基础环节。基层单位的决算准备工作主要包括:清理资金、核对账目、盘点财产和审核损益等。

3. 我国银行以每年的 12 月 31 日为年度决算日,这一天无论是否属于法定休假日,均应办理年度决算。

4. 年度财务报表是综合反映银行全年财务状况、经营成果和现金流量等会计信息的书面文件。银行年度财务报表应包括四张报表和一个附注,即资产负债表、利润表、现金流量表、所有者权益变动表以及附注。

【本章练习题】

（一）填空题

1.年度决算工作大体上可分为_____进行：一是年度决算_____，二是_____及决算日后的工作。

2.对逾期未付的托收承付款项，应积极联系_____付款，若超过_____仍未支付或未付清的，应通知付款人将_____退回，并退还给收款人开户行。

3.为了检查账务的正确与否，保证_____工作的顺利进行，各_____应于每年11月底根据总账各科目累计_____和借贷方_____编制试算平衡表。

4.为了达到财务报表有关_____和评价银行管理层_____的目标，银行年度财务报表应包括_____和一个附注，即资产负债表、利润表、_____、所有者权益变动表以及附注。

5.所有者权益变动表应当全面反映_____所有者权益变动的情况，不仅包括所有者权益的_____，还包括所有者权益增减变动的重要_____信息，特别是要反映直接计入所有者权益的_____，让报告使用者准确理解所有者权益增减变动的根源。

（二）判断题

1.为了保证年度决算工作的顺利进行，决算的准备工作一般从11月份开始着手进行。　　　　　　　　　　　　　　　　（　　）

2.对连续一年未发生资金收付、经联系又查找不到存款户的，可按规定转作收益。　　　　　　　　　　　　　　　　　　（　　）

3.新年度开始各行必须启用新账。在办理新旧账簿结转时，除卡片账、储蓄分户账，因数量多、工作量大，可继续沿用外，其余分户账以及总账均应办理结转，更换新账页。　　　　　　　　　　　　　　　（　　）

4.根据财务报表列报准则规定，银行应当采用多步式列报利润表。（　　）

5.在具体编制现金流量表时，可以采用工作底稿法或T型账户法，但不可以根据有关科目记录分析填列。　　　　　　　　　　（　　）

（三）单项选择题

1.2006年12月31日为周日，则该年的年度决算日安排在（　　）。

A.12月29日　　　B.12月30日　　　C.12月31日　　　D.2007年1月2日

2.对应解汇款资金应积极联系解付，若超过一定时间仍无法解付的，则应办理退汇手续。这一定时间是指（　　）。

A.1个月　　　　B.2个月　　　　C.3个月　　　　D.6个月

3.根据我国财务报表列报准则的规定,银行资产负债表采用的格式为( )。

A.报告式　　　　B.账户式　　　　C.单步式　　　　D.多步式

4.根据我国现金流量表准则规定,银行应当采用的编报现金流量表的方法是( )。

A.直接法　　　　B.间接法　　　　C.工作底稿法　　　D.T型账户法

(四)多项选择题

1.银行基层单位的决算准备工作主要包括( )。

A.清理资金　　　B.清点财产　　　C.清查账务　　　D.核实损益

E.试算平衡

2.银行年度决算日的工作内容主要有( )。

A.全面处理和核对账务

B.检查各项库存、调整金银、外币记账价格

C.核实应交税款

D.结转本年利润

E.办理新旧账簿的结转

3.银行年度财务报表的种类有( )。

A.资产负债表　　　　　　　B.利润表

C.现金流量表　　　　　　　D.所有者权益变动表

E.会计报表附注

4.编制现金流量表时,列报经营活动现金流量的方法有( )。

A.直接法　　　　B.间接法　　　　C.工作底稿法　　　D.T型账户法

E.矩阵法

(五)名词解释

1.年度决算

2.资产负债表

3.利润表

4.现金流量表

5.直接法

6.所有者权益变动表

7.会计报表附注

(六)简答题

1.银行年度决算的准备工作一般从什么时候开始?总、分行的准备工作有哪些?

2.银行基层单位的年度决算准备工作中清理资金主要指哪些方面？

3.银行年度决算日全面处理和核对账务包括哪些方面？

4.什么是利润表？它有哪些作用？

5.什么是资产负债表？它的列报格式是怎样的？

6.银行会计报表附注应披露哪些信息？

附录一　练习题参考答案

第一章　总论

(一)填空题

1.中国人民银行　中国银行业监督管理委员会　国有商业银行和政策性银行

2.《中华人民共和国商业银行法》《中华人民共和国公司法》　全部法人财产

3.银行资金及其运动的过程和结果

4.营业利润　利润总额　净利润

5.独立会计核算单位　附属会计核算单位　独立会计核算单位　附属会计核算单位

(二)判断题

1.√　2.×　3.×　4.×　5.√　6.×　7.×　8.√　9.×　10.√

(三)单项选择题

1.A　2.D　3.B　4.D　5.B

(四)多项选择题

1.ABCDE　　2.ABE　　　3.ABD　　　4.ABCD　　5.ABCE

6.ABCE　　7.ACD　　　8.ABCDE

(五)名词解释

1.商业银行会计是以货币为主要计量单位,以凭证为依据,采用确认、计量、记录和报告等会计专门方法和程序,对商业银行的经营活动内容、过程和结果进行连续、系统、全面的核算与监督,为银行管理当局和外部有利害关系的财务信息使用者提供财务状况、经营成果和现金流量等决策所需信息的专业会计。

2.资产是指过去的交易或事项形成并由银行拥有或控制的、预期会给银行带来经济利益的资源。

3.负债是指过去的交易或事项形成的、预期会导致经济利益流出银行的现实义务。

4.所有者权益是指银行所有者在银行资产中享有的经济利益。其金额为资产减去负债后的余额。

5.收入是银行在日常活动中形成的、会导致所有者权益增加的、与所有者投入资本无关的经济利益的总流入。

6.费用是指银行在日常活动中发生的、会导致所有者权益减少的、与向所有者分配利润无关的经济利益的总流出。

7.利润是指商业银行在一定会计期间的经营成果,包括营业利润、利润总额和净利润。

(六)简答题

1.商业银行会计是以货币为主要计量单位,以凭证为依据,采用确认、计量、记录和报告等会计专门方法和程序,对商业银行的经营活动内容、过程和结果进行连续、系统、全面的核算和监督,为银行管理当局和外部有利害关系的财务信息使用者提供财务状况、经营成果和现金流量等决策所需信息的专业会计。它不仅是商业银行经营管理活动的重要组成部分,也是商业银行其他工作的基础。

商业银行会计除具有会计的共性之外,在与其他部门会计相比较时,在会计核算的形式、方法和程序方面,还独具自己的特点,即反映资金活动情况的综合性和全面性,会计核算与业务处理的融合性,会计账务处理的及时性,会计核算方法的特殊性和分支机构电子网络的普及性。

2.银行会计的对象就是银行资金及其运动的过程和结果。具体包括:

(1)资产。银行的资产是指过去的交易或事项形成并由银行拥有或控制的、预期会给银行带来经济利益的资源。

(2)负债。银行的负债是指过去的交易或事项形成的、预期会导致经济利益流出银行的现实义务。

(3)所有者权益。银行的所有者权益是指银行所有者在银行资产中享有的经济利益。

(4)收入。银行的收入是银行在日常活动中形成的、会导致所有者权益增加的、与所有者投入资本无关的经济利益的总流入。

(5)费用。银行的费用是指银行在日常活动中发生的、会导致所有者权益减少的、与向所有者分配利润无关的经济利益的总流出。

(6)利润。银行的利润是指银行在一定会计期间的经营成果,包括营业利润、利润总额和净利润。

3.(1)认真组织、推动会计工作的各项规章制度、办法的贯彻执行。按照岗位分工和职责认真履行职责,不越权、不越位,在授权范围内处理各项业务。

(2)根据操作规程认真进行会计核算与监督,在监督中发现可疑点应及时报告,尤其在柜台监督中发现"洗黑钱"的线索,应及时与公安部门取得联系,制止各种违规、违法行为,严格执行相互制约的规定,努力完成各项工作任务。

(3)遵守国家法律、法规,贯彻执行《中华人民共和国会计法》,维护财经纪律,同违法乱纪行为作斗争。

(4)讲究职业道德,履行岗位职责,文明服务,廉洁奉公,不断提高工作效率和质量。

4.为保障会计人员履行职责,赋予会计人员的权限是:

(1)有权要求各开户单位及本企业其他业务部门,认真执行财经纪律和有关的规章制度、办法。如有违反,会计人员有权拒绝办理。对违法乱纪的,会计人员有权拒绝受理,并向本行(公司)行长(经理)或上级行(公司)报告。

(2)有权越级反映情况。会计人员在行使职权过程中,对违反国家政策、财经纪律和财务制度的事项,同行长(经理)意见不一致时,领导又坚持办理的,会计人员可以执行,但必须向上级行(公司)提出书面报告,请求处理。

(3)有权对本行(公司)各职能部门在资金使用、财产管理、财务收支等方面实行会计监督。

第二章 基本核算方法

(一)填空题

1.资产类 资产负债共同类 损益类 表内科目 表外科目

2.复式记账法

3."借" "贷" "有借必有贷,借贷必相等"

4.银行 现金收入传票 现金付出传票

5.综合核算 账户 分户账 登记簿 余额表 科目 总账 日计表

6.明细账 登记簿

7.账账 账表 内外账

8.划线更正法 红蓝字更正法 蓝字反方更正法

(二)判断题

1.√ 2.× 3.√ 4.√ 5.√ 6.√ 7.√ 8.√ 9.√ 10.×

(三)单项选择题

1.D 2.D 3.A 4.B 5.B

（四）多项选择题

1. BDE　　　2. ABCE　　　3. ABCD　　　4. BDE　　　5. AC

6. ABCDE

（五）名词解释

1. 表内科目是指列入资产负债表内,反映银行资金实际增减变动的会计科目。

2. 基本凭证是指银行根据有关原始凭证及业务事实自行编制的凭以记账的凭证。

3. 特定凭证是指根据某项业务的特殊需要而制定的专用凭证。

4. 账务组织是指账簿的设置、记账程序以及账务核对方法相互配合所形成的核算体系。

5. 分户账是按照开户单位和银行各种资金分账户连续、明细记录的账簿,是银行与开户单位对账的依据。

6. 日计表是反映银行当日业务活动的会计报表,是轧平当日全部账务的主要工具。日计表的各科目当日发生额和余额,根据总账各科目当日发生额和余额填记,表内各科目的借、贷方发生额合计数和借、贷方余额的合计数,必须各自平衡。

（六）简答题

1. 银行会计科目可以从不同的角度进行分类:

(1)按资金性质,可以分为资产类、负债类、资产负债共同类、所有者权益类和损益类科目。

(2)按与资产负债表的关系,可以分为表内科目和表外科目。

(3)按科目使用范围,可以分为银行业统一会计科目和商业银行系统内会计科目。

2. 银行使用的会计凭证多种多样,可以从不同角度进行划分:

(1)按凭证的编制程序不同,分为原始凭证与记账凭证。

原始凭证是经济业务发生时直接取得的凭证,是用来证明经济业务实际发生及完成情况的原始依据。记账凭证是由电子信息输出后打印或根据原始凭证信息编制生成的凭证,是登记账簿的直接依据。

(2)按凭证的填制方法不同,分为单式凭证与复式凭证。

单式凭证是指只填记一个会计科目或账户的会计凭证,那么一笔经济业务按其转账的对应关系,需要编制两张或两张以上的会计凭证。复式凭证是指一笔经济业务所涉及的几个科目或账户都反映在一张凭证上。

(3)按凭证的格式和用途不同,分为基本凭证与特定凭证。

基本凭证是银行根据有关原始凭证及业务事实自行编制凭以记账的凭证。特定凭证是根据某项业务的特殊需要而制定的专用凭证。

3.银行会计凭证有如下几个特点：

(1)大量采用以原始凭证代替记账凭证作为记账依据。

银行由于业务量大,在实际业务核算中会收到大量的原始凭证,而这些原始凭证又是由银行统一印制的,已经具备了记账凭证的内容。为了避免重复劳动,提高工作效率,银行大量采用以原始凭证代替记账凭证作为记账依据,这样既节省人力物力,又有利于银行和客户双方的账务保持一致。

(2)除个别业务外,大多采用单式凭证。

采用单式凭证既有利于加快凭证传递和分工记账,又方便了按科目清分传票、日终轧账。

4.现金业务使用的凭证有现金收入凭证和现金付出凭证。发生现金业务时,记载的一方是有关业务使用的科目,另一方必然是现金科目。为了简化核算手续,对现金业务都只填制一张凭证,即现金科目对方科目凭证,而现金科目不再另行填制凭证。

银行内部发生现金收付业务,由银行自行填制现金收入传票或现金付出传票;对外的现金收付业务,则以客户提交的凭证如现金缴款单、现金支票等代替现金收入凭证和现金付出凭证。

5.账务组织是指账簿的设置、记账程序以及账务核对方法相互配合所形成的核算体系。银行的账务组织包括明细核算和综合核算两个系统。前者是按账户进行的核算,明细反映各账户资金增减变化情况;后者是按科目进行的核算,综合反映各类资金增减变化情况。两者都是反映业务活动、考核计划执行情况和财务活动的主要依据,也是维护各项资金和财产安全的重要工具。两个系统的账簿,都必须根据同一会计凭证分别进行登记、核算。它们互相联系、相互制约,明细核算与综合核算的数字必须相符。

(七)业务题

1.借:现金　　　　　　　　　　　　　　　　120 000

　　贷:单位活期存款——东方商厦　　　　　　　　120 000

2.借:现金　　　　　　　　　　　　　　　　800 000

　　贷:存放中央银行准备金　　　　　　　　　　　800 000

3.借:单位活期存款——宏达机器厂　　　　　230 000

　　贷:现金　　　　　　　　　　　　　　　　　　230 000

4.借:单位活期存款——顺意贸易公司　　　　95 000

　　贷:单位活期存款——东方商厦　　　　　　　　95 000

5.借:单位活期存款——宏达机器厂　　　　　　　　　645 200

　　贷:短期贷款——宏达机器厂　　　　　　　　　　　　　640 000

　　　利息收入　　　　　　　　　　　　　　　　　　　　　 5 200

6.借:单位活期存款——顺意贸易公司　　　　　　　　 31 000

　　贷:单位活期存款——温泉酒店　　　　　　　　　　　　 31 000

试算平衡表

年　　月　　日

科目代号	科目名称	上日余额		本日发生额		本日余额	
		借方	贷方	借方	贷方	借方	贷方
1010	现金	330 000		920 000	230 000	1 020 000	
1040	存放中央银行准备金	909 000			800 000	109 000	
1210	短期贷款	760 000			640 000	120 000	
2010	单位活期存款		1 970 000	1 001 200	246 000		1 214 800
5010	利息收入		29 000		5 200		34 200
合　计		1 999 000	1 999 000	1 921 200	1 921 200	1 249 000	1 249 000

第三章　存款业务的核算

(一)填空题

1.资金收付　现金　一个　主办

2.记账时间有先有后　技术性差错　内外账务相符

3.三个月　半年　一年　1万元　提前支取一次　结算户　支取现金

4.定期结息　余额表计息　利随本清

5.取款自由　为储户保密

6.50元　半年　三年

7.日结　账务核对　事后监督

(二)判断题

1.√　2.×　3.×　4.√　5.×　6.×　7.×

(三)单项选择题

1.A　2.C　3.B　4.B　5.D　6.B

(四)多项选择题

1. ABDE   2. ADE   3. BD   4. ABCDE   5. ACE

6. AB

(五)名词解释

1. 根据《人民币银行结算账户管理办法》的规定,银行结算账户是指银行为存款人开立的办理资金收付结算的人民币活期存款账户。它按存款人不同分为单位银行结算账户和个人银行结算账户。

2. 基本存款账户是存款人办理日常转账结算和现金收付需要开立的银行结算账户。存款人日常经营活动的资金收付及其工资、奖金和现金的支取,应通过该账户办理。单位银行结算账户的存款人只能在银行开立一个基本存款账户。该账户是存款人的主办账户。

3. 一般存款账户是存款人因借款或其他结算需要,在基本存款账户开户银行以外的银行营业机构开立的银行结算账户。一般存款账户用于办理存款人借款转存、借款归还和其他结算的资金收付。该账户可以办理现金缴存,但不得办理现金支取。

4. 单位定期存款是指存款单位约定期限,到期支取本息的一种存款。单位按有关规定提留单位所有的短期不用的资金,均可在当地开户银行办理整存整取定期存款。

5. 活期储蓄存款是一种不固定期限,随时可以存取的储蓄存款。活期储蓄存款按存取方式的不同分为支票户和存折户两种。

6. 整存整取定期储蓄存款是指一次存入本金,约定存期,到期一次支取本息的一种定期储蓄存款。一般50元起存,多存不限,存期分三个月、半年、一年、二年、三年和五年等档次。

(六)简答题

1. 存款人凭个人身份证件以自然人名称开立的银行结算账户为个人银行结算账户。个人银行结算账户是自然人因投资、消费、结算等而开立的可办理支付结算业务的存款账户。自然人可根据需要申请开立个人银行结算账户,也可以在已开立的储蓄账户中选择并向开户银行申请确认为个人银行结算账户。

2. 第一,开户实行双向选择。存款人可以自主选择银行,银行也可以自愿选择存款人开立账户,任何单位和个人不得干预存款人、银行开立或使用账户。第二,开立基本存款账户实行唯一制和开户许可证制度。存款人开立基本存款账户,应由中国人民银行当地分支机构核发开户许可证,银行不得对未持有开户许可证或已开立基本存款账户的存款人开立基本存款账户。第三,存款人在其账户内应有足够资金保证支付,不准开空头的和远期的支付凭证。第四,银行对存款人开立或撤销账户,必须向中国人民银行当地分支机构申报。第五,存款人的账户只能办理存款人本身的业务活动,不得出租、出借和转让账户。

3.编制储蓄利息汇总传票,根据已付款的各种储蓄存款利息清单,按定、活期分别加计总数,编制利息支出借方传票,利息清单作汇总传票附件;编制科目日结单,根据当日各类储蓄的存、取款凭证及其他科目的借贷方传票,编制各科目的科目日结单;编制营业日报表,营业日报表一式两份,一份留存,一份连同有关科目日结单及传票送管辖行。

(七)业务题

1.借:现金　　　　　　　　　　　　　　　　　　　100 000

　　贷:单位活期存款——天虹百货公司户　　　　　　　　　　　100 000

2.借:单位活期存款——东方百货公司户　　　　　　260 000

　　贷:现金　　　　　　　　　　　　　　　　　　　　　　　260 000

3.借:单位活期存款——东方百货公司户　　　　　　200 000

　　贷:单位定期存款——东方百货公司户　　　　　　　　　　　200 000

4.到期利息＝200 000×12×1.875‰＝4 500 元

　　逾期利息＝200 000×6×(0.3‰÷30)＝12 元

　　该笔存款应付利息＝4 500 元＋12 元＝4 512 元

　　借:单位定期存款——东方百货公司户　　　　　　200 000

　　　　利息支出——单位定期存款利息支出户　　　　　4 512

　　贷:单位活期存款——东方百货公司户　　　　　　　　　　　204 512

5.

存款分户账

户名:市水表厂　　　　　　　账号:2010003　　　　　　　利率:月 0.3‰

2009 年		摘　要	借　方	贷　方	借或贷	余　额	日数	积　数
月	日							
12	1	承前页			贷	200 000 00	71 5	2 100 000 00 1 000 000 00
12	6	转借	50 000 00		贷	150 000 00	3	450 000 00
12	9	转贷		10000 00	贷	160 000 00	4	640 000 00
12	13	转借	5 000 00		贷	155 000 00	2	310 000 00
12	15	转贷		8 000 00	贷	163 000 00	1	163 000 00
12	16	转借	4 000 00		贷	159 000 00	3	477 000 00
12	19	转贷		5 000 00	贷	164 000 00	2	328 000 00
12	21	转息		54 68	贷	164 054 68	91	5 468 000 00

利息＝5 468 000×0.3‰÷30＝54.68 元

借:利息支出——单位活期存款利息支出　　　　54.68

　贷:单位活期存款——市水表厂户　　　　　　　　　54.68

6. 应计付的利息＝6 800 000×0.3‰÷30＝68(元)

　　代扣利息税＝68×5％＝3.40(元)

　　税后利息＝68－3.4＝64.60(元)

其会计分录为:

借:利息支出——活期储蓄利息支出户　　　　68.00

　贷:活期储蓄存款——某储户　　　　　　　　　64.60

　　　应交税金——代扣缴储蓄利息税户　　　　　　3.40

7. 应计付的到期利息＝50 000×6×1.65‰＝495(元)

　　应计付的过期利息＝50 000×10×0.3‰÷30＝5(元)

　　代扣利息税＝500×5％＝25(元)

　　税后利息＝500－25＝475(元)

其会计分录为:

借:定期储蓄存款——整存整取某储户　　　　50 000

　贷:现金　　　　　　　　　　　　　　　　　　　50 000

借:利息支出——定期储蓄利息支出户　　　　500

　贷:应交税金——代扣缴储蓄利息税户　　　　　　25

　　　现金　　　　　　　　　　　　　　　　　　　475

第四章　贷款业务的核算

(一)填空题

1. 商业银行　社会公众　还本付息

2. 个人消费　小额质押　住房贷款　消费贷款

3. 贷款通则　规章制度　效益性　流动性

4. 信誉　逐笔核贷　逐笔提出　逐笔立据

5. 贷款到期　贷款展期　原贷款期限　期限的一半

6. 承担风险和损失　信用垫款　信用证垫款　拆出资金

7. 应收未收　纳入损益　90天(不含90天)　表外科目

(二)判断题

1. ×　2. ×　3. √　4. √　5. ×　6. √　7. ×　8. ×

（三）单项选择题

1. C　2. A　3. C　4. D　5. C

（四）多项选择题

1. ABCDE　　2. ABCDE　　3. ABC　　　4. ABCD　　5. ACE

（五）名词解释

1. 票据贴现是指商业汇票的持票人在商业汇票到期前需要资金,将商业汇票经过背书后向银行贴付一定的利息,把商业汇票的债权转让给银行的一种信用活动。

2. 保证贷款,指按《中华人民共和国担保法》规定的保证方式以第三人承诺在借款人不能偿还贷款时,按约定承担一般保证责任或者连带责任而发放的贷款。

3. 抵债资产是指商业银行依照法定程序取得的、债务人用于偿还银行债务的非货币性资产。

4. 专项准备金是根据《贷款风险分类指导原则》对贷款进行风险分类后,按贷款损失的程度计提的用于弥补专项损失的准备金。

5. 个人贷款专项提款即依据借款合同以转账方式将个人贷款直接划转到特约商户(或学校)在贷款行开立的存款账户。

（六）简答题

1. 按贷款的风险程度划分,贷款可以分为如下种类:

(1)正常贷款。指借款人能够履行合同,有充分把握按时足额偿还本息的贷款。

(2)关注贷款。指尽管借款人目前有能力偿还贷款本息,但存在一些可能对偿还产生不利影响因素的贷款。

(3)次级贷款。指借款人的还款能力出现了明显的问题,依靠其正常经营收入已无法保证足额偿还本息的贷款。

(4)可疑贷款。指借款人无法足额偿还本息,即使执行抵押和担保,也肯定要造成一部分损失的贷款。

(5)损失贷款。指在采取所有可能的措施和一切必要的法律程序之后,本息仍然无法收回,或只能收回极小部分的贷款。

前两类属于正常贷款,后三类合称不良贷款。

2. 抵押贷款到期,如借款人不能按期偿还贷款,银行应于到期当日将其贷款转入逾期贷款科目。同时向借款人填发"处理抵押品通知单",逾期一个月借款人仍无法归还贷款的,银行有权处理其抵押物,以补偿抵押贷款。银行处理抵押物的方法有拍卖、变卖和作价入账两种方法。

(1)拍卖、变卖抵押物。拍卖、变卖抵押物的价款(扣除有关费用)超过贷款本金部分先归还利息,如有节余,超过贷款本息部分归还抵押人。如拍卖、变卖的价款(扣除有关费用)低于贷款本金的,不足部分应向借款人收取。

(2)将抵押物作价入账。即按贷款本金和应收利息数将抵押物作价入账。

3.银行取得抵债资产的方式有:

(1)协议抵债。经银行与债务人、担保人或第三人协商同意,债务人、担保人或第三人以其拥有所有权或处置权的资产作价,偿还银行债权。

(2)法院、仲裁机构裁决抵债。通过诉讼或仲裁程序,由终结的裁决文书确定将债务人、担保人或第三人拥有所有权或处置权的资产,抵偿银行债权。

4.银行取得抵债资产时其入账价值按下列规定确定:

(1)一般情况下

抵债资产入账价值=实际抵债部分的贷款本金+已确认的利息+
相关的税费、诉讼费用

(2)涉及补价的

抵债资产入账价值=实际抵债部分的贷款本金+已确认的利息+
相关的税费、诉讼费用-收取的补价+
预计应支付的补价

5.银行出售抵债资产时其损益按下列规定确定:

(1)一般情况

营业外收入(或营业外支出)=实际取得的处置收入-(抵债资产入账价
值-抵债资产减值准备)-变现税费-可
确认为利息收入的表外利息

(2)涉及补价的情况

营业外收入(或营业外支出)=实际取得的处置收入-(抵债资产入账价
值-抵债资产减值准备)-变现税费-可
确认为利息收入的表外利息-(实际支付
的补价-预计支付的补价)

6.贷款损失准备的计提范围为商业银行承担风险和损失的贷款(含抵押、质押、担保等贷款)、银行卡透支、贴现、信用垫款(含银行承兑汇票垫款、信用证垫款、担保垫款等)、进出口押汇、拆出资金、应收融资租赁款等。

对由商业银行转贷并承担对外还款责任的国外贷款,包括国际金融组织贷款、外国买方信贷、外国政府贷款等资产,也应当计提贷款损失准备。

商业银行对不承担风险的委托贷款等,不计提贷款损失准备。

7.贷款损失准备金包括一般准备金、专项准备金和特种准备金三种。

(1)一般准备金是商业银行按照贷款余额的一定比例提取的贷款损失准备金。根据我国《银行贷款损失准备计提指引》规定,银行应按季计提一般准备,一般准备年末余额不得低于年末贷款余额的1%。

(2)专项准备金是根据《贷款风险分类指导原则》对贷款进行风险分类后,按贷款损失的程度计提的用于弥补专项损失的准备金。专项准备的计提比例由商业银行根据贷款资产的风险程度和回收的可能性合理确定,商业银行可参照以下比例计提专项准备:

关注类贷款,计提比例为2%;次级类贷款,计提比例为25%;可疑类贷款,计提比例为50%;损失类贷款,计提比例为100%。其中:次级类和可疑类贷款的损失准备金,计提比例可以上下浮动20%。

(3)特种准备金是指商业银行对特定国家、地区、行业发放贷款所计提的准备,具体比例由商业银行根据贷款资产的风险程度和回收的可能性合理确定。

贷款损失准备金必须根据贷款的风险程度足额提取,损失准备金提取不足的,不得进行税后利润分配。贷款损失准备金由各家银行总行统一计提。

8.对于被确认为损失的贷款,应按规定的核销条件、核销办法和审批权限,从提取的损失准备金中加以核销。损失贷款核销的条件如下:

(1)借款人和担保人依法宣告破产,经法定清偿后,仍不能还清的贷款。

(2)借款人死亡,或依照《中华人民共和国民法通则》的规定,宣告失踪或死亡,以其遗产清偿后未能还清的贷款。

(3)借款人遭受重大自然灾害或意外事故,损失巨大且不能获得保险补偿,确实无力偿还的部分或全部贷款,或经保险赔偿清偿后仍未能还清的贷款。

(4)贷款人依法处理贷款抵押品所得价款不足补偿贷款的部分。

(5)国务院专案批准核销的逾期贷款。

(七)业务题

1.(1)贷款发放时:

借:短期贷款——华宏电机厂贷款户　　　　　　　500 000

　　贷:单位活期存款——华宏电机厂存款户　　　　　　　500 000

(2)3—8月末计提利息:

$$500\ 000 \times 1 \times 4.05\text{‰} = 2\ 025\ 元$$

借:应收利息——普通短期贷款应收利息　　　　　2 025

　　贷:利息收入——普通短期贷款利息收入　　　　　　　2 025

（3）贷款到期时：

$$400\ 000 \times 6 \times 4.05‰ = 9\ 720\ 元$$

借：单位活期存款——华宏电机厂存款户　　　　　　　　409 720
　贷：短期贷款——华宏电机厂贷款户　　　　　　　　　　　400 000
　　应收利息——普通短期贷款应收利息　　　　　　　　　　　9 720
借：短期贷款——华宏电机厂贷款户　　　　100 000（红字）
借：逾期贷款——华宏电机厂逾期户　　　　100 000

（4）收回逾期贷款时：

$$100\ 000 \times 6 \times 4.05‰ = 2\ 430\ 元$$
$$100\ 000 \times 19 \times 2.1‰ = 399\ 元$$

借：单位活期存款——华宏电机厂存款户　　　　　　　　102 829
　贷：逾期贷款——华宏电机厂逾期户　　　　　　　　　　　100 000
　　应收利息——普通短期贷款应收利息　　　　　　　　　　　2 430
　　利息收入——普通短期贷款利息收入　　　　　　　　　　　　399

2. 办理贴现时：

贴现利息 $= 300\ 000 \times 39 \times 4.5‰ \div 30 = 1\ 755（元）$
实付贴现金额 $= 300\ 000 - 1\ 755$
$\qquad\qquad\qquad = 298\ 245\ 元$

借：贴现及买入票据　　　　　　　　　　　300 000
　贷：单位活期存款——轻工机械厂　　　　　　　　　298 245
　　贴现及买入票据——利息调整　　　　　　　　　　　1 755
　　收入：商业汇票贴现　　　　　　　　　　　　　　　300 000

4 月 30 日资产负债表日：

$$300\ 000 \times 30 \times 4.5‰ \div 30 = 1\ 350\ 元$$

借：贴现及买入票据——利息调整　　　　　1 350
　贷：利息收入——贴现利息收入　　　　　　　　　　　1 350

5 月 10 日收到划回贴现款：

$$300\ 000 \times 9 \times 4.5‰ \div 30 = 405\ 元$$

借：待清算辖内往来　　　　　　　　　　　300 000
　贷：贴现及买入票据　　　　　　　　　　　　　　　300 000
借：贴现及买入票据——利息调整　　　　　405
　贷：利息收入——贴现利息收入　　　　　　　　　　　　405
　　付出：商业汇票贴现　　　　　　　　　　　　　　　300 000

3. 年末应提取一般准备＝300 000 000×1‰＝3 000 000 元

   调整提取一般准备＝3 000 000－2 600 000＝400 000 元

借：资产减值损失——计提的贷款损失准备   400 000

   贷：贷款损失准备   400 000

第五章　支付结算业务的核算

(一)填空题

1. 支票　汇票　汇兑　委托收款

2. 现金　转账

3. 恪守信用,履约付款　银行不垫款

4. 商品交易,以及因商品交易而产生的劳务供应

5. 无款支付

6. 验单付款　次日　验货付款　运输部门

7. 现金支票　转账支票　划线支票

8. 退票　票面金额

9. 最长不得超过 6 个月　10 日

10. 汇兑　委托收款　支票　银行汇票

(二)判断题

1.×　2.√　3.×　4.√　5.√　6.√　7.√　8.×　9.×　10.×

(三)单项选择题

1.C　2.D　3.B　4.C　5.B　6.B　7.C　8.B　9.D　10.D

(四)多项选择题

1.AD　　　2.AE　　　3.BCE　　　4.ABCDE　　5.ACDE

6.AB　　　7.DE　　　8.ACE

(五)名词解释

1.汇兑是汇款人委托银行将其款项支付给收款人的结算方式。汇兑分为信汇、电汇两种,由汇款人选择使用。

2.委托收款是收款人委托银行向付款人收取款项的结算方式。其款项的划回方式分邮划和电划两种,由收款人选用。

3.支票是出票人签发的,委托办理支票存款业务的银行在见票时无条件支付确定的金额给收款人或者持票人的票据。支票分为现金支票、转账支票和普通支票三种。

4.银行汇票是出票银行签发的,由其在见票时按照实际结算金额无条件支付给收款人或者持票人的票据。

(六)简答题

1.支付结算是指单位、个人在社会经济活动中使用票据、银行卡和汇兑、托收承付、委托收款等结算方式进行货币给付及资金清算的行为。

目前我国的支付结算种类主要有票据、银行卡和结算方式,简称为"三票、一卡、三方式",具体包括:支票、银行本票、银行汇票、商业汇票、银行卡、汇兑、委托收款、托收承付等8种。

2.支付结算原则就是在办理支付结算业务时,单位、个人和银行都必须遵守的基本准则。根据我国《支付结算办法》规定,目前应遵循的结算原则是:

(1)恪守信用,履约付款;

(2)谁的钱进谁的账,由谁支配;

(3)银行不垫款。

3.银行卡是指由商业银行(含邮政金融机构)向社会发行的具有消费信用、转账结算、存取现金等全部或部分功能的信用支付工具。银行卡的分类:

(1)按信用透支功能不同,可分为信用卡和借记卡;

(2)按币种不同,分为人民币卡、外币卡和多币种卡;

(3)按使用对象不同,分为单位卡和个人卡;

(4)按持卡人的从属关系不同,分为主卡和附属卡;

(5)按信誉等级不同,分为金卡和普通卡;

(6)按信息载体不同,分为磁条卡和芯片卡(IC卡)。

(七)业务题

1.借:单位活期存款——华丰贸易公司 156 000
  贷:待清算辖内往来   156 000

2.借:现金 1 000
  贷:应解汇款——吴琴 1 000
  借:应解汇款——吴琴 1 000
  贷:待清算辖内往来   1 000

3.借:待清算辖内往来 60 000
  贷:应解汇款——张伟 60 000
  借:应解汇款——张伟 60 000
  贷:现金   60 000

4.12月18日划款时:

借:单位活期存款——东风钢铁厂　　　　　　　106 000
　贷:待清算辖内往来　　　　　　　　　　　　　　　　106 000

12 月 24 日划款时:

　　　赔偿金＝80 000×6×0.5‰＝240(元)

借:单位活期存款——东风钢铁厂　　　　　　　80 240
　贷:待清算辖内往来　　　　　　　　　　　　　　　　80 240

5. 借:单位活期存款——兴隆百货公司　　　　　87 000
　　贷:单位活期存款——榕达箱包厂　　　　　　　　　87 000

6. 借:单位活期存款——兴隆百货公司　　　　　98 530
　　贷:单位活期存款——凯利服装厂　　　　　　　　　98 530

7. 借:单位活期存款——市华兴机器厂　　　　　178 000
　　贷:待清算辖内往来　　　　　　　　　　　　　　　178 000

8. 借:存放中央银行准备金　　　　　　　　　　92 000
　　贷:其他应付款——榕达箱包厂　　　　　　　　　　92 000

　借:其他应付款——榕达箱包厂　　　　　　　　92 000
　　贷:单位活期存款——榕达箱包厂　　　　　　　　　92 000

9. 借:本票　　　　　　　　　　　　　　　　　23 000
　　贷:现金　　　　　　　　　　　　　　　　　　　　23 000

10. 借:待清算辖内往来　　　　　　　　　　　　60 000
　　贷:单位活期存款——益民便利店　　　　　　　　　60 000

11. 借:单位活期存款——华丰贸易公司　　　　　800 000
　　贷:汇出汇款　　　　　　　　　　　　　　　　　800 000

12. 借:待清算辖内往来　　　　　　　　　　　　136 000
　　贷:单位活期存款——益发纺织城　　　　　　　　136 000
　　　付出:重要空白凭证——银行汇票　　　　　　　　　　1

13. 借:汇出汇款　　　　　　　　　　　　　　　280 000
　　贷:待清算辖内往来　　　　　　　　　　　　　　273 000
　　　　单位活期存款——华丰贸易公司　　　　　　　　7 000

14. 手续费＝570 000×0.5‰＝285(元)
　　保证金＝570 000×30％＝171 000(元)

借:单位活期存款——兴隆贸易公司　　　　　　171 285
　贷:中间业务收入　　　　　　　　　　　　　　　　　285
　　　保证金存款——兴隆贸易公司　　　　　　　　171 000
　收入:银行承兑汇票——兴隆贸易公司　　　　　　　570 000

15. 借:保证金存款——兴隆贸易公司　　　　　　171 000

　　　贷:单位活期存款——兴隆贸易公司　　　　　　　171 000

　　借:单位活期存款——兴隆贸易公司　　　　　　541 000

　　　逾期贷款——兴隆贸易公司逾期贷款户　　　　29 000

　　　　贷:应解汇款——兴隆贸易公司　　　　　　　　570 000

16. 借:现金　　　　　　　　　　　　　　　　　5 010

　　　贷:活期储蓄存款——林红信用卡户　　　　　　　5 000

　　　　中间业务收入　　　　　　　　　　　　　　　10

第六章　银行往来及资金清算的核算

(一)填空题

1. 结算资金　内部资金　发生行　收报经办行

2. 汇兑　银行汇票　资金划拨　资金清算　银行卡　查询查复

3. 批量　补充　贷方　账务处理　待清算辖内往来

4. 备付金　借入资金　省区分行　备付金存款

5. 现金　贷款　法定存款　准备金

6. 准备金存款　负债　存放中央　资产

7. 划收款　划交当地　准备金存款　联行往来

8. 其账户　代收　交存　代付

9. 大额实时　小额批量　清算账户　支付管理信息　处理中心

10. 处理系统　直连　借记凭证　N日

(二)判断题

1. ×　2. √　3. ×　4. ×　5. √　6. ×　7. ×　8. ×　9. √　10. √

(三)单项选择题

1. B　2. D　3. B　4. A　5. C　6. C　7. A　8. A　9. D

(四)多项选择题

1. ABCD　　2. ABCDE　　3. ABCE　　4. ACDE　　5. BCDE

6. CDE　　7. ABC　　8. ABCDE　　9. ABCD　　10. ABC

(五)名词解释

1. 银行往来及资金清算是指商业银行(包括系统内和跨系统)相互之间以及与中央银行之间,因办理支付结算、资金调拨、相互融通资金和中央银行行使金融监管职能等原因引起的资金账务往来及清算。

2. 资金汇划清算系统是商业银行办理结算资金和内部资金汇划与清算的工

具,是一套集汇划业务、清算业务、结算业务等于一体的综合性应用系统。

3.集中式是指收报清算行作为业务处理中心,负责全辖汇划收报的集中处理及汇出汇款、应解汇款等内部账务的集中管理。

4.分散式是指收报清算行收到总行传来的汇划数据后均传至收报经办行处理。

5.法定准备金是根据商业银行吸收存款的增减变化,按照法定比例,必须保留在中央银行的存款准备金。

6.支付准备金也称备付金,是商业银行保证日常资金支付的备用金。

7.再贴现是商业银行将已贴现的未到期商业汇票提交给人民银行,人民银行按汇票金额扣除从再贴现之日起到汇票到期日止的利息后,向商业银行融通资金的一种信用活动。

8.商业银行往来是指各商业银行之间由于办理跨系统转账结算,相互融通资金等业务而引起的资金账务往来。

9.同城票据交换是指在同城市(区域)范围内,各商业银行之间,按规定的时间,集中到指定的地点(票据交换所),相互交换代收、代付的票据,然后轧计差额,并清算资金存欠的方法。

10.现代化支付系统是中国人民银行按照我国支付清算需要,利用计算机网络和电子通信技术开发建设,为银行业金融机构和金融市场提供资金清算服务的公共平台。该系统能够高效、安全处理银行业金融机构办理各种支付业务及其资金清算和金融市场的交易资金清算业务,是中国人民银行发挥金融服务职能的核心支持系统。

(六)简答题

1.银行是国民经济资金活动的枢纽,承担着为社会各部门、各单位之间商品交易、劳务供应进行货币结算,以及财政预算资金上缴、下拨进行划拨清算的责任。在办理这些业务时,如果收付款人在同一行处开户,那么资金从付款人账户划转到收款人账户,在一个行处内即可以完成;如果收付款人在不同的行处开户(在同一银行系统的不同行处开户或在不同银行系统的营业机构开户),资金则需要在两个行处之间进行划拨,并对由此而形成的相互之间资金的代收代付进行清偿。

2.银行往来及资金清算是指商业银行(包括系统内和跨系统)相互之间以及与中央银行之间,因办理支付结算、资金调拨、相互融通资金和中央银行行使金融监管职能等原因引起的资金账务往来及清算。

随着经济的不断发展,银行之间资金划拨的规模迅速增长,客观上对资金划拨和清算的要求不断提高,使得银行往来与资金清算在经济发展的过程中变得越来越重要。因此,做好银行往来及资金清算的核算工作,科学地组织凭证传递和账务处理,对于加速国民经济资金周转,提高资金使用效益,具有十分重要的意义。

3. 目前,我国已初步建成以中国现代化支付系统为核心,以商业银行行内系统为基础,票据交换系统、银行卡支付系统等共同组成的支付清算网络。

(1)联行往来系统。各商业银行系统内的联行往来系统,主要适用于各商业银行本系统内各银行之间异地资金的汇划。

(2)人民银行的电子联行系统。人民银行的电子联行系统,主要适用于各商业银行跨系统各银行之间的贷记资金汇划业务通过人民银行进行的转汇。

(3)人民银行的手工联行系统。人民银行的手工联行系统,主要适用于尚未开通电子联行地区或银行的跨行贷记资金汇划业务和少量的借记资金汇划业务。

(4)票据交换系统。各大中城市的票据交换系统或票据清分系统,主要适用于同一城市或票据交换区域的各银行之间的票据往来业务。

(5)现代化支付系统。现代化支付系统由大额实时支付系统和小额批量支付系统两个应用系统组成。

4. 其基本做法是:实存资金,同步清算,头寸控制,集中监督。

(1)实存资金。是指以清算行为单位在总行清算中心开立备付金存款账户,用于汇划款项时资金清算。

(2)同步清算。是指发报经办行通过其清算行经总行清算中心将款项汇划至收报经办行,同时,总行清算中心办理清算行之间的资金清算。

(3)头寸控制。是指各清算行在总行清算中心开立的备付金存款账户,保证足额存款,总行清算中心对各行汇划资金实行集中清算。清算行备付金存款不足,二级分行可向管辖省区分行借款,省区分行和直辖市分行、直属分行头寸不足可向总行借款。

(4)集中监督。是指总行清算中心对汇划往来数据发送、资金清算、备付金存款账户资信情况和行际间查询查复情况进行管理和监督。

5. 资金汇划清算系统采取"汇划数据实时发送,各清算行控制进出,总行中心即时处理,汇划资金按时到达"的办法。

"汇划数据实时发送"是指发报经办行录入汇划数据后,全部实时发送至发报清算行。"各清算行控制进出"是指清算行辖属所有经办行的资金汇划、查询查复全部通过清算行进出,清算行控制辖属经办行的资金清算。"总行中心即时处理"是指总行清算中心对发报清算行传输来的汇划数据即时传输至收报清算行。实时业务由收报清算行即时传输到收报经办行,批量业务由收报清算行次日传输到收报经办行。总行清算中心当日更新各清算行备付金存款。"汇划资金按时到达"是指汇划资金能够做到实时业务即时到达经办行,批量业务次日到达经办行。

6.商业银行各分支机构在人民银行开立的准备金存款账户,属于备付金存款账户,用于核算向人民银行存取现金、资金调拨、资金清算和其他日常支付的款项,该账户不允许透支,如果账户资金不足,可以通过向上级行调入资金或向同业拆借等及时加以补充。它不用于考核法定存款准备金。

商业银行各总行在人民银行开立的准备金存款账户,属于备付金和法定存款准备金合一的账户,除用以考核法定存款准备金以外,还用于核算向人民银行存取现金、资金调拨、资金清算以及其他日常支付的款项。该账户余额应大于或最低应等于规定的法定存款准备率。

人民银行对商业银行开立的准备金存款账户,用"××银行准备金存款"科目核算,它属于负债性质账户。商业银行对在人民银行开立的准备金存款账户,用"存放中央银行准备金"科目核算,它属于资产性质账户。

7.法定存款准备金由人民银行按各商业银行的法人统一每日进行考核。

各商业银行在每日营业终了,应自下而上编制一般存款科目余额表,由法人统一汇总后报送法定存款准备金账户开户的人民银行。同时,每月末,各商业银行应将汇总的全系统月末日计表报送开户的人民银行。人民银行于每日营业终了按一般存款余额的一定比例考核法定存款准备金。日间,人民银行要控制法定存款准备金账户不能发生透支;日终,该账户余额必须达到法定存款准备金的最低限。

每日日终,人民银行对法定准备金进行考核时,如果商业银行法人统一存入人民银行的准备金存款低于规定的一般存款余额的一定比例,人民银行应对其不足的部分处以罚息;商业银行不按时报送旬末一般存款科目余额表和按月报送月末日计表的,人民银行应责令其报送,逾期不报送的,人民银行将对其处以1万元以上10万元以下罚款。

8.现行的再贷款按照贷款期限的不同主要设置以下几个账户:

(1)年度性贷款户。各商业银行因经济合理增长引起年度信贷资金不足而从人民银行取得的借款,通过此账户核算。此种贷款期限一般为1年,最长不超过2年。

(2)季节性贷款户。各商业银行因信贷资金先支后收或存款季节性下降,贷款季节性上升等原因引起的资金暂时不足,而从人民银行取得的借款,通过此账户核算。此种贷款期限一般为2个月,最长不超过4个月。

(3)日拆性贷款户。各商业银行由于汇划款项未达等原因发生临时性资金短缺而从人民银行的借款,通过此账户核算。此种借款的期限一般为 10 天,最长不超过 20 天。

(4)再贴现户。商业银行以已贴现而未到期的商业汇票向人民银行申请再贴现,在此账户核算。此账户在人民银行与商业银行都以"再贴现"科目核算,人民银行按申请再贴现的商业银行立户,商业银行以人民银行立户。

9.同城票据交换的基本规定有:

(1)同城票据交换一般由当地人民银行主持,即由人民银行规定票据交换的时间和场所,统一清算差额。

(2)参加票据交换的行处,需向当地人民银行申请,经批准并发给同城票据交换行号后方能参加票据交换。

(3)票据交换的核算分提出行和提入行两个系统。向他行提出票据的行处为提出行;在票据交换所从他行提回票据的行处为提入行。一般参加交换的行处既是提出行,又是提入行,但对提出和提入的票据应分别进行核算。

(4)提出交换的票据分为代收(贷方)票据和代付(借方)票据。若提出行提出的是在本行开户的付款人委托银行从其账户中付出款项,划往在他行开户的收款人账上的各种凭证,称为代收票据,如由签发人提交的进账单等;若提出的是在本行开户的收款单位交存的,应由他行开户的单位付款的凭证,称为代付票据,如收款人送存的支票、银行本票等。

10.现代化支付系统的参与者分为直接参与者、间接参与者和特许参与者。

(1)直接参与者,是指直接与支付系统城市处理中心连接并在中国人民银行开设清算账户的银行业金融机构以及中国人民银行地(市)以上中心支行(库)。

(2)间接参与者,是指未在中国人民银行开设清算账户而委托直接参与者办理资金清算的银行业金融机构(涉及大额支付系统时含非银行金融机构)以及中国人民银行县(市)支行(库)。

(3)特许参与者,是指经中国人民银行批准通过现代化支付系统办理特定支付业务的机构。

(七)业务题

1.(1)发报经办行的会计分录:

借:单位活期存款——美海公司	69 000	
贷:待清算辖内往来		69 000

清算行的会计分录:

借:待清算辖内往来	69 000	
贷:上存系统内款项——上存总行备付金户		69 000

(2)发报经办行的会计分录:

借:应解汇款——海王医药公司　　　　　　　　130 000

　　贷:待清算辖内往来　　　　　　　　　　　　　　　130 000

清算行的会计分录:

借:待清算辖内往来　　　　　　　　　　　　130 000

　　贷:上存系统内款项——上存总行备付金户　　　　130 000

(3)发报经办行的会计分录:

借:待清算辖内往来　　　　　　　　　　　　140 000

　　贷:单位活期存款——左海家具厂　　　　　　　　140 000

清算行的会计分录:

借:上存系统内款项——上存总行备付金户　　140 000

　　贷:待清算辖内往来　　　　　　　　　　　　　　140 000

2.收报清算行日终进行挂账处理:

借:上存系统内款项——上存总行备付金户　　370 000

　　贷:其他应付款——待处理汇划款项户　　　　　　370 000

借:其他应收款——待处理汇划款项户　　　　175 000

　　贷:上存系统内款项——上存总行备付金户　　　　175 000

集中式:

次日清算行代经办行确认后记账。

借:其他应付款——待处理汇划款项户　　　　370 000

　　贷:待清算辖内往来　　　　　　　　　　　　　　370 000

借:待清算辖内往来　　　　　　　　　　　　370 000

　　贷:单位活期存款——天虹百货商场　　　　　　　 90 000

　　　　单位活期存款——东南电厂　　　　　　　　　280 000

借:待清算辖内往来　　　　　　　　　　　　175 000

　　贷:其他应收款——待处理汇划款项户　　　　　　175 000

借:汇出汇款　　　　　　　　　　　　　　　180 000

　　贷:待清算辖内往来　　　　　　　　　　　　　　175 000

　　　　单位活期存款——居安房地产开发公司　　　　　5 000

分散式:

次日清算行与收报经办行确认后,传至收报经办行记账。

借:其他应付款——待处理汇划款项户　　　　370 000

　　贷:待清算辖内往来　　　　　　　　　　　　　　370 000

借:待清算辖内往来　　　　　　　　　　　　175 000

　　贷:其他应收款——待处理汇划款项户　　　　　　175 000

辖属 A 行处理:

借:待清算辖内往来   90 000

    贷:单位活期存款——天虹百货商场   90 000

辖属 B 行处理:

借:待清算辖内往来   280 000

    贷:单位活期存款——东南电厂   280 000

辖属 C 行处理:

借:汇出汇款   180 000

    贷:待清算辖内往来   175 000

        单位活期存款——居安房地产开发公司   5 000

3. 甲省分行:

借:系统内借出——境内分行一般借出户   2 000 000

    贷:上存系统内款项——上存总行备付金户   2 000 000

总行清算中心:

借:系统内款项存放——甲省分行存放备付金户   2 000 000

    贷:系统内款项存放——甲省某市二级分行存放备付金户 2 000 000

甲省某市二级分行:

借:上存系统内款项——上存总行备付金户   2 000 000

    贷:系统内借入——一般借入户   2 000 000

4. 借:现金   500 000

    贷:存放中央银行准备金   500 000

5. 该行当日营业终了"准备金存款账户"的余额最低应为:

    762 230 000 元×16%＝121 956 800 元

6. 工商银行:

借:缴存中央银行财政性存款   927 000

    贷:存放中央银行准备金   927 000

人民银行:

借:工商银行准备金存款   927 000

    贷:工商银行划来财政性存款   927 000

7. 取得再贷款时:

借:存放中央银行准备金   2 000 000

    贷:中央银行借款——季节性借款户   2 000 000

归还再贷款时:

利息＝2 000 000×2×3.15‰＝12 600(元)

借：中央银行借款——季节性借款户　　　3 000 000

　　金融企业往来支出——中央银行往来支出户　　12 600

　　　贷：存放中央银行准备金　　　　　　　　　　　3 012 600

8. 借：单位活期存款——第二化工股份有限公司　　693 500

　　　贷：存放中央银行准备金　　　　　　　　　　　693 500

9. 工商银行：

借：××存款　　　　　　　　　　　1 106 000

　　存放中央银行准备金　　　　　　838 000

　贷：××存款　　　　　　　　　　　　　　1 944 000

农业银行：

借：××存款　　　　　　　　　　　1 680 000

　贷：××存款　　　　　　　　　　　　　　1 116 000

　　　存放中央银行准备金　　　　　　　　　570 000

中国银行：

借：××存款　　　　　　　　　　　1 507 000

　贷：××存款　　　　　　　　　　　　　　1 389 000

　　　存放中央银行准备金　　　　　　　　　118 000

建设银行：

借：××存款　　　　　　　　　　　1 067 000

　贷：××存款　　　　　　　　　　　　　　917 000

　　　存放中央银行准备金　　　　　　　　　150 000

人民银行：

借：农业银行准备金存款　　　　　　570 000

　　中国银行准备金存款　　　　　　118 000

　　建业银行准备金存款　　　　　　150 000

　贷：工商银行准备金存款　　　　　　　　　838 000

10. 中国银行：

借：拆放同业——工商银行　　　　　3 000 000

　贷：存放中央银行准备金　　　　　　　　　3 000 000

工商银行：

借：存放中央银行准备金　　　　　　3 000 000

　贷：同业拆入——中国银行　　　　　　　　3 000 000

人民银行：

借：中国银行准备金存款   3 000 000

  贷：工商银行准备金存款   3 000 000

11.工商银行福州分行营业部：

借：存放中央银行准备金   1 850 000

  贷：单位活期存款——闽江水利工程局   1 850 000

国家处理中心：

借：大额支付往来——人民银行福州中心支行户 1 850 000

  贷：工商银行准备金存款   1 850 000

借：中国银行准备金存款   1 850 000

  贷：大额支付往来——人民银行大连中心支行户 1 850 000

中国银行大连分行营业部：

借：汇出汇款   2 000 000

  贷：存放中央银行准备金   1 850 000

    单位活期存款——大连海运公司   150 000

12.工商银行福州分行营业部：

借：单位活期存款——发电设备厂   580 000

  贷：待清算辖内往来   580 000

徐州建设银行分行营业部：

(1)接收业务的处理：

借：待清算辖内往来   580 000

  贷：单位活期存款——机械厂   580 000

(2)收到已清算通知：

借：存放中央银行准备金   580 000

  贷：待清算辖内往来   580 000

第七章 外汇业务的核算

(一)填空题

1.贸易外汇和非贸易外汇 即期外汇和远期外汇 现钞和现汇 现汇

2.直接标价法 外币 人民币 买入汇率 卖出汇率 中间汇率 现钞汇率

3.原币 本位币 外汇买卖

4.钞买汇卖 汇买钞卖 买入价 卖出价

5.借方 空头 贷方 多头

（二）判断题

1. ×　2. √　3. ×　4. √　5. √　6. √　7. ×　8. √　9. ×　10. √

11. ×　12. √

（三）单项选择题

1. D　2. A　3. D　4. C　5. C　6. B　7. A

（四）多项选择题

1. ABCDE　　2. CD　　　3. BD　　　4. ACE　　　5. AC

6. ABD　　　7. BD　　　8. ABD　　9. BC

（五）名词解释

1. 外汇分账制又叫原币记账法,指按业务发生时的货币记账,不折成本位币入账的一种记账方式。

2. 权责发生制又称应收应付制,只要债权债务一经产生,不管有无实际的资金收付行为,都应记账。

3. 结汇是指境内企事业单位、机关和社会团体按国家的外汇政策规定,将各类外汇收入按银行挂牌汇率卖给外汇指定银行,即银行买进这部分外汇,同时付给对方相应的人民币。

4. 售汇是指境内企事业单位、机关和社会团体的经常项目下的正常付汇,持有关有效凭证,用人民币到商业银行办理兑换,商业银行收进人民币,支付等值外汇。

（六）简答题

1. 所谓外汇汇率是两国货币交换时的量的比例关系,即用一定数量的一国货币去交换一定数量的另一国货币。目前,国际上常用的标价方法有:直接标价法、间接标价法以及美元标价法和非美元标价法。我国采用的是直接标价法。在人民币与各种外币的比价中,外币为基准货币,单位为100,人民币为标价货币。

2. 商业银行外汇业务会计记账方法采用借贷复式记账法,记账方式采用外汇分账制,记账基础采用权责发生制。借贷复式记账法就是以借、贷为记账符号,以有借必有贷,借贷必相等为记账规则,在两个或两个以上相互联系的账户中进行金额相等、方向相反记录的一种记账方法。借方登记资产增加,负债减少,所有者权益减少,损失增加,收益结转。负债登记负债增加,所有者权益增加,资产减少,收益增加,损失结转;外汇分账制又叫原币记账法,指按业务发生时的货币记账,不折成本位币入账的一种记账方式。其主要内容是人民币与外币分账,专门设置"外汇买卖"科目,起桥梁和平衡作用,年终决算时,编制汇总的人民币报表;权责发生制又称应收应付制,只要债权债务一经产生,不管有无实际的资金收付行为,都应记账。

3.外汇分账制又叫原币记账法,指按业务发生时的货币记账,不折成本位币入账的一种记账方式。其主要内容是:(1)人民币与外币分账。对有外汇牌价的各类外汇收支要求以原币记账,不折成本位币入账。以原币填制凭证,登记账簿,编制报表,每一种货币各自成立一套完整的账务系统;(2)专门设置"外汇买卖"科目,起桥梁和平衡作用。当一项银行业务涉及两种或两种以上的货币时,必须通过有关外汇买卖科目核算。外汇买卖科目是外汇分账制的一个特定科目,在不同的外汇业务之间,起一个桥梁的平衡和联系作用。(3)年终决算时,编制汇总的人民币报表。各种外币除编制各自的报表外,美元以外的其他外币要按年终决算牌价折成美元报表,合并的美元报表按年终 决算牌价折成人民币报表,同以人民币报表按会计科目归口合并,编制一张汇总的人民币报表。

4.外汇存款是商业银行以信用方式吸收的国内外单位和个人在经济活动中暂时闲置或结余的并能自由兑换或在国际上获得偿付,并于以后随时或约定期限支取的外币资金。按存款管理特点的不同将外汇存款分为甲种外汇存款、乙种外汇存款、丙种外汇存款;按存款对象不同分为单位外汇存款和个人外汇存款;按存款货币不同分为港币、美元、日元、英镑、欧元等外汇存款;按期限不同分为活期外汇存款和定期外汇存款;按支取方式的不同,活期外汇存款分为支票户存款和存折户存款;按存入资金形态的不同分为现汇存款户和现钞存款户。

5.外汇贷款是指商业银行办理的以外币为计量单位的放款。外汇贷款业务是外汇银行的主要业务之一,它不同于人民币贷款业务。外汇贷款与人民币贷款相比,有其自身独有的特点,主要包括:

(1)利率确定不同。人民币贷款的利率相对固定。外汇贷款利率则是以浮动为主,贷款利率由总行不定期公布,利率按伦敦银行同业拆放利率(LIBOR)加上银行管理费用实行浮动制。期限通常有1个月、3个月和6个月浮动三种。

(2)贷款的发放不同。人民币贷款在借款单位实际用款之前,可以转存;而短期外汇贷款一般是指借款单位实际对外支付外汇的同时发放,即什么时候用,什么时候发放。外汇贷款经批准后,具体的发放使用办法是按国际惯例处理的。贷款发放是从贷款账户直接对外支付,目的是为了加强外汇管理,提高外汇资金的使用效益。由于不存在贷款转作存款后对外支付,因而不会形成借款单位的派生性存款。借款单位借款时,无论是以信用证、代收或汇款方式办理结算,均需填具短期外汇借款凭证,银行核准后,据以开立外汇贷款账户。

6.信用证简称L/C,是由开证行根据进口商的申请,向受益人(出口商)开立的具有一定金额,并在一定期限内凭规定的符合要求的单据付款或作付款承诺的书面保证文件。

在办理信用证出口业务时,我国经办银行作为出口方银行,替国内出口企业进行结算,充当国外信用证的通知行、议付行。其会计核算主要分为:(1)受证与通知;(2)审单议付,寄单索汇;(3)收妥出口款项三个环节。

在办理信用证进口业务时,我国经办银行作为进口方银行,替国内进口企业进行结算,充当开证行、付款行。其会计核算主要分为:(1)进口开证;(2)审单与付汇两个环节。

(七)业务题

1.(1)USD 2 000×676.76%÷684.97%=CNY 13 535.20÷684.97%
=USD 1 976.03

借:现金 USD 2 000
　贷:外汇买卖(钞买价676.76%) USD 2 000
借:外汇买卖(中间价683.60%)
　　　CNY 13 672(USD 2 000×683.60%)
　贷:外汇买卖(中间价683.60%)
　　　CNY 13 508.14(USD 1 976.03×683.60%)
　　　外汇买卖价差 CNY 163.86
借:外汇买卖(汇卖价684.97%)USD 1 976.03
　贷:活期外汇存款 USD 1 976.03
(2)GBP 1 000×993.98%÷682.23%=CNY 9 939.80÷682.23%
=USD 1 456.96

借:单位活期存款(148250028) USD 1 456.96
　贷:外汇买卖(汇买价682.23%) USD 1 456.96
借:外汇买卖(中间价683.60%)
　　　CNY 9 959.78(USD 1 456.96×683.60%)
　贷:外汇买卖(中间价990.02%)
　　　　CNY 9 900.20(GBP 1 000×990.02%)
　　　外汇买卖价差 CNY 59.58
借:外汇买卖(汇卖价993.98%) GBP 1 000
　贷:汇出汇款 GBP 1 000
(3)USD 500×684.97%÷682.23%=CNY 3 424.85÷682.23%
=USD 502.01

借:单位活期存款(148250012) USD 502.01
　贷:外汇买卖(汇买价682.23%) USD 502.01

借:外汇买卖(中间价 683.60 ％)

　　　　　　CNY 3 431.74(USD 502.01×683.60％)

　贷:外汇买卖(中间价 683.60 ％) CNY 3 418(USD 500×683.60％)

　　外汇买卖价差　　　　　　　　　　　　CNY 13.74

借:外汇买卖(汇卖价 684.97％)　　　　　　USD 500

　贷:现金　　　　　　　　　　　　　　　USD 500

(4)

借:现金　　　　　　　　　　　　　　　USD 200

　贷:外汇买卖(钞买价 676.76％)　　　　　USD 200

借:外汇买卖(中间价 683.60％)

　　　　　　CNY 1 367.20 (USD 200×683.60％)

　贷:现金　　　　　CNY 1 353.52 (USD 200×676.76％)

　　外汇买卖价差　　　　　　　　　　　CNY 13.68

登账略,美元多头。

　　中间价＝(682.23％＋684.97.00％)÷2＝683.60％

　　USD 贷方余额＝USD 2 000－1 976.03＋1 456.96＋502.01－500＋200

　　　　＝USD 1 682.94(多头)

　　CNY 借方余额＝CNY 13 672－13 508.14＋9 959.78＋3 431.74－

　　　　3 418＋1 367.20

　　　　＝CNY 11 504.58

平仓:

借:外汇买卖　　　　　　　　　　　　USD 1 682.94

　贷:外汇买卖内部平仓往来　　　　　　USD 1 682.94

借:外汇买卖内部平仓往来　　　　CNY 11 504.58

　贷:外汇买卖　　　　　　　　　　　CNY 11 504.58

2.2 月 22 日开出信用证。

借:应收开出信用证款项　　　　　　USD 402 000

　贷:应付开出信用证款项　　　　　　USD 402 000

收取保证金。

借:单位活期存款(148250026)　　　USD 200 000

　贷:存入保证金　　　　　　　　　　USD 200 000

收取开证费。

　　USD 402 000×684.97％ ×1.5 ‰＝CNY 4 130.37

借:单位活期存款（018250012）　　　　　　　　CNY 4 130.37
　　贷:手续费收入——担保费收入　　　　　　　　CNY 4 130.37
2月25日修改信用证。
借:应付开出信用证款项　　　　　　　　　　　USD 2 000
　　贷:应收开出信用证款项　　　　　　　　　　USD 2 000
3月26日对外支付。
借:短期外汇贷款 USD　　　　　　　　　　　　201 000
　　存入保证金 USD　　　　　　　　　　　　　200 000
　　贷:港澳及国外联行往来——美国某联行　　　USD 401 000
借:应付开出信用证款项　　　　　　　　　　　USD 400 000
　　贷:应收开出信用证款项　　　　　　　　　　USD 400 000
6月20日第一次计息。
3月26日—6月25日,4.26％
6月26日—9月26日,4.17％
3月26日—6月20日,4.26％,87天

　　　USD 201 000 ×4.26％ ÷360 ×87＝USD 2 069.30

借:短期外汇贷款　　　　　　　　　　　　　　USD 2 069.30
　　贷:利息收入—外汇贷款利息收入　　　　　　USD 2 069.30
9月20日第二次计息。
6月21日—6月25日,4.26％,5天
6月26日—9月20日,4.17％,87天

　　　（USD 201 000＋2 069.30)× (4.26％÷ 360 ×5＋4.17％ ÷360 ×87)
　　　＝USD 2 166.57

借:短期外汇贷款　　　　　　　　　　　　　　USD 2 166.57
　　贷:利息收入　　　　　　　　　　　　　　　USD 2 166.57
9月26日借款人偿还本息。
9月21日—9月26日,4.17％,5天

　　　USD 205 235.87 ×4.17％ ÷360 ×5＝USD 118.87

借:单位活期存款(148250026)　　　　　　　　USD 205 354.74
　　贷:利息收入—短期外汇贷款利息收入　　　　USD 118.87
　　　短期外汇贷款　　　　　　　　　　　　　USD 205 235.87

3.(1)9月5日收到信用证。

收入:国外开来保证凭信   USD 10 000

9月15日修改信用证,减少金额。

收入:国外开来保证凭信   <u>USD 2 000</u>

9月22日寄单索汇。

借:应收即期信用证出口款项   USD 8 600

 贷:代收即期信用证出口款项   USD 8 600

付出:国外开来保证凭信   USD 8 000

10月5日收妥结汇。

借:港澳及国外联行往来—纽约联行   USD 8 600

 贷:手续费收入   USD 600

   外汇买卖(汇买价682.23%)   USD 8 000

借:外汇买卖(中间价683.60%) CNY 54 688(USD 8 000×683.60%)

 贷:单位活期存款 CNY 54 578.40(USD 8000×682.23%)

   外汇买卖价差 CNY 109.60(CNY 54688−54578.40)

借:代收即期信用证出口款项   USD 8 600

 贷:应收即期信用证出口款项   USD 8 600

(2)9月3日发出托收。

借:应收出口托收款项   USD 10 020

 贷:代收出口托收款项   USD 10 020

9月5日修改。

借:应收出口托收款项   USD 500

 贷:代收出口托收款项   USD 500

9月24日收妥托收款。

借:港澳及国外联行往来—纽约联行   USD 10 500

 贷:外汇买卖(汇买价682.23%)   USD 10 500

借:外汇买卖(中间价683.60%)

       CNY 71 778(USD 10 500×683.60%)

 贷:单位活期存款 CNY 71 634.15(USD 10 500×682.23%)

   外汇买卖价差 CNY 143.85(CNY 71 778−71 634.15)

借:单位活期存款   CNY 89.54

 贷:手续费收入   CNY 89.54

借:代收出口托收款项   USD 10 520

 贷:应收出口托收款项   USD 10 520

4.(1)8月5日开证。

借:应收开出信用证款项 　　　　　　　　　　USD 30 500

　　贷:应付开出信用证款项 　　　　　　　　　　　　USD 30 500

8月8日修改。

借:应付开出信用证款项 　　　　　　　　　　USD 500

　　贷:应收开出信用证款项 　　　　　　　　　　　　USD 500

8月31日承兑。

借:应收承兑汇票款 　　　　　　　　　　USD 30 000

　　贷:承兑汇票 　　　　　　　　　　　　USD 30000

借:应付开出信用证款项 　　　　　　　　　　USD 30 000

　　贷:应收开出信用证款项 　　　　　　　　　　　　USD 30 000

9月30日对外付款。

借:单位活期存款 　　　　　　　　　　CNY 205 491

　　贷:外汇买卖(中间价683.60％)

　　　　　　　　　　CNY 205 080(USD 30 000×683.60％)

　　　　外汇买卖价差 　　　　　　　　　　　　CNY 411

借:外汇买卖(汇卖价684.97％) 　　　　　　USD 30 000

　　贷:港澳及国外联行往来(香港某联行) 　　　　USD 30 000

借:承兑汇票 　　　　　　　　　　USD 30 000

　　贷:应收承兑汇票款 　　　　　　　　　　　　USD 30 000

(2)8月10日收到代收单据。

借:应收进口代收款项 　　　　　　　　　　USD 20 000

　　贷:进口代收款项 　　　　　　　　　　　　USD 20 000

8月12日对外付款。

借:单位活期存款 　　　　　　　　　　USD 20 000

　　贷:手续费收入 　　　　　　　　　　　　USD 25

　　　　存放国外同业—某代理行 　　　　　　USD 19 975

借:进口代收款项 　　　　　　　　　　USD 20 000

　　贷:应收进口代收款项 　　　　　　　　　　USD 20 000

第八章　所有者权益及损益的核算

(一)填空题

1.实收资本(或股本)　资本公积　盈余公积　未分配利润

2.面值　股本溢价　资本公积

3.股本　实收资本

4.法定盈余公积金　任意盈余公积金　法定公益金

5.营业利润　利润总额　净利润

6.贷方　借方

(二)判断题

1.×　2.√　3.×　4.×　5.√　6.×　7.×　8.√　9.×　10.√

(三)单项选择题

1.C　2.A　3.B　4.C　5.D

(四)多项选择题

1.ABCDE　2.ABD　3.AC　4.ABCDE　5.AD

6.ABCD　7.ABCE

(五)名词解释

1.银行的所有者权益是所有者在银行资产中享有的经济利益,是银行投资者对银行净资产的所有权,它是金融企业资金的主要来源之一。从数量上看,它等于全部资产减去全部负债后的余额。

2.银行实收资本是指投资者按照银行章程或合同、协议的约定,实际投入银行的资本。

3.银行资本公积是指金融企业取得的所有者共有的、非收益转化而形成的资本。

4.盈余公积是商业银行按照有关规定从税后利润中提取的公积金。

5.未分配利润是商业银行留待以后年度进行分配的结存利润,其属于所有者权益的组成部分。

6.银行的收入主要是指银行提供金融商品服务所取得的各项收入,由营业收入和非营业收入构成。

7.银行营业外收支是指银行发生的与其经营业务活动无直接关系的各项收入和各项支出。

8.银行利润分配是指银行所实现的利润总额,按照有关法规和投资协议所确认的比例,在国家、银行、投资者之间进行分配。

(六)简答题

1.银行的所有者权益是所有者在银行资产中享有的经济利益,是银行投资者对银行净资产的所有权,它是金融企业资金的主要来源之一。从数量上看,它等于全部资产减去全部负债后的余额。所有者权益包括实收资本(或股本)、资本公积、盈余公积、一般准备和未分配利润等。

2.银行的收入主要是指银行提供金融商品服务所取得的各项收入,由营业收入和非营业收入构成,而营业收入是财务收入的主要组成部分。银行的收入主要包括:利息收入、金融企业往来收入、手续费收入、贴现利息收入、买入返售证券收入、汇兑收益和其他业务收入。

银行应当根据收入的性质,按照收入确认的条件,合理确认和计量各项收入。商业银行提供金融产品服务取得的收入,应当在以下条件均能满足时予以确认:

(1)与交易相关的经济利益能够流入企业。

(2)收入的金额能够可靠地计量。

3.营业外收入是指银行发生的与其经营业务活动无直接关系的各项收入。主要包括固定资产盘盈、处置固定资产净收益、处置无形资产净收益、处置抵债资产净收益、罚款收入等。营业外支出是指发生在银行业务经营以外又与银行经营活动无直接联系的各项支出。主要包括固定资产盘亏、处置固定资产净损失、处置抵债资产净损失、债务重组损失、罚款支出、捐赠支出、出纳短款、非常损失等。

4.银行的利润是指银行在一定会计期间的经营成果,包括营业利润、利润总额和净利润。其中,营业利润,是指营业收入减去营业成本和营业费用加上投资净收益后的净额。利润总额,是指营业利润减去营业税金及附加,加上营业外收入,减去营业外支出后的金额。净利润,是指扣除资产损失后利润总额减去所得税后的金额。

5.商业银行利润分配的顺序:

(1)抵补银行已缴纳的在成本和营业外支出中无法列支的有关惩罚性或赞助性支出。包括:被没收的财物损失,延期缴纳各项税款的滞纳金和罚款,少交或迟交中央银行准备金的加息等。

(2)弥补银行以前年度亏损。如银行在 5 年限期不能用税前利润弥补完的部分,可用税后利润进行弥补,银行历年提取的法定盈余公积金和任意公积金也可以用于弥补亏损。

(3)提取法定盈余公积金。银行按照税后利润加上上年末未分配利润减去弥补以前年度亏损和罚没支出后的余额,按规定比例的 10% 提取法定盈余公积金。法定盈余公积金可用于弥补亏损,也可用于转增资本金。但法定盈余公积金弥补亏损和转增资本金后的剩余部分,不得低于注册资本的 25%。

(4)提取公益金。银行提取的公益金主要用于职工食堂、宿舍、浴室、幼儿园等福利设施的建设支出。国有商业银行提取公益金比例由国家核定;股份制银行由董事会、股东大会决定提取比例。

(5)提取一般准备。银行按规定可按贷款余额的一定比例从税后利润中提取一般准备。

(6)向投资者分配利润。银行可供投资者分配的利润减去提取的法定盈余公积金、法定公益金等后,应作如下分配:应付优先股股利;提取任意盈余公积;应付普通股股利;转作资本(或股本)的普通股股利。

(7)未分配利润。未分配利润可留待以后年度进行分配。银行未分配的利润(或未弥补的亏损)应当在资产负债表的所有者权益项目中单独反映。

(七)业务题

1.借:固定资产　　　　　　　　　　　　　　10 000 000

　　贷:股本　　　　　　　　　　　　　　　　　　　10 000 000

2.借:银行存款　　　　　　　　　　　　　　14 000 0000

　　贷:股本　　　　　　　　　　　　　　　　　　　10 000 0000

　　　　资本公积　　　　　　　　　　　　　　　　　4 000 0000

3.借:利润分配　　　　　　　　　　　　　　3 000 000

　　贷:盈余公积——法定盈余公积　　　　　　　　　2 000 000

　　　　盈余公积——法定公益金　　　　　　　　　　1 000 000

4.借:盈余公积——法定盈余公积　　　　　　3 000 000

　　贷:利润分配　　　　　　　　　　　　　　　　　3 000 000

　借:盈余公积　　　　　　　　　　　　　　5 000 000

　　贷:股本　　　　　　　　　　　　　　　　　　　5 000 000

5.借:存放中央银行准备金　　　　　　　　　500 000

　　贷:金融企业往来收入——中央银行利息收入　　　500 000

　借:待清算辖内往来　　　　　　　　　　　60 000

　　贷:金融企业往来收入——省辖清算资金往来利息收入　60 000

6.借:金融企业往来支出——与中央银行往来支出　200 000

　　贷:存放中央银行准备金　　　　　　　　　　　　200 000

7.借:其他应付款——待处理出纳长款　　　　100

　　贷:营业外收入——出纳长款收入　　　　　　　　100

8.借:利息收入　　　　　　　　　　　　　　5 000 000

　　　金融企业往来收入　　　　　　　　　　320 000

　　　中间业务收入　　　　　　　　　　　　400 000

　　　汇兑收益　　　　　　　　　　　　　　260 000

　　　其他营业收入　　　　　　　　　　　　380 000

　　　营业外收入　　　　　　　　　　　　　50 000

　　贷:本年利润　　　　　　　　　　　　　　　　　6 410 000

借:本年利润　　　　　　　　　　　　　　5 620 000
　贷:利息支出　　　　　　　　　　　　　　　　　　2 900 000
　　金融企业往来支出　　　　　　　　　　　　　　　350 000
　　手续费支出　　　　　　　　　　　　　　　　　　360 000
　　营业费用　　　　　　　　　　　　　　　　　　1 350 000
　　其他营业支出　　　　　　　　　　　　　　　　　230 000
　　营业外支出　　　　　　　　　　　　　　　　　　120 000
　　营业税金及附加　　　　　　　　　　　　　　　　310 000

"本年利润"科目为贷方余额790 000,表示为银行实现的净利润。

借:本年利润　　　　　　　　　　　　　　　790 000
　贷:利润分配——未分配利润户　　　　　　　　　　790 000

第九章　年度决算

(一)填空题

1.两个步骤　准备工作　决算日
2.付款单位　3个月　有关单证
3.年度决算　基层行处　发生额　余额
4.决策有用　受托责任　四张报表　现金流量表
5.一定时期　增减变动　结构性　利得和损失

(二)判断题

1.×　2.×　3.√　4.√　5.×

(三)单项选择题

1.C　2.B　3.B　4.A

(四)多项选择题

1.ABCDE　　2.ABCDE　　3.ABCDE　　4.AB

(五)名词解释

1.银行的年度决算是指每年年度终了,各行处在对本年度内的业务、账务和财务进行全面核实整理的基础上,运用会计核算资料,进行数字总结和文字说明的一项综合性工作。

2.资产负债表是反映银行在某一特定日期的财务状况的会计报表。它主要提供有关银行财务状况方面的信息,即某一特定日期关于银行资产、负债、所有者权益及其相互关系。

3.利润表是反映银行在一定会计期间的经营成果的会计报表。它的列报必须充分反映银行经营业绩的主要来源和构成,有助于使用者判断净利润的质量及其风险,有助于使用者预测净利润的持续性,从而做出正确的决策。

4.现金流量表是反映银行一定会计期间现金和现金等价物流入和流出的会计报表。它可以为财务报表使用者提供银行一定会计期间内现金和现金等价物流入和流出的信息,以便于财务报表使用者了解和评价银行获取现金和现金等价物的能力,并据以预测银行未来现金流量。

5.是指编制现金流量表时,列报经营活动现金流量的一种方法,即按现金收入和现金支出的主要类别直接反映银行经营活动产生的现金流量。

6.所有者权益变动表是反映构成所有者权益的各组成部分当期的增减变动情况的会计报表。

7.会计报表附注是对在资产负债表、利润表、现金流量表和所有者权益变动表等会计报表中列示项目的文字描述或明细数据,以及对未能在这些报表中列示项目的说明等。

(六)简答题

1.为了保证年度决算工作的顺利进行,决算的准备工作一般从每年第四季度开始着手。由总行根据当年业务工作的新情况,及时下发办理当年决算工作的通知,明确提出当年决算中应注意的事项和相应的处理原则或要求。如果当年在会计制度或财务管理体制方面发生变更,新设或修订会计科目,则要在通知中详细指出在年度决算中的处理方法,以便统一口径。

各管辖机构应根据总行的通知精神,结合辖内具体情况,提出年度决算的具体要求和补充办法,组织和督促各附属机构做好决算准备,正确及时地办理决算。对某些力量相对薄弱的基层机构,还必须给予必要的指导和帮助,以保证全辖年度决算工作顺利进行。

2.银行基层单位的年度决算准备工作中清理资金主要指如下几个方面:

(1)清理贷款资金。对到期贷款,应当争取如期收回。对非正常贷款,应弄清情况,积极进行清理收回或按照规定程序申请予以核销。对于收不回的抵押贷款,应根据合同对抵押品依法处置,以保证贷款资金的流动性、效益性。

(2)清理存款资金。对连续一年未发生资金收付、经联系又查找不到存款户的,可按规定转入其他应付款账户下管理。对长期未发生资金收付的,要主动联系督促办理并户或销户手续。对确实无法联系的,则转作收益处理。

(3)清理结算资金。对应解汇款资金应积极联系解付,若超过2个月仍无法解付的,则应办理退汇手续。对逾期未付的托收承付款项,应积极联系付款单位付款,若超过3个月仍未支付或未付清的,应通知付款人将有关单证退回,并退还给收款人开户行。对本行开出的超过提示付款期的票据,应与有关单位联系,按照规定认真处理。

(4)清理内部资金。对其他应收、应付款项,要在日常严格控制的基础上逐笔进行清理,该收回、上缴、摊销、报损、转收益、核销的,应按规定认真清理,使这部分资金压缩到最低限度。经过清理暂时无法解决的,要注明原因,以备日后查考。

(5)清理其他资金。如到期的信托贷款是否收回;委托贷款若已收回的,应将委托存款资金及时划还给委托人;代发行证券的资金应全部划缴发行单位;应收的租赁款尽可能收回等。

3.银行年度决算日全面处理和核对账务包括下面几个方面:

(1)办好票据交换及托收入账。决算日票据交换所应延长工作时间,增加票据交换的次数。参加票据交换的行处,凡当天柜面受理的票据、凭证,应按时提出交换,做到不遗漏、不误递、不误场。提回的交换票据、凭证,全部入当日账。托收票据如有退票,应电话通知对方行,说明票据退回的时间、场次,并须在当日解付。

(2)及时处理异地结算资金。当日受理的各种结算凭证,必须通过有关联行全部划收(付)对方。需通过人民银行转汇的大额汇款,应按时办理转汇手续。

(3)现金收付全部入账。当日现金收付、各类外币收付及延长营业时间的收款,均应全部纳入当日账务。

(4)及时处理并结平当天的账务。营业终了,应将各科目总账与所属分户账进行总分核对,做到发生额、余额完全一致,以保证账务绝对正确,顺利轧平当日全部账务。全日账务处理完毕后,对全年账务进行一次全面核对,做到账账相符。

4.利润表是反映银行在一定会计期间的经营成果的会计报表。它的列报必须充分反映银行经营业绩的主要来源和构成,有助于使用者判断净利润的质量及其风险,有助于使用者预测净利润的持续性,从而做出正确的决策。通过利润表,可以反映银行一定会计期间收入的实现情况、费用的耗费情况和银行业务经营活动的成果。将利润表中的信息与资产负债表中的信息相结合,还可以提供进行财务分析的基本数据,便于报表使用者判断银行未来的发展趋势,做出经济决策。

5.资产负债表是反映银行在某一特定日期的财务状况的会计报表。它主要提供有关银行财务状况方面的信息,即某一特定日期关于银行资产、负债、所有者权益及其相互关系。资产负债表反映的会计信息,对于各种不同使用者都有重要的作用。

资产负债表的列报格式有报告式和账户式两种。根据我国财务报表列报准则的规定,银行资产负债表采用账户式的格式,即左侧列报资产方,一般按资产的流动性大小排列;右侧列报负债方和所有者权益方,一般按要求清偿时间的先后顺序排列。各项目又再分为"年初余额"和"年末余额"两栏分别填列。

资产负债表中的资产各项目的合计等于负债和所有者权益各项目的合计,即资产负债表左方和右方平衡。因此,通过账户式资产负债表,可以反映资产、负债、所有者权益之间的内在关系,即"资产=负债+所有者权益"。

6.银行披露会计报表附注信息,主要应包括下列内容:

(1)银行的基本情况。

(2)财务报表的编制基础。

(3)遵循企业会计准则的声明。

(4)重要会计政策和会计估计。

(5)会计政策和会计估计变更以及差错更正的说明。

(6)报表重要项目的说明。

(7)或有事项。

(8)资产负债表日后事项。

(9)关联方关系及其交易。

附录二　会计科目

顺序号	编号	会计科目名称	顺序号	编号	会计科目名称
		一、资产类	21	1302	拆出资金
1	1001	库存现金	22	1303	贷款
2	1002	银行存款	23	1304	贷款损失准备
3	1003	存放中央银行款项	24	1311	代理兑付证券
4	1011	存放同业	25	1321	代理业务资产
5	1012	其他货币资金	26	1401	材料采购
6	1021	结算备付金	27	1402	在途物资
7	1031	存出保证金	28	1403	原材料
8	1101	交易性金融资产	29	1404	材料成本差异
9	1111	买入返售金融资产	30	1405	库存商品
10	1121	应收票据	31	1406	发出商品
11	1122	应收账款	32	1407	商品进销差价
12	1123	预付账款	33	1408	委托加工物资
13	1131	应收股利	34	1411	周转材料
14	1132	应收利息	35	1421	消耗性生物资产
15	1201	应收代位追偿款	36	1431	贵金属
16	1211	应收分保账款	37	1441	抵债资产
17	1212	应收分保合同准备金	38	1451	损余物资
18	1221	其他应收款	39	1461	融资租赁资产
19	1231	坏账准备	40	1471	存货跌价准备
20	1301	贴现资产	41	1501	持有至到期投资

续表

顺序号	编号	会计科目名称	顺序号	编号	会计科目名称
42	1502	持有至到期投资减值准备	69	1901	待处理财产损溢
43	1503	可供出售金融资产			二、负债类
44	1511	长期股权投资	70	2001	短期借款
45	1512	长期股权投资减值准备	71	2002	存入保证金
46	1521	投资性房地产	72	2003	拆入资金
47	1531	长期应收款	73	2004	向中央银行借款
48	1532	未实现融资收益	74	2011	吸收存款
49	1541	存出资本保证金	75	2012	同业存放
50	1601	固定资产	76	2021	贴现负债
51	1602	累计折旧	77	2101	交易性金融负债
52	1603	固定资产减值准备	78	2111	卖出回购金融资产款
53	1604	在建工程	79	2201	应付票据
54	1605	工程物资	80	2202	应付账款
55	1606	固定资产清理	81	2203	预收账款
56	1611	未担保余值	82	2211	应付职工薪酬
57	1621	生产性生物资产	83	2221	应交税费
58	1622	生产性生物资产累计折旧	84	2231	应付利息
59	1623	公益性生物资产	85	2232	应付股利
60	1631	油气资产	86	2241	其他应付款
61	1632	累计折耗	87	2251	应付保单红利
62	1701	无形资产	88	2261	应付分保账款
63	1702	累计摊销	89	2311	代理买卖证券款
64	1703	无形资产减值准备	90	2312	代理承销证券款
65	1711	商誉	91	2313	代理兑付证券款
66	1801	长期待摊费用	92	2314	代理业务负债
67	1811	递延所得税资产	93	2401	递延收益
68	1821	独立账户资产	94	2501	长期借款

续表

顺序号	编号	会计科目名称	顺序号	编号	会计科目名称
95	2502	应付债券	119	5201	劳务成本
96	2601	未到期责任准备金	120	5301	研发支出
97	2602	保险责任准备金	121	5401	工程施工
98	2611	保户储金	122	5402	工程结算
99	2621	独立账户负债	123	5403	机械作业
100	2701	长期应付款			六、损益类
101	2702	未确认融资费用	124	6001	主营业务收入
102	2711	专项应付款	125	6011	利息收入
103	2801	预计负债	126	6021	手续费及佣金收入
104	2901	递延所得税负债	127	6031	保费收入
		三、共同类	128	6041	租赁收入
105	3001	清算资金往来	129	6051	其他业务收入
106	3002	货币兑换	130	6061	汇兑损益
107	3101	衍生工具	131	6101	公允价值变动损益
108	3201	套期工具	132	6111	投资收益
109	3202	被套期项目	133	6201	摊回保险责任准备金
		四、所有者权益类	134	6202	摊回赔付支出
110	4001	实收资本	135	6203	摊回分保费用
111	4002	资本公积	136	6301	营业外收入
112	4101	盈余公积	137	6401	主营业务成本
113	4102	一般风险准备	138	6402	其他业务成本
114	4103	本年利润	139	6403	营业税金及附加
115	4104	利润分配	140	6411	利息支出
116	4201	库存股	141	6421	手续费及佣金支出
		五、成本类	142	6501	提取未到期责任准备金
117	5001	生产成本	143	6502	提取保险责任准备金
118	5101	制造费用	144	6511	赔付支出

续表

顺序号	编号	会计科目名称	顺序号	编号	会计科目名称
145	6521	保单红利支出	151	6603	财务费用
146	6531	退保金	152	6604	勘探费用
147	6541	分出保费	153	6701	资产减值损失
148	6542	分保费用	154	6711	营业外支出
149	6601	销售费用	155	6801	所得税费用
150	6602	管理费用	156	6901	以前年度损益调整

附录三　中国工商银行会计科目

代号	会计科目	代号	会计科目
	一、资产类科目	1440	银团贷款
1010	现金	1445	系统内联合贷款
1030	贵金属	1450	特定贷款
1040	存放中央银行准备金	1470	个人住房贷款
1050	缴存中央银行财政性存款	1500	短期个人消费贷款
1150	存放同业	1501	中长期个人消费贷款
1170	拆放同业	1560	个人助学贷款
1171	同业透支	1580	银行卡透支
1180	上存系统内款项	1590	垫款
1181	上存辖内款项	1610	贴现及买入票据
1185	系统内信贷资产转入	1611	再贴现
1190	系统内借出	1612	买入返售票据
1191	辖内借出	1620	其他债权性资产
1200	拨付营运资金	1650	应收利息
1210	短期贷款	1660	呆账准备
1220	单位短期透支	1670	其他应收款
1230	国际贸易融资	1671	财务其他应收款
1240	短期房地产贷款	1680	期收外汇款项
1410	中长期贷款	1700	短期投资
1420	中长期房地产贷款	1703	长期投资
1430	国际融资转贷款	1705	买入返售债券

续表

代号	会计科目	代号	会计科目
1706	自营债券买卖	2040	个人结算存款
1707	自营记账式债券	2060	定期储蓄存款
1710	国家债券投资	2110	银行卡存款
1720	中央银行债券投资	2170	其他活期存款
1730	政策性银行债券投资	2190	特种活期存款
1731	资产管理公司债券投资	2191	特种定期存款
1732	资产管理公司债券应计利息	2192	特种通知存款
1733	不良资产处置损失专项准备	2196	机关团体定期存款
1740	其他债券投资	2197	机关团体通知存款
1810	固定资产	2198	财政预算外存款
1820	累计折旧	2199	地方预算库款
1830	固定资产清理	2200	财政预算专项存款
1840	在建工程	2220	中央银行借款
1870	待处理财产损溢	2230	同业存款
1880	待查错账与代垫赔款罚金	2231	同业定期存款
1890	待处理应收款	2232	同业通知存款
1900	待清理接收资产	2240	保险公司存款
1910	无形资产	2241	保险公司定期存款
1920	待摊费用	2260	住房资金管理中心房改资金存款
1930	长期待摊费用	2270	同业拆入
1950	其他资产	2280	系统内款项存放
1960	委托贷款	2281	辖内款项存放
	二、负债类科目	2285	系统内信贷资产转出
2010	单位活期存款	2290	系统内借入
2020	单位定期存款	2291	辖内借入
2021	单位通知存款	2300	拨入营运资金
2030	活期储蓄存款	2310	保证金存款

续表

代号	会计科目	代号	会计科目
2320	待结算财政款项		三、所有者权益
2321	代理业务资金	3010	实收资本
2322	代理人行兑付业务资金	3020	资本公积
2330	应解汇款及临时存款	3030	盈余公积
2340	汇出汇款	3110	本年利润
2350	应付利息	3120	利润分配
2360	其他应付款		四、资产负债共同类
2361	财务其他应付款	4100	待清算辖内往来
2380	期付外汇款项	4550	法定存款准备金
2390	卖出回购票据	4560	二级存款准备金
2400	中央银行借入债券	4570	银行财务往来
2410	卖出回购债券	4810	外汇买卖
2420	本票	4811	贵金属买卖
2450	应付工资	4830	购入外汇营运资金
2460	应付福利费		五、损益类
2470	应交税金	5010	利息收入
2480	应付利润	5020	系统内往来收入
2490	预提费用	5030	金融企业往来收入
2600	发行债券	5110	中间业务收入
2680	长期应付款	5120	其他营业收入
2700	待处理应付款	5121	债券交易价差损益
2800	待清理接收负债	5130	汇兑损益
2900	国际融资转贷款资金	5131	金融衍生产品交易损益
2910	开发银行委托贷款资金	5140	投资收益
2912	委托贷款资金	5150	营业外收入
2924	银团贷款资金	5210	利息支出
2925	系统内联合贷款资金	5220	系统内往来支出

续表

代号	会计科目	代号	会计科目
5230	金融企业往来支出	6271	提货担保应付款
5320	营业费用	6275	买断型出口保理应付款
5330	营业税金及附加	6280	买入期权应付款
5340	提取准备	6281	卖出期权应付款
5350	固定资产折旧	6290	掉期应付款
5360	营业外支出		（三）借贷方共同类科目
5600	以前年度损益调整	6900	货币兑换
	六、或有事项类	6901	未实现金融衍生产品损益
	（一）借方类科目		七、委托代理业务类
6110	银行承兑汇票应收款		（一）借方类科目
6120	开出保函应收款	7110	代理开发银行贷款
6130	买断型国内保理应收款	7120	代理开发银行逾期贷款
6140	开出信用证应收款	7130	代理开发银行贷款利息
6160	保兑信用证应收款	7140	个人住房公积金委托贷款应收利息
6170	保兑保函应收款	7141	委托贷款应收利息
6171	提货担保应收款		（二）贷方类科目
6175	买断型出口保理应收款	7999	代理业务余额
6180	买入期权应收款		八、备查登记类
6181	卖出期权应收款		（一）借方类科目
6190	掉期应收款	8000	备查登记业务余额
	（二）贷方类科目		（二）贷方类科目
6210	银行承兑汇票应付款	8100	有价单证
6220	开出保函应付款	8101	票样和假币
6230	买断型国内保理应付款	8200	空白重要凭证
6240	开出信用证应付款	8300	托管债券
6260	保兑信用证应付款	8303	开出债券款单证
6270	保兑保函应付款	8310	未发行债券

续表

代号	会计科目	代号	会计科目
8313	待销毁有价单证	8336	收到信用证
8314	基金单位存管	8337	应收信用证款项
8315	受托理财业务存管	8339	收到保函
8320	银行卡业务代保管有价值品	8340	未收贷款利息
8321	代保管物	8341	账销案存资产
8322	代保管有价值品	8342	呆账准备登记
8323	代保管贵金属	8344	待转国库存款利息
8324	产权待界定的财产	8350	未履行贷款承诺
8325	低值易耗品	8351	未融资非买断型出口保理
8326	待处理抵押质押品	8352	商业承兑汇票贴现
8327	待处理质押股票	8353	已卖出票据
8329	向中央银行抵出债券	8360	出让方式土地使用权估价升值
8331	应收托收款项	8362	特定业务
8332	出口托收款项	8370	未达境外借入款项
8333	代收托收款项	8380	远期利率协议
8334	进口代收款项		

参考文献

1. 中国人民银行:《支付结算办法》、《支付结算会计核算手续》,1997 年颁布。

2. 李晓梅、关新红:《金融企业会计》,首都经济贸易大学出版社 2000 年 4 月版。

3. 张淑彩、林发东:《银行会计学》,陕西人民出版社 2004 年 10 月版。

4. 中国人民银行:《新版票据与结算凭证使用手册》,中国金融出版社 2004 年 12 月版。

5. 郑红梅、张艳、赵志洪:《商业银行业务会计》,清华大学出版社 2005 年 4 月版。

6. 林发东:《银行会计实务》,中国财政经济出版社 2005 年 7 月版。

7. 林发东:《金融会计实务》,中国财政经济出版社 2005 年 9 月版。

8. 岳龙:《银行会计》,高等教育出版社 2005 年 12 月版。

9. 唐宴春:《商业银行会计学》,中国金融出版社 2006 年 1 月版。

10. 胡建志、熊振敏:《商业银行会计》,中国金融出版社 2006 年 8 月版。

11. 中华人民共和国财政部:《企业会计准则——应用指南》,中国财政经济出版社 2006 年 11 月版。

12. 陈振婷、朱红军:《银行外汇业务会计》,复旦大学出版社 2006 年 11 月版。

13. 财政部会计司编写组:《企业会计准则讲解》,人民出版社 2007 年 4 月版。

14. 程婵娟:《商业银行会计》,西安交通大学出版社 2007 年 9 月版。

15. 孙烨:《银行会计》,上海财经大学出版社 2007 年 9 月版。

16. 王晓枫:《金融企业会计》,东北财经大学出版社 2008 年 3 月版。

17. 程婵娟:《银行会计学》,科学出版社 2008 年 6 月版。

18. 楼雪婕:《银行会计》,化学工业出版社 2008 年 8 月版。

19. 牛刚:《商业银行清算业务》,中国金融出版社 2008 年 9 月版。

20. 韩俊梅、吕德勇:《商业银行会计学》,中国金融出版社 2008 年 12 月版。

21. 罗熹:《农业银行新编会计实务》,经济管理出版社 2009 年 4 月版。

图书在版编目(CIP)数据

银行会计实务/林发东主编,周江银副主编. —厦门:厦门大学出版社,2010.2
(2013.1重印)
(高职高专金融专业系列教材)
ISBN 978-7-5615-3461-8

Ⅰ.银…　Ⅱ.①林…②周…　Ⅲ.银行会计-高等学校:技术学校-教材
Ⅳ.F830.42

中国版本图书馆 CIP 数据核字(2010)第 024825 号

厦门大学出版社出版发行
(地址:厦门市软件园二期望海路 39 号　邮编:361008)
http://www. xmupress.com
xmup @ xmupress.com
厦门市明亮彩印有限公司印刷
2010 年 2 月第 1 版　2013 年 1 月第 3 次印刷
开本:787×960　1/16　印张:20
字数:380 千字　印数:8 000~12 000 册
定价:27.00 元
本书如有印装质量问题请直接寄承印厂调换